suhrkamp taschenbuch 2773

Cees Nooteboom, Dichter auf Reisen, heiterer Philosoph und neugieriger Augenmensch, faßt in diesem Buch zusammen, was er – unterwegs in Asien – auf seine Weise gesehen und erlebt hat. Als Beobachter auch kleiner Details, als jemand, dem es leichtzufallen scheint, aus scheinbar Beiläufigem die schönsten Funken zu schlagen, gelingt Nooteboom genau das, was er selbst als das fast Unmögliche beschreibt: das Traumhafte nachzuerzählen. *Im Frühling der Tau* ist ein wundersam bereicherndes, spannendes, ja aufregendes Werk.

»Es gab eine Zeit, da waren Reisen wie Wünsche. Wenn man Glück hatte, gingen sie auf rätselvolle Weise in Erfüllung. Und wenn diese Reisenden erzählen konnten, entstand daraus große Literatur. Wie bei Goethe oder Gontscharow, bei Victor Segalen oder Bruce Chatwin – und wie bei Cees Nooteboom, der uns aus Persien und Japan, aus Malaysia, Birma, Thailand und Borneo berichtet ... hinreißende Reiseberichte.« *Tilmann Spengler, Die Woche*

Cees Nooteboom wurde 1933 in Den Haag geboren. Seine ins Deutsche übersetzten Bücher erscheinen im Suhrkamp Verlag und sind ab Seite 345 dieses Bandes verzeichnet.

Cees Nooteboom

# Im Frühling der Tau

*Östliche Reisen*

Aus dem Niederländischen von
Helga van Beuningen

Suhrkamp

Umschlagillustration: El Paseante, 1995

suhrkamp taschenbuch 2773
Erste Auflage 1997

Druck: Ebner Ulm
Printed in Germany
Umschlag nach Entwürfen von
Willy Fleckhaus und Rolf Staudt

2 3 4 5 6 – 02 01 00 99 98

## INHALT

*In Persien*
Ein Abend in Isfahan . . . . . . . . . . . . . . . . . . 9

*In Japan I*
Der Geburtstag des Kaisers, das Pathos der Dinge und andere japanische Erfahrungen . . . . . . . . . . . . . . 45

*In Birma*
Am Fuße der Shwe-Dagon-Pagode . . . . . . . . . . . . 95
Der Nachtzug nach Mandalay . . . . . . . . . . . . . . 116
In der Stadt der Könige . . . . . . . . . . . . . . . . . 132

*In Japan II*
Zuihitsu . . . . . . . . . . . . . . . . . . . . . . . . 157
Kalter Berg . . . . . . . . . . . . . . . . . . . . . . . 177
Endlose Kreise . . . . . . . . . . . . . . . . . . . . . 196

*In Malaysia*
Somerset Maughams letzter Kunde, ein Besuch in Malaysia . . . . . . . . . . . . . . . . . . . . . . . 223

*In Borneo*
Von Brunei nach Sarawak . . . . . . . . . . . . . . . . 245
Sabah, Kinabalu, Kota Belud . . . . . . . . . . . . . . 261

*In Japan III*
Das Atelier des Nordens, Hokusai in Paris . . . . . . . . 279
Der Schemen Nyogos . . . . . . . . . . . . . . . . . . 290

*In Thailand*
Ayutthaya, der zerstörte Diamant . . . . . . . . . . . . 305

*In Macau*
Das Tor nach China . . . . . . . . . . . . . . . . . . 323

# IN PERSIEN

## DER GÄRTNER UND DER TOD

Ein persischer Edelmann:

Heut morgen kommt mein Gärtner, schreckensbleich,
Zu mir geeilt: »Ich bitt' Euch, Herr, hört zu sogleich!

Ich schnitt die Rosen im Morgenrot,
Blickt' hinter mich: Da stand der Tod.

Vor Schreck bin ich sofort geflohen,
Sah grad' noch mit der Hand ihn drohen.

Herr, Euer Pferd, und weg sodann,
Vor Abend bin ich in Isfahan!«

Mittags – längst war er fort in seiner Not –
Traf ich im Zedernhain den Tod.

»Warum«, so frag ich regelrecht,
»Tatst droh'n heut' morgen meinem Knecht?«

Er darauf lächelnd: »'s war kein Drohen,
Wovor der Knecht so eilends ist geflohen.

Ich wundert' mich, hier noch zu seh'n den Gärtnersmann,
Den abends ich sollt' hol'n in Isfahan.«

*P. N. van Eyck**

* Pieter Nicolaas van Eyck (1887-1954), niederländischer Dichter und Kritiker.

# EIN ABEND IN ISFAHAN

## I

Truman Capote fliegt nie freitags, und ich selbst habe auch oft Angst. Und: Diese Angst verringert sich keineswegs mit zunehmendem Alter. Man liest ein Gedicht – vor zwanzig, fünfundzwanzig Jahren –, und seit diesem Tag steht Isfahan für das unabwendbare Schicksal, den Ort, an dem der Tod einen holt. Seit Jahren will ich schon dorthin und habe immer geglaubt, daß ich dann nicht mehr zurückkäme. Und nicht nur auf mich hat Isfahan diese Wirkung. Als ich am Morgen meiner Abreise auf dem Flughafen Schiphol umherspaziere, treffe ich den Schachspieler Donner.* Er fliegt nach München zu einem Länderkampf. Ich erzähle, daß ich nach Isfahan fliege. Er macht ein bedenkliches Gesicht: »Ich würde mich hüten!« Aber da ist es schon zu spät. Ich habe mein Schicksal bereits gekauft, und wenige Stunden später fliege ich in einem bis auf den letzten Platz mit Geschäftsleuten besetzten deutschen Flugzeug über den Balkan. Ich bin auf dem Weg zu einem Gedicht, sie nach boomcountry. Ein guter Vorgeschmack. Teheran ist zu einer Goldgräberstadt geworden, nur haben die Goldsucher einen Diplomatenkoffer anstatt einer Schaufel, aber das ist auch schon alles. Die Hotels sind restlos voll, in allen Zeitungen stehen Fotos von deutschen, japanischen, italienischen Delegationen, die um den Schah herumscharwenzeln wie Höflinge um

* Jan Hein Donner (1927–1988), niederländischer Schachgroßmeister und Publizist.

den Sonnenkönig, und sie *sind* Höflinge, und er *ist* der Sonnenkönig. Eine Stewardeß bietet die *Kayhan* an, eine englischsprachige persische Zeitung. His Imperial Majesty the Shahanshah urges a steelmill for Khorassan, Iran and India reach full understanding, und Suryanaran Veena player plays Carnathic Music in the City Theatre at 8 p.m., und, neuer Beweis für meine merkwürdige Beschränktheit, wenn es um simple Fakten geht: Plötzlich wird mir bewußt, daß ich zum erstenmal nach Osten fliege, und *weil* mir das bewußt wird, passieren drei Dinge zur gleichen Zeit, eines tatsächlich (es wird rasch dunkler), und zwei auf der sentimentalen Ebene: Mich überkommt das physische Gefühl, über etwas sehr Altes zu fliegen und über etwas, das unendlich leer und ausgedehnt ist. Beides ist wahr, doch das physische Gefühl ist seltsam, denn während ich hier an den Pfauenthron denke, an Xenophon, Herodot und Zarathustra, schleppt das Beförderungsmittel, in dem ich sitze, mich irgendwohin, was genausogut der Westen oder der Norden sein könnte. Wie dem auch sei, es dauert fünf Stunden, und es ist Mitternacht, als ich an einigen Militärflugzeugungetümen entlang über das nach Benzin riechende Rollfeld gehe, dem Chaos entgegen.

Zum erstenmal irgendwo anzukommen ist immer wie ein psychologischer Test. Frage eins: Alle Hotels sind voll, was machen Sie jetzt? Nichts, warten und nörgeln. Frage zwei: Schreiende Männer bringen Ihr Gepäck bis zur Tür, wollen dann Geld. Auf den Scheinen stehen nur arabische Zeichen. Wieviel ist wieviel? Dann kommen andere, dieselben Männer, laden das Gepäck in ein Auto, führen einen dann aber zu einer Schlange. Geschubse und Gemecker in der orientalischen Nachtluft, lange Schlange,

lange Warterei, doch mit dem Ticket, das man dann bekommt, hat man das Taxi bereits bezahlt. Also keine Gaunerei. Gutes System, man muß es nur kennen.

Die Straßen sind leer, breit. Ich sehe die Umrisse hoher Gebäude. Das Hotel wurde für einen Spionagefilm im Jahr 1942 gebaut. Humphrey Bogart steht hinter dem Empfangstresen, aber ich behalte die Mikrofilme vorläufig noch in meinem Toupet. Über allem liegt ein zerrissener Zelluloidglanz von alten Marmorplatten an den Säulen, Ficussen, in morbide Gedanken versunken, und, was glaubst du: persischen Teppichen!

Die Wände meines Zimmers sind so gelb wie alt gewordenes Zeitungspapier. I spy schlägt das Bett auf und sieht ein langes, welliges Haar, auf dem Badezimmerboden steht Wasser, und als ich den einzigen Stuhl verrücke, machen die Kunststoffjalousien das Geräusch einer Pestrassel. Ich bin zu Hause. Ich setze mich auf diesen einen Stuhl, auf dem ein ganzes Volk gesessen hat, und breite den Stadtplan von Teheran aus. Sobald ich irgendwo ankomme, packt mich eine wahre Gefräßigkeit – ich muß wissen, wie alles zusammenhängt, ich muß das »System« der Stadt kennenlernen, ich muß losziehen, riechen, schauen, in Bussen und Straßenbahnen sitzen, die Stadt erobern.

In der Vorhölle des Hotels schlägt eine Uhr. Ich fange an, meine Koffer auszupacken, und merke, daß ich meine Toilettensachen vergessen habe. An der Ecke habe ich vom Taxi aus einen Drugstore gesehen, der noch geöffnet hatte. Ich gehe dorthin. Es ist sehr angenehm. Der Drugstore heißt Takhte Jamshid, ein weißer Neonkasten in einer dunklen Wand. Alles, was ich brauche, ist da, und alles kommt aus dem Ausland, bis hin zur Nagelschere. Die Probleme der Dritten Welt, kindergerecht erklärt. Ich zahle mit einem grünlichen Schein, auf dem so etwas Ähnliches wie ein Herz mit einem Punkt abgebildet ist, aber der wird mit lautem Gelächter begrüßt. Dieser komische Herr Ausländer! Da lasse ich sie eben selbst aussuchen, denke, daß ich, wenn ich Deutscher gewesen wäre, zumindest die Zahlen von eins bis zehn auswendig gelernt hätte, beschließe, das nachträglich noch zu tun, gebe meinen Importkrempel an der Rezeption ab und gehe wieder hinaus auf die Straße.

Ein seltsames Gefühl, als ob diese Stadt, die doch einen sehr soliden Eindruck macht, mir nichts, dir nichts von dieser wilden, leeren, alten Ebene verschwinden könnte, so wie ein Urwald sich wieder um ein verlassenes Camp schließt. Später lerne ich, daß es mit dieser »Ebene« nicht so weit her ist. Das »Plateau«, von dem die Gelehrten sprechen, ist hoch und bizarr. Teheran zieht sich von 1200 auf 1700 Meter Höhe, in Persien gibt es Wüsten, Steppen und bösartig hohe, verschneite Berge, verschiedene Klimate, verschiedene Völker. »Wenn«, heißt es bei Jean Hureau, »der Berg Ararat, an dem die russische, türkische und persische Grenze aneinanderstoßen, in Paris stünde, dann läge die persisch-pakistanische Grenze hinter Athen und die Grenze zu Afghanistan hinter Budapest. Teheran läge in Venedig und Schiras in Neapel.« Es ist, wie zu Kyros', Darius' und Xerxes' Zeiten, ein Kaiserreich, in dem verschiedene Völker vereint sind. Der Name Iran stammt von den Aryans oder Ariern, einem indoeuropäischen Volk, das von 4000 v. Chr. an von Nordosten her über den Fluß Oxus ins Land zog. Sie sprachen *eine* Sprache, ritten auf Pferden, besaßen Kampfwagen und zogen langsam gen Westen. Das Herzstück ihres Landes war die Region Fars. Daher der Name Persien.

Ich mache meine Hausaufgaben, bis mir die Augen zufallen, und wache am nächsten Morgen von der Wärme und von einem konstanten tiefen Brummton auf. Ich öffne einen Spalt in der Jalousie, sehe eine riesige taubengraue Krähe und eine pantherartige wilde Katze und dahinter einen massiven Verkehrsstrom, dick wie Sirup, aus allen Öffnungen qualmend. Zehn Minuten später wird mir meine erste persische Lektion erteilt: der Taxitanz. Es dauert etwas, bis man's kapiert hat, und ganz unkompliziert wird es nie. Also: Man stellt sich auf die Fahrbahn, und sobald sich ein kleines oranges Taxi nähert, springt man darauf zu und schreit sein Ziel in das offene Fenster, einen persischen Schrei, den man vorher auswendig gelernt hat. Das kann nie der Endpunkt der Fahrt sein, denn die Taxis bewegen sich ausschließlich auf geraden Linien durch die Stadt. Will man also erst nach Osten und dann nach Süden, so muß man das Ganze zweimal durchexerzieren. Unmerklich hat der Fahrer die Geschwindigkeit verringert, aber richtig anhalten tut er nur, wenn man mitdarf. Ob man darf oder nicht, bleibt ein Rätsel. Meist starten sie gleich wieder durch. Man selbst sieht tunlichst zu, daß man sein Leben rettet, denn die Rachsucht darüber, eine Million Jahre lang kein Auto besessen zu haben, ist in alle persischen Chauffeure gefahren. Rote Ampeln, Fußgänger, Menschenleben – alles nur Rattenfutter, weg damit, wie der Zorn Gottes geißeln sie die Straßen. Hat man ein Taxi ergattert, so teilt man es mit ein, zwei, drei, vier, fünf anderen und sieht von innen, wie verzweifelt andere draußen den Taxitanz tanzen. Aber man kommt immer zum Ziel, und es kostet nichts.

Ich steige beim Basar aus, einem vom Rest der Welt abgeschiedenen überdachten Kosmos von Märkten, Bäckern, Kupferschmieden, Teehäusern, Geldwechslern, Schlachtern, Gewürzverkäufern. Weil ich an diesen Orten immer am glücklichsten bin, habe ich nie darüber nachgedacht, warum das so ist. Über Glück denkt man eben weniger nach als über Unglück. Vielleicht liegt es daran, weil man weiß, daß das, was man selbst als Chaos und Labyrinth empfindet, in Wirklichkeit von einer simplen, schlichten Ordnung ist, an der man nie teilhaben kann. Mich macht der Schein des Rätsels glücklicher als die Tatsache seiner Lösung, und so sitze ich sehr zufrieden auf der Treppe beim Kupferschmied, höre dem Klingklang zu, sehe, wie die Arabesken in das Kupfer getrieben werden, sehe, wie Menschen etwas *machen* und der Macher vom Produkt seiner Arbeit noch nicht entfremdet ist – denn das kommt natürlich noch hinzu, jeder tut, was er *ist*, so wie ein Schriftsteller schreibt und ein Bauer sät. Die Welt wird dann von Menschen regiert, anstatt die Menschen von der Welt, der Schmied ist der Schmied, der Gewürzverkäufer der Gewürzverkäufer, der Gärtner der Gärtner und der Tod der Tod.

Ist das so? Nicht ganz, aber es stimmt trotzdem. Bald wird es nicht mehr so sein. Dann werden all diese Kupfergegenstände hier von einer Maschine hergestellt, und derjenige, der jetzt Kupfer bearbeitet, baut dann eine Maschine. Dann sind er und der Gegenstand, den er machte, etwas anderes geworden, und der Fleck, an dem ich ihn beobachtete und sah, wie das geht, *etwas machen*, ist dann ein leerer Fleck. Jetzt noch nicht. Ich spaziere durch die Düfte, berühre Dinge, beobachte Menschen, esse eine Schale *dugh*, eine Art Joghurt, trinke ausgepreßte

Wurzeln und stehe dann plötzlich auf dem Innenhof einer Moschee. Urplötzlich Licht, urplötzlich Stille. In der Mitte ein quadratisches Wasserbecken mit grünlichem Wasser und einigen kleinen Fontänen. Ich sitze auf dem Rand. Ein Mann links von mir wäscht sich endlos die Hände. Ein Junge stellt sich neben mich, nimmt seinen Ring ab, beugt sich vor und taucht das ganze Gesicht ins Wasser. Nur das Wasser macht etwas Geräusch. Nach dem Waschen gehen sie über den weiten Platz zu einer großen, sonnenbeschienenen Nische und schließen sich den Männern an, die dort bereits, jeder für sich, ihre Gebete verrichten. Ich habe das Gefühl, daß ich nicht so schamlos zuschauen darf, aber das kommt daher, weil sie so schamlos beten. Sie sind, wie man das früher in Heiligenlegenden las, für die Welt verloren. Einer sitzt da, mit gereckten Armen und erhobenen Händen, verneigt sich, steht wieder, neigt sich dann bis zum Boden mit geschlossenen Augen und sich bewegenden Lippen; andere führen gleichzeitig andere Bewegungen aus, heben die Hände, starren zum Himmel, verneigen sich, schwanken, einige tragen Kaftane, ihre Schuhe und Pantoffeln stehen in einer langen Reihe vor der Nische, immer mehr kommen hinzu, andere Kopfbedeckungen, Gesichtsformen, Stämme, breite mongolische Gesichter, Nomaden, arabische Gelehrte mit Borgesgesichtern. Nichts ist armseliger als der Fortschritt, denkt der rationale Progressive und sentimentale Regressive, der ich bin, den ein Schauder überläuft, wenn er in seinem Heimatland eine Gruppe schwarzgekleideter Christenhunde mit derselben Frömmigkeit das Kirchengebäude verlassen sieht, und in innere Widersprüche verwickelt schlendere ich, mich selbst aus der Umklammerung ihrer Unerreichbarkeit verbannend, von diesem Platz der Stille fort.

Am nächsten Tag mache ich mich wirklich nach Persien auf. Der Schah hat an diesem Tag die Karten seines Kabinetts neu gemischt, auf den Straßen hängen Schilder mit »Willkommen, Indira«, so etwas wie eine »urban land reform« wird angekündigt mit strengsten Strafen für Grundstücksspekulanten. Die englische Fotografin, mit der ich diese Reise machen werde, Christina Gascoigne, ist inzwischen ebenfalls eingetroffen. Sie spricht Persisch, ist im Irak geboren und stürzt mit ihrer langen vogelhaften Gestalt und dem Virginia-Woolf-Profil die Perser in Verwirrung.

Die Sonne scheint, wir sitzen im Fond eines großen amerikanischen Wagens, da es nicht möglich war, selbst ein Auto zu mieten, wir verschwinden aus dem rechtwinkligen Straßennetz, das Teheran ist, und kommen in die Vorstadt, wo die Ebene, angekündigt durch Staub und Sand, bereits sichtbar wird. Dann lassen wir auch die Anarchie des Verkehrs hinter uns, die letzten Wucherläden der Geldwechsler mit ihren Schaufenstern voll Goldmünzen und Banknoten, die Schneiderei Papadopoulos, »tailleur grec«, die letzten Teehäuser, in denen Männer dicht geschart sitzen und an ihrer Wasserpfeife nuckeln, und das war's.

Leere, Unendlichkeit, Dürre, Hunderte von Kilometern auf dem Weg nach Isfahan, sanfte Berge in der Ferne, die leeren Säle der Welt zwischen Europa und Asien. Keine Tankstellen, keine Rasthäuser, keine Verlockung, nur Kahlheit und Hitze, und wie ein Wunder mittags plötzlich die goldene Moscheekuppel der heiligen Pilgerstadt Ghom. Hierher kommen die Wallfahrer aus ganz Persien, eine Menge, die schnell fanatisch werden kann und Fremde nicht mag. Der Zugang zur Moschee ist verboten, man spürt die Spannung, wenn man zu nahe herankommt. Seltsam, diese Anziehungskraft des Verbotenen. Ich fühle mich immer wieder zu diesem Tor hingezogen, durch das ich nicht eintreten darf, Gold, Mäntel und Turbane sehe ich, aber wenn ich zu lange stehenbleibe, zeigen sie auf die mehrsprachigen Schilder, die den Zutritt rigoros verbieten. Wir gehen zu dem Hotel gegenüber der Moschee, einem Hotel für Pilger. Keine europäische Kleidung, alle Aufschriften in arabischen Zeichen, die Anmaßung des Englischen als Weltsprache verfliegt wie Eau de Cologne, ich werde zu einem Deuter und unverständlichen Stotterer reduziert, aber trotzdem kommen kurz darauf lange, warme Stücke *nan* (Brot) auf den Tisch, mit scharfem Käse und rohen Zwiebeln und Kräutern. Es kommt auch eine Schüssel mit dem weißestglänzenden Reis, den ich je gesehen habe. Wir tun etwas Fleisch und Reis und Zwiebeln in das *nan*. Bier oder Wein wird hier nicht ausgeschenkt, aber es gibt Tee und *dughabali*, Joghurt mit Eis und Quellwasser aus den Bergen. Der Reis wird mit *mast* vermischt, einer dickeren Form von Joghurt, und darüber streuen wir *sumac*, ein Gewürz aus gemahlener Baumwurzel. Und als wäre es damit noch nicht genug, bricht um zwölf Uhr der umherirrende, aber drängende, endlose Ruf des Muezzin aus dem Himmel, so laut, daß die Gläser auf dem Tisch vibrieren, eine Stimme, die die ganze Stadt erfaßt und bis in jeden Winkel meines Körpers dringt. Es hört nicht mehr auf, ich bin in diesem Geräusch gefangen und komme mir fern von allem vor, was ich kenne. Draußen wirbeln die blaugrauen und braunen Kaftane vorbei, weiße Turbane, glattrasierte, mit schwarzen Bändern umwickelte Köpfe, eine andere, ältere Zeit. Unsere Rechnung wird auf einem Rechenbrett addiert, wir gehen noch einmal über den großen Platz, über dem sich das ungestüme Gold der Kuppel wie eine stilisierte Faust in den Himmel reckt. Seit über tausend Jahren kommen Pilger hierher, der Seufzer, der wir sind, verfliegt ungesehen.

Die Landschaft zeigt jetzt alle Farben mit Ausnahme der fröhlichen. Darauf sind schroffe, gezackte Berge *gelegt*, nach jeder Kurve fängt die Strafarbeit von vorn an, die leeren Wartezimmer der Geschichte. Am Straßenrand hie und da pathetische Wracks, in der Ferne der schwarze Schatten einer Herde. Ein versengter Mann sitzt unbeweglich am Straßenrand, die Hand ausgestreckt. Der Fahrer hält an und gibt ihm etwas. Ich gehe ein Stück ins Gelände und breche den Stengel einer trockenen Pflanze ab: Der Saft riecht wie der Boden, trocken und unendlich alt.

Alt ist das Stichwort. Man nähert sich Persien mit blinder westlicher Arroganz und stellt fest, daß man einer mehrtausendjährigen Geschichte ohne jeglichen Bezug gegenübersteht. Das letzte, was man darüber gelernt hat, war Xerxes, aber die Jahrtausende nach ihm? Es ist, als würde man nach Frankreich reisen, ohne etwas über die Französische Revolution zu wissen, und hätte nur eine ganz schwache Ahnung von Napoleon und keinerlei Vorstellung von Karl dem Großen, der Verbreitung des Christentums, dem Unterschied zwischen Katholizismus und Protestantismus. Also bitte: Kyros besiegte die Meder und begründete die Dynastie der Achämeniden. Das war 550 v. Chr. Alexander schlug die Perser bei Issos und bei Arbela. Eine neue Dynastie folgte, die der Seleukiden. Und noch eine neue, die der Parther, Nomaden, die die Römer auf Distanz hielten. Und wieder eine neue, die der Sassaniden, mächtiger als Rom und Byzanz. Sie hinterließen ihre Königsgräber in den goldfarbenen Felsen von Naghsch-e Rostam: Menschen, größer als Menschen. Dann kommt der Islam. Kalif Omar erobert 642 das Land, und seitdem sind die Perser Muslime, obwohl sie sich der Tatsache sehr bewußt sind, daß sie eine Geschichte haben, die viel älter ist als der Islam, und daß sie einmal von den Arabern besiegt wurden. Die schismatische Form des Islam, zu dem die Perser sich bekennen, der Schiismus, kennt ihre eigenen Nachfolger Mohammeds und wird von anderen Muslimen als Ketzerei betrachtet. Wie dem auch sei, seit dem siebten Jahrhundert bestimmen Mohammed und seine Lehre den Lauf der Geschichte Persiens. Die Seldschuken aus den zentralasiatischen Steppen, deren mongolische Gesichtszüge man auch heute noch im Straßenbild sieht, regieren bis 1187. Dann kommt, wie ein Peitschenhieb, Dschingis-Khan, und hundert Jahre später die alles vernichtende Feuerwalze, Tamerlan (Timur-Leng). Doch auf den verbrannten Ruinen ihres Vorfahren baute die von ihm begründete Dynastie der Timuriden (1380–1499). Sie hinterließen Gebäude von ergreifender Schlichtheit. Das klingt übertrieben, doch nach einem Morgen unter den Ziegelsteingewölben der Freitagsmoschee in Isfahan weiß man: Es ist eine Architektur, wie von der Natur geschaffen, von einer Einfachheit, die sich nur durch Wiederholung beschreiben läßt. Erst danach beginnt Isfahans Goldenes Zeitalter, doch aller Glanz, alle blendenden Bauten und Fayencen haben mir nicht eine Sekunde lang den Schock versetzt wie jener Morgen in der Freitagsmoschee. Die Timuriden verschwinden, die Safawiden kommen. Diese Dynastie ist so bedeutsam wie die der Bourbonen in Frankreich, der Habsburger in Spanien. Einem Perser zu erklären, daß man nicht weiß, wer Schah Abbas ist, erregt nur tiefes, inniges Mitleid. Dieser Sonnenkönig machte aus Isfahan das funkelndste Juwel seiner Zeit. Päpste und Kaiser entsandten ihre Botschafter, um dieses Weltwunder zu bestaunen, und es war in dieser Zeit, daß der Name Isfahan den geheimnisvollen Glanz erhielt, der noch heute, Hunderte von Jahren danach, eine seltsame Erregung in mir auslöst, als ich mich der Stadt durch die ausgedörrte Landschaft nähere.

Es gibt übrigens keine bessere Einführung als diese Landschaft. Niemals könnte man, käme man durch die Luft angereist, diesen Gegensatz körperlich spüren, der so wesentlich ist für Persien und die persische Kunst. Der Traum, den ein Mann träumt, der in der Wüste lebt, ist ein Traum von Oasen, Schutz, Blumen, Farben, Genuß, rauschendem Wasser. Und so ist es – nach dem Stein versteht man die Rose, nach der Rose erträgt man den Stein. Die verdorrte Welt draußen, unendlich groß, sperrt man aus und schafft drinnen, auf Fliesen, Kuppeln und Teppichen, die Blumen, die Farben, den Liebreiz, den man draußen entbehrt hat.

Wie beschreibt man die Kuppel einer Moschee? Einer der Aspekte arabischer Kunst ist ihre Unmenschlichkeit: Es kommen in ihr keine Menschen vor. Es gibt keine Identifizierung mit Drama, Gefühl, Geschichte. Man geht umher in einem unaufhörlichen Gefühl der Verzückung, eine Form ist noch raffinierter, sinnlicher, herausfordernder, vollendeter als die andere, und man schaut und schaut, bis sich, zumindest bei mir, eine schwindelnde Blindheit einstellt und all diese labyrinthischen, geometrischen Formen und ihre Farben ein einziger Farbschleier werden, als wäre das Kaleidoskop durch all das Schauen geschmolzen.

Wir wohnen im Shah Abbas Hotel, eine Legende für sich, ein unwirklich großer Kitsch- und Antiquitätenladen, gefaßt in einer gefrorenen Meringe, die ihrerseits wieder einen totenstillen Rosengarten umschließt. Schweigende Diener von einer Rasse, die im übrigen Teil der Welt zu einer verflossenen Vorzeit gehört, nisten in den Wänden der Flure und fliegen mit langsamem Flügelschlag hin und her. Es ist schön als alter Film, aber nicht, um darin zu leben. Nach wenigen Tagen spürt man, wie man sich selbst ebenfalls in eine entschwundene Gattung verflüchtigt; es wird 1940, 1920, 1880, nur die gegenwartsbezogene Rechnung kann dem ein Ende machen.

Aber die Probleme bleiben: Wie beschreibt man eine Kuppel, eine Moschee und eine Stadt voller Kuppeln und Moscheen? Ich habe das Gefühl, die ganze Zeit nur an der Oberfläche all der Pracht zu bleiben, die ich bewundere, nicht in sie eindringen zu können. Um es einmal ganz einfältig zu sagen: Es ist nichts darauf zu erkennen – Ornamentierfreude und Geometrie, zur Lust erhoben, Haschträume, errichtet in den weißblauen, ätherischen Himmel, die Kuppeln, die doch aus Stein sind, aus Erde, aus *Ding*, sind *selbst* ätherisch, tausendfarbige Seifenblasen von gewaltiger Größe, die durch geheime Zauberei an die Erde gebunden sind. Ich kann es nicht fassen. Jeden Morgen sehe ich von meinem Fenster aus die Kuppel der Medrese Madar e Schah, des im Jahr 1706 erbauten theologischen Seminars. Ich habe einen geheimen Weg über das Hoteldach gefunden, so daß ich ganz nahe herankomme, wo dann alles menschlicher wird. Der geometrische Aberwitz des Minaretts entpuppt sich als glasierter, zu Figuren zusammengesetzter Ziegelstein, der schwindelnde Schwung der weißen, geraden Schleifen (ich weiß jetzt, daß Schleifen auch gerade sein können) entlarven sich selbst als ein durch die Kalligraphie fast abstrahiertes Koranzitat, die Kuppel selbst ist entgegen allen Naturgesetzen ein glänzender, prall aufgeblasener Seidenteppich in Gold, Violett und Türkis, und jedesmal, wenn das Auge ermüdet, eilt es zurück zu einer menschlichen Form, einem Mullah im Kaftan, der neben dem Brunnen sitzt und liest, ein paar Studenten, die Arm in Arm an den Rosenhecken entlangspazieren und über etwas sprechen, das ich mir nicht ausdenken kann. Das Tor, durch das sie gehen, ist wie eine von Menschen erbaute Höhle von Han, jeder tropfende Stein ist ein zwischen andere Juwelen gesetztes Juwel, es ist barbarisch schön, und am Ende merke ich, daß ich nach allen späteren, wahnsinnig machenden Mihrabs, Minaretten, Iwans immer wieder zur Freitagsmoschee zurückkehre, der ältesten, schlichtesten und, seltsam, es so zu sagen, »heiligsten« von allen; wie in frühgotischen oder romanischen Kirchen hat man das Gefühl, bei dem alten Mann dort in der Ecke könnte es sich durchaus um Gott handeln, den ein Übermaß an Pracht aus seinen späteren Raumstationen verjagt hat.

Auf dem offenen, leeren Platz beten zwei Jungen. Über dem Platz schwebt der geordnete Himmel, am Himmel selbst die ungeordneten Wolken, wie überhaupt alles jetzt in dieser zwanghaften Ordnung hinein- oder hinausfällt. Krähen ziehen mit bösartigem Geschrei von Iwan zu Iwan und verjagen die Tauben. Jedesmal, wenn man für einen Moment weggeschaut hat, sieht man, wie das Licht auf den großen Platz stürzt – Licht und Himmel sind von dieser Architektur einfach annektiert worden, sind hier Lampe und Decke geworden.

Als ich von dem Platz wegspaziere, komme ich in einen Wald aus steinernen Säulen unter einem gefältelten Ziegelsteinhimmel. Zwei Frauen, fast ganz in ihren schwarzen Tschorbas verborgen, flattern vorbei und verschwinden hinter einer Tür, aus der leise jammernder Gesang dringt. Ich schaue durch das Schlüsselloch und sehe einen alten Mann mit weißem Turban sich hin und her wiegen. Sonst ist es sehr still. Hin und wieder eine kleine Detonation, wenn eine Taube unter den Gewölben auffliegt, die sich überallhin, so weit das Auge reicht, fortsetzen – nur wenn man nach »draußen« schaut, sieht man wieder diese hohe, durchbrochene »blaue« Fassade, eine Höhle der Kunst, und wenn man auf sie zugeht, fühlt man sich wieder beklommen durch die phantastische Ordnung der Ausschmückungen, die Bizarrerie nur zuläßt, wenn sie absolut zwanghaft wiederholt wird. Ich schaue darauf, während ich mit der Hand über den Alabaster einer Säule streiche. Die kleinen Einkerbungen, vor tausend Jahren gemacht, lassen ein sinnliches Gefühl in meinen Fingerspitzen aufkommen. Was ich bei Stein noch nie erlebt habe. Überall hängt, fällt, steht, sticht Licht, es ist zwischen die Steine gelegt, gewoben, die Tauben fliegen darin ein und aus.

Ich verlasse die Moschee durch einen anderen Ausgang und stehe plötzlich in einem Wohnviertel aus Lehm. Ein Führer, unter Tausenden zu erkennen, löst sich aus der Menschenmenge, die sich um einen Textilstand schart. Ich will keinen Führer, will allein gehen, aber er bleibt, redet unbeirrt weiter, stakst mit stolzen, etwas gänseartigen

Schritten vor mir her, und schließlich gebe ich nach. Wir gehen zu einem Bäcker, der mit einem Kissen die großen pfannkuchenartigen Brote an der Außenseite seines hell lodernden Ofens plattschlägt, wir gehen zu verfallenen Häusern mit unbeholfen restaurierten Wandmalereien, sitzen in einem kleinen Park, in dem Studenten im Liegen lernen oder laut murmelnd auf und ab gehen. Tapfer huscht er vor mir durch das jüdische Viertel (»they no good, they is not like us«), in eine unterirdische Fabrik, durch Öllampen halb erhellt, in der ein schicksalergebenes Kamel an einer jahrhundertealten Tretmühle im Kreis herumtrottet, wodurch ein kompliziertes Holzräderwerk in Bewegung gesetzt wird und Leinöl preßt. Jedesmal, wenn wir etwas gesehen haben, sagt er zufrieden: »This has been very good, very, very good«, und beim Abschied gratuliert er mir: »I hope you has learnt. Like someone who has thirsty drink one two three, so you have gained from the knowledge of the world.«

So I have, und ich tanze den Taxitanz vor den Taxis, die hier hellblau sind, aber sofort werden wir von hoheitsvollen Polizisten auf Motorrädern weggejagt, die die Straße im wahrsten Sinne des Wortes sauberfegen. »India«, ruft der Fahrer entzückt, und tatsächlich, ein langes grünes Auto, in das gut und gern fünf seiner Taxis passen, schwebt vorbei, Frau Gandhis habichtartiges schönes Profil reicht kaum höher als bis zur Tür. Sie winkt mit matter Hand und ist schon wieder entschwunden. Als ich eine Stunde später beim Hotel eintreffe, steht die Karosse vor der Tür. Die roten Nelken im Fond des Wagens fangen bereits an, schwärzlich zu werden.

So fliegen unsere Tage in Isfahan dahin. Hin und wieder denke ich noch daran, daß jemand mich möglicherweise holen soll, aber das wird wohl an einem Ort sein, der sich auf etwas anderes reimt, denn ich fühle mich allem entrückt und ziemlich unsterblich. Nur die *Kayhan* bindet mich noch an die Aktualität. Der Schah empfängt eine Delegation nach der anderen, rät und warnt: »Monarch warns against lagging in productivity«, »The Shahanshah on Saturday clarified major obstacles to progress in Iran.«

Es gibt nichts, womit sich der Kaiser nicht befaßt: »Schulen müssen in der Nähe derjenigen gebaut werden, die sie brauchen. Und wenn das teuer ist, soll's eben teuer sein.« »Kauf und Verkauf von Boden aus Spekulationsgründen kann nie wirklich produktiv sein.« »Es ist die Schuld der Regierung, wenn es zuwenig Fleisch gibt.« »Unsere Bauern müssen auf einem niedrigeren Lebensstandard leben als der Rest des Volkes, als ob sie noch kolonisiert wären, nur damit für den Verbraucher alles billig ist.« »Warum zeigt sich die Presse über die Preiserhöhung bei Akkus erstaunt, ohne den Lesern den Grund dafür zu erläutern? Weshalb ist sie nicht darüber erstaunt, daß eine Tonne Zement hier 1800 Rial kostet und im Ausland 6000 Rial?«

Es gibt freilich viele Beobachter in Persien und außerhalb, die diesen und anderen Äußerungen jegliche Relevanz absprechen, auch wenn natürlich nicht zu leugnen ist, daß das Land in einer gleichmäßig beschleunigten Bewegung aus dem Dunkel des Feudalismus herausgezogen wird.

Ich bin gesättigt von Isfahan und habe das Gefühl, ich sei selbst fast eine Arabeske geworden. Nachts werde ich wach, höre die Krähen kreischen, strecke den Kopf aus dem Fenster in den geballten Rosenduft des Gartens. Der

Mond scheint auf die Kuppel der Moschee, die Krähen sitzen plötzlich mucksmäuschenstill auf den weißen Gartenstühlen, sobald das Licht über die Welt gekrochen kommt, hört man die Muezzins aus allen Himmelsrichtungen wie vor hundert, fünfhundert, tausend Jahren. Ich habe Kaviar aus dem Kaspischen Meer gegessen und seltsame Fische aus dem Persischen Golf, Lammkopf komplett mit Zunge, Hirn und Augen, habe Wein aus Schiras getrunken, der eine Art schwerer Träume fördert, in denen Scheherazades Stimme ihre Geschichten erzählt; es ist genug. Ein letztes Mal noch steige ich auf die hohe Tribüne des Ali Kapu. Zu meinen Füßen liegt der große Platz, der Maidan, und wo ich stehe, stand, lag oder saß einst Schah Abbas, der große Kaiser, und sah den Polospielen und Pferderennen tief unter sich zu. Die große Terrasse wurde dann an den Seiten geschlossen, die seidenen Vorhänge blähten sich im Wind, Botschafter aus Europa und dem Fernen Osten, fahrende Gelehrte, Jesuiten, Prinzen aus Indien – alle zog es zu dieser hohen Holzterrasse, diesem Nabel eines Kaiserreichs. Masthohe Holzsäulen, noch immer dieselben, stützen das Dach, und hinter der Terrasse schließt sich ein Gewirr von Treppen und kleinen Gemächern an, durch Maueröffnungen sieht man hie und da die lodernde Vision einer Moscheekuppel, wildgefiederte Vögel kleben an den Decken, Rosetten, stilisierte Palmblätter, der schwindlig machende Glanz eingelegter Glasplättchen, zuviel, zuviel! In dem Palast im dahintergelegenen Park, dessen zwanzig Säulen sich im düstergrünen, totenstillen Wasser zu vierzig spiegeln, entdecke ich endlich Menschen, auf Wände gemalt. Menschen! Nach aller Geometrie ist dies eine Erleichterung: Gesichter, Hände, und darin Granatäpfel, Finger, die ein

Tamburin schlagen, Füße, die tanzen, mandelförmige, olivenschwarze Augen, wie Juwelen eingesetzt, gezwirbelte Schnurrbärte, Schmeichler, Tänzer, Tuschler, Narren, Helden, ein persischer Hof – und Wellen von Kriegern, sich aufbäumenden Pferden, ein in zwei Teile gespaltener Ritter, mit Augen wie die des Lammkopfs auf meinem Teller gestern, eine persische Schlacht. Aus diesen Schalen essen zu dürfen, denke ich, aber gemalte Speisen kann man nicht essen, sie sind den Weg alles Irdischen gegangen und doch noch da wie jene, die sie aßen, wie das Bimmeln der Schellen an den Fußknöcheln unter den weit abstehenden Brokaträcken der Tänzerinnen, wie die Finger auf der Panflöte, die Trauben zwischen den himbeerroten Lippen, die Falken auf den Handschuhen der Prinzen. Fort von hier, hinein in die Wüste, fort aus diesen grünen, fernen Landschaften einer gemalten Zeit!

Die Reise geht weiter nach Jasd, der Stadt, die heute noch von den Zoroastriern bewohnt wird, den Feueranbetern, Hütern der ältesten Religion, Verehrern Ahura Masdas, der mit weit gespreizten steifen Flügeln über dem Kopf von König Darius auf den Mauern von Persepolis abgebildet ist – aus einer Zeit vor Alexander, noch vor Christus, vor Mohammed, der ihn aus Persien vertrieb, nicht aber aus Jasd. Der Weg ist endlos, nicht mehr asphaltiert, schon ein Verkehrsschild wird zum Ereignis. Die Wüste wirkt wie Wasser, die Geländeerhebungen schwimmen darauf, ich bin ganz sicher. Essen oder Trinken am Straßenrand ist nicht möglich, manchmal rasen – am Tag mit voll aufgeblendeten Scheinwerfern – Lastwagenungetüme vorbei, die man schon eine halbe Stunde vorher in einem Staubsturm daherkommen sieht. Ausgedörrt und gerädert treffen wir in Jasd ein. Im Hotel haben wir die Wahl zwischen einem SINGEL, einem DABAL oder einem THREE BED, CONEIYAK ist erhältlich per BOTER (bottle) oder in ONE PICE, und wenn man keinen Cognac mag, gibt es auch noch CANADAry, Beer TOBORK, DRINKINE COLD, COCACO oder HOTCHoaCOLTe. Der Abend bricht an mit dem in den Halbtropen so herrlichen Neonlicht, es ist lauwarm mit einem Hauch von Kühle, zischende Karbidlampen, flackernde Feuer, und plötzlich weiß ich, warum ich mich in solchen Städten so wohl fühle. All die hochgestimmten Vorstellungen von Handwerk, von uralten Verrichtungen, von dort noch bestehenden Familienbanden kommen einem plötzlich wie dürftige Rationalisierungen vor: Es ist einfach gemütlich. Man streift im Halbdunkel umher, Rufen und Flüstern, verschleierte Gestalten, eine Stadt in der endlosen Ebene zwischen Ost und West, ohne die aggressive Modernität Teherans, ohne den betäubenden Glanz Isfahans, ganz einfach eine orientalische Kleinstadt irgendwo-nirgendwo, mit einem wuseligen Platz, einer großen Moschee mit Nischen in der Außenmauer, in denen Männer in Grüppchen beieinanderliegen, schwatzen, kochen und beten oder in einem der Welt gänzlich entrückten Schlaf liegen. Essensgerüche, von armgroßen Wachskerzen erhellte Gesichter, fünf Jungen, an eine Lehmmauer gelehnt, die aus Engelsgesichtern kichern, hie und da der graue Unsinnsfleck des Fernsehens (Fernsehen!) in einem düsteren Raum, Läden mit großen Zucker- und Kandisplatten, Säcken voll getrockneter Früchte zum Mitnehmen, falls das Schicksal einen wieder aus dieser Oase in das trockene Land schickt, wo man zu Hause ist, ein, zwei, drei Tagesreisen entfernt.

Wie sieht ein Feueranbeter aus? Ganz normal, bekleidet mit einem weißen Kittel und einem weißen Käppchen. Ein Führer hat uns zum Tempel gebracht. Der Unterschied zu den Moslemvierteln ist augenfällig: Hier sind die Frauen nicht verschleiert, und sie tragen helle, fröhlich-bunte Kleider. Der Tempel ist ein kleines, niedriges Gebäude in einem nassen, fast holländischen Garten. Der Priester oder was er auch sein mag, sieht aus wie ein Chirurg, der alle Operationen lachend vornimmt. Er führt uns zu einem riesigen Kupfertopf hinter Gittern, in dem das Feuer brennt.

Dieses hier brennt schon seit fünfundvierzig Jahren, sagt er stolz. Hier züngeln keine Flammen, das Feuer hat eine tiefe, ungeheuer intensive Glut, die, wenn man eine Weile davorsteht und sie anstarrt, allmählich zurückzustarren beginnt. Es riecht nach Weihrauch.

An die Wand hat Sorab Pinthewalla, 1951, Bombay, einen wandernden, predigenden Zoroastrier gemalt. Es ist sehr still. Eine Frau betet, ganz langsam versinkt ein feuriger Klotz in der weißen Asche, der Priester stellt ein neues Weihrauchstäbchen auf, der Küster hält uns eine Opferbüchse entgegen, ich schlendere wieder zurück zu dem Gemälde und frage mich, ob der gemalte Prophet womöglich etwas mit Nietzsches Zarathustra zu tun hat. Dieser hier deutet verklärt nach oben, eine gelbe Schärpe flattert hinter ihm her, im Hintergrund glüht ein pfingstrosenroter Sonnenuntergang, mit der Linken hält er seinen Stock an einen kahlen Sandhaufen, feurige Strahlen umgeben das weise Haupt. Der Priester erzählt uns, daß unter dem Schah-Regime zwar Religionsfreiheit herrsche, sie ihre Toten aber nicht mehr bestatten dürften, wie sie es gewohnt seien, nämlich *nicht*. Leichen wurden früher auf den höchsten Felsen gelegt oder auf einen »Turm des Schweigens«, um dort von Hunden, Krähen und Geiern gefressen zu werden. Erst wenn kein Gramm Fleisch mehr an den Knochen war, konnte das Skelett in einem *astodan* beigesetzt werden, einem aus dem Fels gehauenen Beinhaus mit Blick auf die Sonne. Dies alles, weil sonst, wenn der Odem den Körper verläßt, der Dämon der Leiche überall Fäulnis verbreiten würde.

Und warum das Feuer?

Er zeigt auf die große Krone hoch darüber. »Because the Fire, it is holy.« Es vertreibt die bösen Geister, es zieht die guten an.

Außerhalb von Jasd besteige ich einen Turm des Schweigens. Die Sonne ist gerade aufgegangen und knallt auf den Schnee in den fernen Bergen. Die Leichentürme sind hoch, hohläugig, ihre Lehmleiber sind selbst tot und abgenagt. Die Stille ist erdrückend. Wie ein Verdammter schleppe ich mich die endlosen Stufen hinauf. Tief unter mir liegt eine Begräbnisstätte, wo ich Männer lachen höre, und das ist es dann. Ich blicke eine Weile auf die Landschaft hinaus und frage mich, wie alt dieser Turm sein mag. Tausend Jahre? Mehrere tausend? Unten in der Wüste sehe ich die eleganten Spuren der *qanats*, uralte unterirdische Wasserkanäle, von denen einige über vierzig Kilometer lang sind.

Dies ist der älteste Teil Persiens, mit jedem Schritt, den ich die kalvarienbergähnlichen Stufen hinuntergehe, schüttele ich das Altertum von mir ab, bis ich genau gleichzeitig mit der Erfindung des Autos unten anlange, einsteige und durch einen tagelangen Sonnentunnel nach Schiras fahre, Stadt des Weines, der Rosen, der Verse, in der die großen

Dichter Hafis und Sadi wie Fürsten bestattet sind; am Grab dieser schon vor Jahrhunderten verstorbenen Dichter lassen sich persische Bauern fotografieren und tragen deren Gedichte vor, wo findet man das sonst? Es sind helle Tage, diese letzten Tage in Schiras. Die Gärten sind kühl, üppig, voller orgiastisch aufgebrochener Blüten, geheimer Alleen, mit Schwertlilien wie Orchideen, der Wein hat ein schweres, fast wildes Aroma, so daß ich verstehe, daß Hafis und Chajjam so unendlich froh und so unendlich traurig davon wurden, aber, wie ich einem alten Freund schrieb, ich habe Isfahan überlebt, mein Ende wird sich, wenn ich nie mehr hierher zurückkehre, an einem Ort aus einem anderen Gedicht abspielen. Und wenn schon, sagt Omar Chajjam, denn:

> Gesetzt, das Leben wär ein ew'ges Fest – und dann?
> Der letzte Tag bricht endlich an – und dann?
> Gesetzt, dein Glück währt volle hundert Jahr',
> Und noch mal hundert Jahr' dazu – und dann?

## 2

Es gibt keine Möglichkeit, sich dem Grabe Kyros' behutsam zu nähern: Da liegt es, leer, inmitten einer Ebene, mächtig und nicht zu umgehen, vom Wind durchtost. Zur Rechten wogende braune Hügel, die ganz in der Ferne, genau geradeaus, zu niedrigen, verschwommenen Bergen werden. Darüber die gleichen Wolken wie immer. Um das Grab selbst grünes, hohes Gras. Hinter hohen Zäunen, links, eine Nomadengruppe mit Eseln und Schafen. Ihre Kleider sind grellbunt, die Gesichter mongolisch, die

Frauen nicht verschleiert. Sie haben den Gang und den Blick freier Menschen.

Das Grab ist hoch, mit fast halbmannshohen Stufen, nur ein Riese könnte sie »normal« betreten. Doch die Macht, die diese Stufen zum Ausdruck bringen, war nicht die Macht des Königs – seine Macht stammt von Ahura Masda, er ist lediglich dessen irdischer Ausdruck, der Mittler zwischen den Menschen und der Gottheit. Das Grab ist still und schaut auf einen herab, egal wo man steht, genauso wie einen bei manchen Bildern die Augen bis in jede Ecke des Raums verfolgen. Zweimal stand Alexander der Große hier vor dem goldenen Sarkophag, das erstemal auf dem Höhepunkt seiner Eroberungen, um dem auch damals schon legendären Toten die Ehre zu erweisen. Das zweitemal, sechs Jahre später, um die Männer zu bestrafen, die das Grabmal ausgeraubt hatten.

Etwas entfernt vom Grab liegen Ruinen. Ich sehe einen geheimnisvollen geflügelten Mann langsam in dem Stein verschwinden, aus dem jemand? ihn einst herausgehauen hat. Der Mann hinter ihm weist diesen Unbekannten auf etwas Unsichtbares hin. Der Vierflügelige trägt ein elamisches Gewand und auf dem Kopf die dreifache göttliche Krone Ägyptens. Der Sonnenuntergang trödelt noch in den zinkfarbenen Wolken, und Wächter, wieder andere Wächter sagen, daß wir zu gehen haben. Wir lassen das Rätsel zurück. Wer war es? Kyros selbst? Ein wachender Dämon? Niemand weiß es. Auf einer anderen, halb verfallenen Mauer steht noch in drei Sprachen (alle drei untergegangen, verflossen, kein Mund kann sie aussprechen), Altpersisch, Elamisch, Babylonisch: »Ich, Kyros, der König, der Achämenide, habe dieses erbaut.« Auf der einzigen Säule, die noch steht, sitzt ein Storch. Als wir wegfahren, ist es bereits dunkel. Die Nomaden haben ihre Zelte aufgeschlagen. Ihre Feuer brennen. Selbst in das Schwarz der Nacht macht das Grab noch ein schwarzes Loch.

Der Löwe tötet den Stier am Fuße der langen Terrassen von Persepolis, und der Besucher sieht eine endlose Reihe des immergleichen Todes, *einen* ewig dauernden Augenblick: die Position des Zodiakus an der Stelle, an der er steht. Persepolis war das astrologische Zentrum des Universums, viel eher eine religiöse denn eine weltliche Hauptstadt, dem Allmächtigen Ahura Masda geweiht, der in der zoroastrischen Religion die Verkörperung des Guten ist. Darius beziehungsweise Daryarush, ein zoroastrischer Name, erbaute Persepolis im Jahr 550 v. Chr. Das Schaurige an unserer Zeitrechnung ist, daß der Schatten Christi auch rückwärts fällt, wohin er nun gerade nicht gehört: in die Zeit, als es ihn noch gar nicht gab, und die seine Anhänger rückwirkend für ihn usurpiert haben. Doch wie abwesend ist er hier! Hier, auf dieser kühlen Hochebene, liegt die lichte Klarheit von einst, die rätselhafte, leere Zeit, bevor die Geschichte zu dem klumpigen Haufen von Komplikationen eingedickt wurde, die man uns zu guter Letzt als »heute« überliefert hat. Das ist natürlich Unsinn, aber trotzdem hat man das Gefühl, man dürfe wie eine von allen Spinnweben befreite Reinkarnation seiner selbst in einem unbefleckten Universum begrenzter Größe umhergehen, in dem ein Zuviel an Fragen gottlob in der Legende erstickt wird. Kein einziges Detail ist so lästig, einen bis ins Heute hinein zu verfolgen wie im Christentum, mit dem man, ob man nun Christ ist oder nicht, für immer mit tausend Fäden widerwillig verbunden bleibt. Und obwohl es zur Mittagszeit unsäglich heiß war, bleibt die Erinnerung an etwas sehr Kühles, an zeitentleerte Stunden zwischen den mythischen Tieren und den übermenschlich großen Königen.

Was macht man in Persepolis? Man läßt sich jeden Tag an dem königlichen Zeltlager vorbeiführen, das der Schah zu Ehren des 2500jährigen Bestehens »seines« Reichs für seine Gäste hat aufschlagen lassen, besteigt die endlosen Treppen und streift mit oder ohne *Guide Bleu* in der Hand umher, je nachdem ob man gerade lernbegierig oder romantisch gestimmt ist. Ich selbst nenne letzteres übrigens lieber »schwelgend«, es gibt kein besseres Wort für das reichlich unexakte Gefühl, das mich dann überkommt, so daß ich die Fakten, Jahreszahlen, Bedeutungen vorübergehend den Gelehrten überlasse und uferlos träumend wie ein Backfisch von 1883 zwischen den geflügelten Tieren, den Königen, den Säulengalerien über die Terrassen wandere, die von der Sonne erschlagene Landschaft wie eine endlose Opferschale weit unter mir, und mich sehnsuchtsvoll an jenem unsichtbaren Element labe, das ich in solchen Augenblicken der Einfachheit halber »Geschichte« nenne. Daß »echte« Menschen hier gegangen sind, daß die endlosen Reihen aus dem Stein gemeißelter Inder, Äthiopier, Meder, Griechen, die dem großen König ihren Tribut darbringen, allesamt für echte Gesandte stehen, die aus allen Winkeln der damaligen Welt in monatelangen Reisen hierher zogen, daß all diese vom Stein verschlossenen Münder ihre untergegangenen Sprachen sprachen, daß ihre Opfergaben einen Geruch und eine Farbe hatten, genau wie sie selbst, daß irgendwo im Zentrum all dessen der große König weilte, der zwischen seinen steinernen Löwen und geflügelten Pferden, seinen Stieren und Greifen die ganze Welt regierte, mit Ahura Masda darüber schwebend wie Blériot in seinem Doppeldecker – ach! laßt mich noch einen Augenblick verweilen, bevor ich wieder in die farblosen Käfige der Neuzeit zurückmuß.

Touristen fotografieren ihr eigenes flüchtiges Fleisch inmitten der versteinerten Zeit, zwei Männer von der Restaurationsabteilung behauen Steine, und durch die trokkene, flimmernde Mittagsluft dringt das Geräusch, das hier vor dreitausend Jahren auch schon zu hören war: Eisen auf Stein. Wenn der Schah so weitermacht, steht im Jahr 2500 mehr Persepolis da als zur Zeit der Schlacht bei Nieuwpoort*. Und die Steinmetze werden dann wieder namenlos sein, wie jene aus der Zeit von Xerxes und Darius, ein namenloses Volkskissen, auf dem die Könige nun schon seit Jahrhunderten sitzen, einbalsamiert in Xenophon und Herodot und den Schlamm der Legende.

Ein anderes Gefühl: Allein schon deswegen, weil menschliche Gestalten oder, besser gesagt, Gestalten der menschlichen Phantasie aus diesen Reliefs herausgehauen sind, hat man die Empfindung, man gehöre viel mehr zu ihnen als zu der nach ihnen und vor einem selbst entstandenen persischen Kunst, der menschenlosen, geometrischen, überall wuchernden Ornamentik. Nein, hier, mögen sie auch noch so gut hinter emotionsloser Stilisierung versteckt sein, schreiten die Könige, wachen die Wächter, kämpfen die Ungeheuer, fliegt der Gott.

* Entscheidende Schlacht im Jahr 1600 während des achtzigjährigen Krieges 1568-1648 (Freiheitskampf der Niederländer gegen die Spanier), in der Moritz von Oranien die Spanier schlug. (Anm. d. Ü.)

Und man weiß, so idiotisch es auch klingen mag, daß man selbst, der unansehnliche späte Betrachter, im Begriff ist, irgendwo zwischen all diesem Stein zu »geschehen« – was genauso beweisbar ist wie Darwins Affe.

Im Palast Darius' I.: König und Löwe stehen sich gegenüber, wie zwei Männer. Die linke Pranke des Löwen am rechten Knie des Königs.

Der Löwe hält den linken Arm des Königs fest, der auf der blühenden steinernen Mähne ruht. Mit der Rechten sticht der große König das Messer tief in den weichen Bauch des Löwen.

An den Hängen oberhalb von Persepolis, am Grab von Artaxerxes III.: sechs Gräber, die schweren Grabtüren weggewälzt. Ich klettere langsam den Hang hinauf. Rätsel: Wie kamen sie so hoch hinauf, es sei denn, sie hieben die Gräber an Ort und Stelle aus dem Stein? Ich gehe durch die leere Totenkammer, der Wächter sieht aus, als würde auch er sich gleich in Geschichte auflösen, verflüchtigen, während ich zuschaue, niemand wird für ihn je so ein Grab aus dem Stein hauen. Unter uns liegt die leere Stadt seiner Kaiser und brennt in der Sonne. Der große Stier wacht am Eingang, auf die Ebene starrend, auf die fernen Berge und alle Reiche, über die die Achämenidenkönige herrschten. Mit der Stille, die hier herrscht, läßt sich nichts vergleichen.

Ich blieb eine Woche in Persepolis. Eine sinnliche, mehr als lehrreiche Woche. Schwelgend, es sei nochmals gesagt. Das Licht um fünf Uhr morgens, das Licht mittags, das Licht gegen Abend.

Berührungen mit der Hand, Schauen aus der Ferne: Zeit, die Stein geworden ist. Zuletzt ging ich zu manchen Figuren, wie man in Amsterdam zu festen Zeiten in die Kneipe geht. Blumen und Disteln blühen wie in einem griechischen Frühling. Und die Empfindung mit zurücknehmen, die anderen vielleicht vom Wintersport bleibt: daß man in etwas ganz Lichtem und Klarem gewesen ist.

Meine Empfänglichkeit für Dinge, die mit dem Begriff »Zeit« zu tun haben, erhält den letzten Schlag, als ich vor den Königsgräbern in Naghsch-e Rostam stehe, vier Kilometer von Persepolis entfernt. Im obersten Teil des Bergs Kuh-e-Hosayn sind die Gräber von Darius I., II. und Xerxes I. sowie Artaxerxes herausgehauen. Die Gräber selbst sind kreuzförmig, in der Mitte eine von Säulen flankierte Tür mit Stierprotomen als Kapitellen.

Darüber stützen die unterworfenen Völker den Thron, auf dem der König sitzt, genau unter Ahura Masda, der über alldem mit weit ausgebreiteten Flügeln totenstill schwebt. Unter diesen älteren Gräbern, nahezu in Augenhöhe, liegen acht aus einer anderen Dynastie, der der Sassaniden (224-641 nach Christus). Die zweite Gräberreihe wurde also rund sechshundert Jahre nach der ersten aus dem Fels gehauen. Die Gestalten darauf sind üppiger, runder, auch etwas geschmeidiger als die Figuren, die räumlich über und zeitlich vor ihnen liegen. Aber, o Schreck, im zweiten Relief (Bahram II. im Kreise seiner Familie) steht noch eine Figur. Sie stammt aus einem viel älteren Grab, aus dem dritten Jahrtausend, ein Fremder, den man nicht weggehauen hat, eine Erscheinung aus einer Zeit, die für die Sassaniden genauso lange zurücklag wie die der Achämeniden für mich, ein damals dreitausend und heute fünftausend Jahre alter Fremdling. Er ist so flach wie ein Bild, ein völlig quergestellter Mann aus der Zeit, bevor Arme sich beugen konnten, wie ein Schemen, ein eiserner Spuk steht er zwischen den plötzlich fast frivolen Wesen, die eher in meine Zeit gehören. Je länger ich ihn ansehe, desto weniger verstehe ich ihn.

Als ich jetzt, so viele Monate später, in meinem Zimmer sein Foto (!) betrachte, habe ich wieder dieselbe Empfindung, mich in zu großer Höhe ohne Sauerstoffmaske aufzuhalten. Ich sehe ihn, und er sieht mich nicht. Wenn ich jetzt nach Naghsch-e-Rostam zurückkehrte, um ihn anzuschauen, würde dasselbe passieren wie damals: nichts.

Er ist älter als die älteste Dynastie, er hat sie alle kommen und gehen sehen, er ist so provozierend wie ein Überlebender. Wer ihn zu lange anschaut, geht in Rauch auf.

3

Etwas über die politische Situation Persiens zu sagen geht entschieden weiter als die Feststellung, daß es ein autokratisches Regime ist, gegen das es wenig organisierte Opposition gibt. Die erlaubte Opposition ist gekauft, damit sie so funktioniert, wie sie funktioniert, die »echte« Opposition wird, wenn sie es nicht beim Murren beläßt, sondern zu Taten schreitet, gefangen, gefoltert oder getötet.

Viel erfährt man darüber in Persien selbst nicht, über allem liegt ein dicker Schleier des Schweigens. Die Angst vor der Geheimpolizei, der SAVAK, beherrscht alles. Die SAVAK ist überall, im In- wie im Ausland, mächtig und unsichtbar. Im Zentrum aller Netze sitzt der Schah. Vergleicht man ihn mit anderen Despoten, so wirkt er bedeutend aufgeklärter, aber es fragt sich, ob es wirklich so ist. Die alten Strukturen des Landes werden mit Gewalt zerschlagen, doch es ist nicht ersichtlich, wer wirklich davon profitiert und ob das Land nicht die gleichen schrecklichen Fehler macht wie Spanien zur Zeit der Konquistadoren, als es des verlockenden Goldes wegen seine Binnenstruktur vernachlässigte – woran es heute noch zu tragen hat.

Der Schah schlägt einen überaus anmaßenden Ton gegenüber dem ausländischen Kapital an, holt es, samt den dazugehörigen Scharen von Ausländern, aber doch ins Land. Währenddessen geht es der ländlichen Bevölkerung, den Kleinbauern, an den Kragen: Noch stellen sie 58% der Gesamtbevölkerung, bald sollen es nur noch 25% sein. Was aber soll aus diesen Entwurzelten werden? Und wer soll das Land bestellen? Shellcott, Hawaiian Agronomics und andere multinationale Konzerne haben bereits rund 17000 persische Bauern »ersetzt« und bebauen den Boden jetzt mit Hilfe ausländischer Experten und zollfrei importierter Maschinen. Doch die Erträge sind geringer als die der persischen Bauern in den bewässerten Gebieten.

Warum so viele Ausländer? Weil es wenig Perser mit den entsprechenden Qualifikationen gibt. Woher kommt das? Weil die Universitäten von der Regierung abhängig sind, die alle universitären Aktivitäten argwöhnisch beäugt, unabhängiges Denken vereitelt, alle Ebenen mit SAVAK-Leuten durchsetzt hat und, kurz gesagt, nach der Devise vorgeht: Wenn unsere eigenen Leute nicht gut genug sind, *kaufen* wir eben Leute im Ausland. Und so wird alles gekauft, mit Ausnahme einer soliden Infrastruktur.

Reden, Zahlen, wenn man sich zum erstenmal im Land bewegt, ist man gewaltig beeindruckt. Der Schah ist intelligent, er will nur das Beste für sein Volk, er hat eine weiße Revolution in Gang gesetzt, er möchte Persien einen angesehenen Platz in der Welt verschaffen, und auch wenn das Pro-Kopf-Einkommen nicht so hoch ist wie angegeben, und auch wenn es nicht oder nicht so schnell steigt, wie behauptet wird, und auch wenn die Korruption alle Schichten erfaßt hat – man behält doch den Eindruck, daß es diesem Land gutgeht.

Was kann dann schon passieren, wenn es gutgeht? Es gibt Leute, die bei dieser Frage den Schatten Diems heraufbeschwören, der zu Fall gebracht wurde, als er den Amerikanern nicht länger von Nutzen sein konnte. Der Schah, dem die CIA 1953 wieder auf den Thron verholfen hat, weiß das nur allzugut, auch wenn die Heraufbeschwörung dieses Spukbilds derzeit nicht akut zu sein scheint, weil die Interessen noch parallel laufen. Aber wird das immer so bleiben? Und werden die jetzt unsichtbaren Oppositionsmitglieder im Inland und die sich aus einer Vielzahl von Gründen im Ausland aufhaltenden Arbeiter und Akademiker dann nicht plötzlich sehr sichtbar werden?

Angesichts der Fülle an persischen Dynastien könnte man fast vergessen, daß diese letzte Dynastie nur ein Kratzer auf dem großen Stein der Geschichte ist: Der Vater des Schahs war Oberst in der Armee und half, die damalige (1921) Dynastie der Qajar zu stürzen. Und auch wenn, wie man hört, alle Beförderungen von Offizieren vom jetzigen Schah persönlich begutachtet werden, so kann doch jederzeit ein neuer Oberst aus den Kulissen treten. Es bleibt Spekulation. Sicher aber ist, daß Spekulationen durch die Angst, das Schweigen, die Geheimnistuerei des Regimes selbst zusätzlich Auftrieb erhalten. Ausländische Diplomaten weichen diesen Fragen tunlichst aus: Niemand hat die bösartigen Repressalien vergessen, die den Niederlanden zuteil wurden, als sich der Schah wegen des Prozesses um die Besetzung der persischen Botschaft in Den Haag persönlich beleidigt fühlte. Laut Amnesty International gibt es 20 000 politische Gefangene. Der Schah spricht nur von Kommunisten, Verrätern und Saboteuren. Politische Gefangene gibt es nach seinen Worten nicht. Ob das Regime über eine feste Basis im Volk verfügt, kann ein Ausländer wegen derselben, alles verdunkelnden Schweigsamkeit nach einem nicht allzu langen Besuch schwer beurteilen. Sicher ist, daß es in den Kreisen puristischer Moslems gärt, und sicher ist auch, daß durch die stürmische, außerordentlich ehrgeizige Entwicklung Kräfte entfesselt werden, die ein Mann allein nicht immer kontrollieren kann.

*Mai, Juni 1975*

# IN JAPAN

## I

# DER GEBURTSTAG DES KAISERS, DAS PATHOS DER DINGE UND ANDERE JAPANISCHE ERFAHRUNGEN

## I

Woraus besteht das Bild eines Landes? Ich habe mich auf den Boden des Flugzeugs gelegt, das nun schon seit fast zwanzig Stunden auf der Polroute Richtung Japan fliegt. Rings um mich herum schlafende Füße. Ich habe ein kleines Kissen unter meinem Kopf und eine blaue Decke auf mir, und ich kann nicht schlafen. Seltsamerweise kehrt immer wieder ein bestimmtes Bild zurück: ein Foto, das kurz nach dem Krieg – ich war damals etwa zwölf – großen Eindruck auf mich gemacht hatte. Ein australischer Kriegsgefangener in einer idiotischen langen englischen Kolonialkhakihose sitzt auf einem Stuhl oder Baumstumpf, das weiß ich nicht mehr. Man hat ihm die Augen verbunden, sein blondes Haar weht etwas hoch im Wind. Seine Hände sind mit einem Strick gefesselt. Hinter ihm steht ein Japaner. Er trägt ein Käppi, eine schwarze Hose und Stiefel und ein weißes kurzärmeliges Hemd. In beiden Händen hält er, hoch erhoben, ein großes Schwert, ungefähr so, wie ein Golfspieler den Schläger in der höchsten Position hält. Den Bruchteil einer Sekunde später wird er zuschlagen, dann wird das Schwert den Hals des Australiers mit einem Schlag durchtrennen, der Kopf wird herabsausen, Blut wird aus dem jetzt noch unversehrten Hals schießen, der Körper mit den gefesselten Händen wird zur Seite kippen. Das ist, wie auch immer, das älteste Bild, das ich von »Japan« habe. Dreißig Jahre Leben und

Lesen haben dieses Bild auf verschiedenerlei Art korrigiert, erklärt, nuanciert – aber jetzt, da ich in einer Stunde selbst in Japan sein werde, taucht es unwiderstehlich wieder auf, ein leichtes Gefühl von Angst, gemischt mit Müdigkeit. Ich sehe Bilder von Millionen Menschen in U-Bahnen und Zügen, doch diese Bilder werden wieder gemildert durch Gärten, Tempel und Blumengestecke. *Apprehension* beschreibt die Empfindungen vielleicht noch am besten, denen ich mich jetzt ausgeliefert sehe. Die Frage, die mich beschäftigt, heißt: Wie »anders« ist Japan? In den letzten Jahren habe ich Romane von Tanizaki, Kawabata, Kenzaburo Oe, Mishima gelesen, die mir nicht das Gefühl vermittelten, das »Andere« Japans sei ein anderes »Ander« als beispielsweise das Brasiliens. Eine bestimmte Exotik gesellschaftlicher und religiöser Bräuche, andere Pflanzen, anderes Wetter, aber andere *Menschen*? Die Romane thematisieren Empfindungen und Probleme, die mir nicht wirklich fremd sind; wenn ich die Exotik abziehe oder durch eine andere ersetze, bleibt nichts, das ich nicht verstehen würde. Aber werde ich das auch ohne den Kontext der Bücher wiedererkennen? Während ich so daliege und denke, kommt unbändiger Neid in mir auf. Warum muß ich wie ein mit Vorurteilen und Informationen gefülltes Gefäß reisen, warum kann man nie irgendwohin fahren, wovon man überhaupt nichts weiß, wie zum Beispiel Pizarro ins Reich der Inka oder die ersten Europäer nach Japan? Nichts vom Bruttosozialprodukt wissen, nie einen japanischen Film gesehen haben, Hiroshima, Zen, Kabuki, Sumo, Kaiseki, Sony, Samurai, Harakiri, Ikebana – klangvolle Wörter ohne irgendeine Bedeutung. Was ich mache, kann man kaum noch als Reisen bezeichnen, da wird nichts mehr entdeckt, sondern es wird geprüft, kontrolliert, bestritten und bestätigt, Bilder und Vorstellungen werden an der »Wirklichkeit« gemessen, was ich letztlich tun werde, ist, nachzuschauen, ob es Japan überhaupt gibt, so als würde ein Zuschauer im Kino in die Leinwand steigen, um sich zu den Hauptfiguren an den Tisch zu setzen.

Eine japanische Mädchenstimme murmelt durch die Bordsprechanlage, die Füße um mich herum werden wach, die Lichter gehen an, der Run auf die Toiletten setzt ein. Männer, die schon gleich beim Abflug in Schiphol drei Sitze auf einmal in Beschlag genommen hatten, um gut schlafen zu können, sitzen jetzt da und rasieren sich mit der Miene von Menschen, die genau das Entgegengesetzte von dem tun, was ich tue: Sie kommen nach Hause, sie lassen die fremde, feindselige, nichtjapanische Welt hinter sich, mission completed, der Größe der japanischen Nation wieder ein Gramm hinzugefügt, sie ordnen sich lautlos in das große Gesellschaftsspiel ein, zu dem sie gehören. Heute abend, so stelle ich mir vor, sitzen sie in der schützenden Undurchdringbarkeit ihrer Häuser, verneigen sich vor ihren Frauen und spülen die unangenehme Fremdheit der nichtjapanischen Welt mit Sake hinunter. Sie starren, genau wie ich, aus den Fenstern des Flugzeugs auf das galaktische Lichtergewimmel von Tokio, schaukeln sacht in der Umarmung einiger grauwollener Wolken, und dann nehmen wir Erde. Das ist der spanische Ausdruck für Landen, und er gibt die dazugehörige Erleichterung etwas besser wieder als das simple Wort Landen. Sofort ist das erste, unvergeßliche Bild von Masse da: Links und rechts von unserem Flugzeug steht eine endlose Reihe anderer Flugzeuge, fast als stünden sie Spalier. Das kornblumenblaue KLM-Emblem schiebt sich zwischen die klatschmohnroten Embleme der JAL. Selten bin ich irgendwo so effizient angekommen. Eine Horde kleiner Busse steht bereit, in jedem ein japanisches Mädchen, wie ein Seufzer werden wir zum Hauptgebäude abtransportiert.

Von dieser Ankunft weiß ich nicht mehr viel. Das Registriergerät nimmt etwas dösig sechsspurige Straßen, Autobahnkreuze, Häusermassen zur Kenntnis und überall diese Zeichen, die ich nicht lesen kann, richtig beruhigend. Das Hotel ist weit entfernt und groß, auch hier erfolgt die Abfertigung blitzschnell. Weil ich nach einer solchen Reise nie gleich ins Bett kann, wandere ich noch durch das Gebäude und lande in einem eisblauen Raum, in dem eine Band spielt. An die Wände ist ganz Hawaii projiziert, kaum bin ich in Japan, da bin ich schon wieder woanders. Die Sängerin singt ein dramatisches westliches Lied auf japanisch, aber irgendwie ist sie zu klein für die großen Emotionen, die sie zu Gehör bringt. Erst nach einer Weile geht mir auf, daß sie *My way* singt, aber es behält etwas merkwürdig Unechtes, so als hätte jemand eine laute Kassette in diesen zierlichen Minikörper geschoben. Mit dem vom Neonlicht giftig violett verfärbten Alkohol in meinem Glas steigert sich der Wahnsinn noch: Da steht also eine ganz kleine Frau, die ganz laut singt, vor mir an einem Tisch, der gleichzeitig in Hawaii und in Tokio steht. Dann doch lieber ins Freie. Kühle Frühlingsluft. Getrimmte Bäume. Winkende Reklamen. Ein Junge, der mir guten Tag sagt. Ein Bahnhof in der Ferne. Hunderttausende von Autos. Ich gehe ein wenig herum, sehe aber gleichzeitig verwirrende Flashbacks: Ich ziehe die Tür meines Hauses in Amsterdam hinter mir zu, ich fahre nach Schiphol, ich kaufe eine Zeitung in Anchorage, ich esse japanisch im Flugzeug. In irgendeiner Zeitrechnung ist es jetzt sieben Uhr abends, und ich gehe zu Bett.

Der erste Tag nach einer solchen Ankunft ist immer ganz merkwürdig. Es ist sehr ruhig in meinem Zimmer, und das Zimmer selbst ist leicht beige, schmucklos. Einen Augenblick lang hoffe ich, daß dies nun endlich das Jenseits ist, aber weit gefehlt: Ein leises Rascheln an der Tür, und ich sehe, wie eine Zeitung langsam hereingeschoben wird, die *Mainichi Daily News*. Der Wirtschaftsrat fordert höhere Beiträge zur Sozialversicherung. Dies ist entschieden nicht das Jenseits. Ich gehe zum Fenster und schiebe die Vorhänge zurück. Ist das Smog oder einfach nur schlechtes Wetter? Unter einem Groninger Himmel liegt eine ununterbrochene Reihe von Stadtschaften, Häusern, Fabriken, Bahnlinien bis zum verschwommenen Horizont. Ich sehe fünf Züge gleichzeitig fahren. Hinter den Fenstern schaukelt Menschenfleisch auf dem Weg zu sinnvoller Arbeit. Das Universum dreht sich, alles stimmt. Ich schalte den Fernseher ein. Eine Gruppe von Teenagern mit frischgepflückten Pfirsichgesichtern zeigt einen Steptanz. Sie haben ein gräßliches amerikanisches Lächeln aufgesetzt, aber abgesehen davon sind sie sehr hübsch. Ich schalte nun nacheinander alle dreizehn Kanäle ein. Eine weinende Frau im Kimono. Ein Mann, der mit dem Finger auf mich zeigt und etwas sagt, was ich nicht verstehe. Eine Gruppe von Menschen an einem Tisch, die über eine provozierend gelbe Grapefruit sprechen und sie danach aufessen. Ein Cowboy, der in der Wüste von Nevada einen anderen Cowboy zusammenschlägt und dazu japanische Verwünschungen ausstößt. Jetzt bin ich reif für die wirkliche Welt und gehe hinunter. In einer Ecke der Eingangshalle ist ein Garten eingerichtet, in dem drei grazile Mädchen im Kimono Tee servieren. Allmählich nimmt die Sache Gestalt an. Eine trippelt auf mich zu, man könnte meinen, sie bewegt sich auf einer unsichtbaren Schiene. Knapp vor mir verneigt sie sich leicht und stößt silberne Laute aus. Danach gießt sie mir Tee ein. Ich entbrenne in tiefer, unglücklicher Liebe zu ihr und zugleich zu ganz Japan. Es läßt sich nicht mehr ändern, es war im Nu passiert, beim unsinnigsten Klischee, das sich denken läßt: Die weißen Puppenhändchen mit den lackierten Nägeln, der rosige, unverletzbare lilienblattartige Samtschimmer ihrer Haut, in die der große Steinsetzer zwei Augen gesetzt hat, in denen man bis zur Erschaffung der Welt zurückblicken kann, ohne etwas zu sehen, ich sitze auf meinem Stuhl wie ein Tourist, unheilbar entflammt und von einer nicht mehr zu löschenden Euphorie erfaßt, und gleichzeitig habe ich das Gefühl, unsichtbar geworden zu sein. Sie gießt mir zwar Tee ein, aber sieht sie mich auch? Dieses Gefühl bleibt mir die ganze Reise hindurch, auf der Straße, in Restaurants, Zügen, U-Bahnen. Meine Fahrkarten werden geknipst, mein Essen wird gebracht, ich bin da, auf mich wird reagiert, und dennoch bin ich irgendwie unsichtbar und existiere nicht wirklich. Ich habe mich gefragt, woher das kommen mag. Es ist natürlich Unsinn, eine literarische Anwandlung, aber woher kommt sie? Das »japanische« Wort für Fremder ist »outside person«, damit muß es etwas zu tun haben, jemand, dessen Sichtbarkeit registriert wird, der aber dennoch ein Fremdkörper ist, und zwar im wahrsten Sinne des Wortes. Man bedient ihn, man behandelt ihn höflich, läßt ihn aber nicht in die innerste Form des Schauens ein, die, mit der man Menschen wirklich sieht. Wie dem auch sei, ich sage es vielleicht besser gleich zu Beginn, es gab mir dies während der gesamten Reise ein Gefühl der Ausgelassenheit, fast so, als würde ich schweben, und auch eine leichte Form von Debilität. Jeder erwartet von einem, daß man Tokio gräßlich findet, doch davon war keine Rede. Ich fand Tokio wunderbar, diese barbarische Anhäufung von Gebäuden, die nirgendwo aufhört, der ganze Großstadtgraus, der wahnwitzige, grünauffressende Baukrebs, durch den sich der Verkehr in hundert Formen hindurchkämpft, die massive Ballung vorstadtähnlicher Vulgarität; alles, was mein Ich mir befiehlt, häßlich zu finden, trug zu dieser Ausgelassenheit bei, denn die vernichtende Häßlichkeit wird immer wieder durch kleine Formen von Schönheit unterbrochen, immer wieder erlebt man kleine Wonnen: die Anmut der Menschen, die Art und Weise, wie verschiedene Fische im Schaufenster eines Restaurants dekoriert sind, kleine Gegenstände auf einem Schreibtisch, Püppchen in einem Kaufhaus, Zeichen auf einem Kalender, die geballte Rührung über eine winzige Pflanze, die vollkommene Ästhetik eines in Seetang und Reis eingewickelten Stücks rohen Thunfischs, all das kleine Schöne, welches das große Häßliche besiegt und auslöscht. Während die naturalistische Kamera mich in einer Stadtlandschaft großer Verwilderung registriert, sieht die innere Kamera jemanden durch Täler großer Schönheit schweben. Das stimmt also nicht, aber daran läßt sich nichts ändern.

Nach einigen Tagen habe ich bereits eine ganz ordentliche Routine entwickelt. Morgens lese ich die *Mainichi Daily*

*News*, als wäre es *de Volkskrant*. Das ist eine gute Ortswechsel-Übung, denn plötzlich befindet sich das Zentrum der Welt nicht mehr in der EWG, sondern auf ein paar Inseln, die jemand wie eine verzweifelte Garnele an das mammutartige Festland Chinas und der Sowjetunion geschleudert hat. Daß diese paar Inseln die drittgrößte Wirtschaftsmacht der Erde sind, wird erst dann so richtig verrückt, wenn man sich ihre pathetische Kleinheit im Verhältnis zum restlichen Asien vor Augen hält. Als nächstes sehe ich mir die Nachrichten auf englisch an, die von einem amerikanischen Gastarbeiter frohgemut verlesen werden. Danach Tee bei den Engeln im Kimono oder manchmal ein japanisches Frühstück mit rohem Fisch, süßen Pflaumen und schwarzen Bohnen, ein Schlag unter die Gürtellinie. Die Preise in diesem internationalen Hotel geben einem den Rest. Ich esse daher meist in kleinen japanischen Restaurants im Zentrum. Nach dem Frühstück fahre ich in die Stadt. Ich weiß inzwischen, von welchem Bahnsteig die grüne Linie zum Bahnhof Yurakucho abfährt, ich weiß, wie ich mein Geld in das Gesellschaftsspiel an der Wand einwerfen muß und daß ich warten muß, bis das Wechselgeld herausklimpert, ich weiß, daß ich mich dort anstellen muß, wo es auf dem Boden angezeichnet ist, denn dort hält unfehlbar die Tür, ich weiß, daß ich mich, weich wie Sojabohnenkuchen, von weißbehandschuhten Herren zwischen das andere Fleisch in den Zug schieben lassen muß, und ich weiß, wen ich dort antreffen werde: Schulmädchen in Uniform, Zeitungsleser, Herren im Anzug mit weißem Hemd und Krawatte. Niemand achtet auf mich, denn ich bin nicht da, und ich darf jeden ansehen. Auf den Bahnsteigen und in den Zügen lesen abwesende Münder ganze Gedichte vor, und das einzige, was ich lesen kann, sind die Namensangaben auf den Bahnsteigen. Für alle anderen Auskünfte lasse ich mir morgens im Hotel hübsche Zettel malen, auf denen Texte stehen wie: Würden Sie diesem Herrn bitte erklären, wie er ... wo ... wann, und so weiter. Damit begebe ich mich in die Stadtmitte und finde so den Fischmarkt, die Börse, das Theater. Manchmal fahre ich auch mit dem Taxi. Die Tür fliegt automatisch auf, wenn ich mich nähere. Das Wageninnere könnte nicht sauberer geputzt sein. Eine Plastikblume lacht mich an, der Bewohner streckt seine weißbehandschuhte Hand aus und starrt auf die Zeichnungen. Wenn er sie nicht versteht, saugt er durch einen leicht geöffneten Mundwinkel einen Schwall kühler Luft ein, was ein hohes, zischendes Geräusch macht. Dieses Geräusch ist ziemlich definitiv, denn fast niemand spricht Englisch. Ich frage Freunde, wie es dann um Himmels willen bloß möglich war, ein solches Handelsimperium aufzubauen. Die Antwort scheint zu sein, daß viele Japaner Englisch lesen und schreiben können, daß aber die Angst, Fehler zu machen und damit das Gesicht zu verlieren, größer ist als der Wunsch, einem zu helfen. Ein regelrechtes Nein bekommt man fast nie zu hören. Man sitzt also in diesem Taxi und lauscht dem langsamen Zischen. Dann murmelt man etwas, sondert ein Lächeln ab, und die Tür fliegt wieder auf. Manche Fremde verbittert das sehr oder frustriert sie zumindest, denn auch wenn man nach dem Weg fragt, wird der Angesprochene, ebenfalls wieder, um das Gesicht nicht zu verlieren (was für ein gräßlicher Ausdruck), einem nicht sagen, daß er es nicht weiß, sondern einen lieber in die Sahara schicken, um behilflich zu sein. Für mich fällt das alles unter die Rubrik Abenteuer, denn ich habe keine Verpflichtungen, aber ich kann mir vorstellen, daß es für Leute, die ein Programm zu absolvieren haben, eine Katastrophe ist.

Wenn man so durch die Stadt streift, ist man sich eines Umstandes stets bewußt: Man ist von gewaltigen Menschenmengen umringt. Wie eine Flutwelle rücken sie vor, wenn die Ampel auf Grün springt, auf Wolken wird man in die Kaufhäuser getragen, zu Dutzenden telefonieren sie an roten Telefonen, die einfach so, ohne Zelle, an der Wand hängen, überall um einen herum ist Bewegung, schwindend und schwellend wie das Meer, aber nie aggressiv, ein Volk, das von allein gelernt hat, daß die einzige Möglichkeit, mit sechzehn Millionen Menschen in einer Stadt zu leben, eine Form von Disziplin ist, normalerweise etwas, wofür ich mich nicht gerade begeistere, hier aber eine absolute Notwendigkeit. Kein Geschiebe und Gedränge, alles verläuft so, als seien Naturgesetze im Spiel, die Massen fließen in- und auseinander, große Grundseen strudeln um die U-Bahnstationen herum, alles Gesichter mit schwarzen Haaren, alle ordentlich gekleidet, alle mit einem klaren Ziel. Ich hatte mich darauf vorbereitet, diese Massenhaftigkeit gräßlich und beängstigend zu finden, aber das Gegenteil trifft zu: Es ist ein sinnlicher Genuß, in diesen Mengen mitzufließen, von unverständlicher Körperlichkeit umringt zu sein, selbst Menge zu sein.

Am einfachsten ist das Essen. In Amsterdam gibt es drei japanische Restaurants, ich weiß also, daß ich, wenn ich rohen Fisch *(sashimi)* esse, erst etwas Sojasoße in ein Schälchen geben muß, ein pastetenartiges Klümpchen scharfen *wasabi* – eine grünliche Meerrettichart – daruntermischen und dann dieses Gedicht von hellrotem rohem Thunfisch oder satinschimmernde Tintenfischstücke (*ika*) hineintunken muß. In den kleinen Restaurants im Zentrum gibt es keine fremdsprachigen Speisekarten, aber vor den Fenstern haben sie wunderbare, täuschend echt aussehende Displays von Speisen. Große Künstler waren hier am Werk: Im Beefsteak geringerer Qualität für *sukiyaki* sind sogar, zur Warnung, feingeäderte Sehnen zu finden. Man geht hinein, nimmt einen Kellner oder eine Kellnerin mit hinaus – was mit viel Lachen einhergeht – und zeigt auf alles, was man haben möchte. Die Portionen sind in wahrer Größe abgebildet, auch da kann man also keine Fehler machen. Mit einiger Spannung beobachten sie dann, wie man alles mit den Stäbchen zu sich nimmt, aber sonst wird man in Ruhe gelassen. Alles, was auf den Teller kommt, ist wunderschön angerichtet, sogar in den einfachsten Restaurants: kleine Kompositionen, Gemälde von Speisen. Das meine ich, wenn ich sage, es spielt keine Rolle, daß die Stadt nicht von musealer Schönheit ist. Die rettende Anmut steckt in den kleinen Dingen, in der Kultur des Alltagslebens. Grachten sind schön, aber Kartoffelsalat ist häßlich, und diese Häßlichkeit muß man auch noch zu sich nehmen, buchstäblich damit eins werden. Das ist der Unterschied. Das Verzehren eines solchen kleinen Kunstwerks ist im Grunde eine Kommunikation mit der Schönheit. Das gleiche gilt für die Art, wie die Einkäufe im Kaufhaus eingepackt werden, und für das anmutige Kopfnicken und den gewisperten Gruß am Fuße der Rolltreppe.

Mit Hilfe der niederländischen Botschaft habe ich eine Verabredung zum Besuch des japanischen Parlaments getroffen. Der Taxifahrer zischt nicht, als er die Zeichnungen sieht (ich bleibe bei diesem Ausdruck, nichts ist schöner, als einen Japaner langsam etwas schreiben zu sehen), und ich bin rechtzeitig am Eingangstor des kolossalen Parlamentsgebäudes und stelle mich an den verschlossenen Gitterzaun. Schon bald kommt ein Uniformierter und fragt, was ich wünsche. Ich sage, daß ich verabredet bin und hier am Eingang abgeholt werden soll. Konsternation. Telefonate. Aufregung. Irgend etwas stimmt nicht. Ich habe bereits gelernt, daß man sich tunlichst nicht aufregen soll (sehr schlechter Geschmack), und lächle beharrlich mit Erstkommunionsgesicht. Aber ich gehe auch nicht weg. Alle Schachfiguren stehen jetzt eine Weile bewegungslos da. Dann wird wieder telefoniert. Aus dem Chaos tritt ein Herr, der Englisch spricht. Wir verbeugen uns. Wir tauschen Visitenkarten aus. Ich erkläre ihm, daß ich mit Herrn Ito verabredet bin, und er sagt, das könne nicht sein, weil er, sehen Sie nur auf die Karte, Herr Motegi sei, Sekretär der Abteilung für auswärtige Angelegenheiten im Abgeordnetenhaus. Dann führt er meine Karte dicht an die Augen, murmelt nutbum nutbum und schüttelt den Kopf. Dies, so wird mir später erläutert, ist eine typisch japanische Situation. Etwas ist schiefgegangen, offensichtlich. Er ist mit mir *nicht* verabredet, denn er ist nicht Herr Ito. Aber da steht nutbum, eine vollendete europäische Tatsache, vor den Toren des Parlaments. Er ist sichtlich in großen Schwierigkeiten, hält sich immer wieder meine Karte vor die Nase und murmelt. Sein Englisch ist rudimentär, also beschränke ich mich darauf, weich kadenzierend den magischen Namen Ito, Ito zu wiederholen. Von Zeit zu Zeit dreht er sich zu den Uniformierten um, die ihn voller Respekt auf seinem Leidensweg beobachten. Nutbum, sagt er wieder. Holland. Oranda. Genau. Wir verneigen uns. Ito, singe ich, appointment. Dutch Embassy. Embassy? Yes. Mr. Ito? Endlich entschließt er sich, mich mit hinein zu nehmen, aber glücklich ist er nicht. Er zischt wie eine Kobra, die eine farcierte Maus vor sich sieht, und führt mich zu einem Schalter, an dem ich mich auf viel Papier eintragen muß. Dann treten wir in das große Gebäude ein. Irgendwo in einem Raum geht er telefonieren, und das wird ein sehr langes Gespräch. Erst als das Spinnennetz entwirrt ist, zeigt sich, wie sehr ich die gesamte Maschinerie durcheinandergebracht habe. Ich war am Nordeingang verabredet, hatte mich aber zum Südeingang begeben. Abgesehen davon, daß mir das niemand gesagt hatte, hätte ich dem Taxichauffeur den Unterschied doch nicht klarmachen können. Aber Herr Ito stand pünktlich um zehn am Nordeingang. Herr Ito empfängt die Journalisten, die ins Unterhaus wollen. Herr Motegi empfängt die Journalisten, die ins Oberhaus wollen. Jetzt geht es nur noch darum, daß Herr Motegi mich Herrn Ito übergibt. Das geschieht exakt auf der unsichtbaren Demarkationslinie, die die beiden Abteilungen trennt, irgendwo mitten in dem riesigen Gebäude. Die beiden Herren fangen schon von weitem an, sich zu verbeugen, die sie begleitenden Uniformierten verbeugen sich ebenfalls. Wie ein Paket werde ich, der ich mich ebenfalls verbeuge, übergeben, bekomme die Karte von Herrn Ito, gebe ihm meine Karte und muß wieder zu einem anderen Schalter, um mich einzutragen. Dann erst darf ich der Parlamentssitzung beiwohnen, aber vorher bekomme ich noch ein schönes Buch über das Parlament mit Farbfotos von der Großen Kaiserlichen Treppe, die so aussieht, wie jemand in Arnhem sich eine Große Kaiserliche Treppe vorstellt. Herr Ito und ich trinken eine Tasse grünen Tee in den corridors of power, einem ostindischen Warteraum mit Peddigrohr und Palmen, wo die Parlamentsabgeordneten einen Happen essen, Zeitung lesen, mich anschauen und schreckliche Komplotte schmieden – genau wie im Binnenhof*. Dann gehen wir eine Treppe hinunter, ich werde von Kopf bis Fuß durchsucht, sogar die Schuhe muß ich ausziehen, mein Füller wird mir abgenommen, hier wird nichts Carlos oder dem Zufall überlassen. Ich betrete die öffentliche Tribüne zusammen mit einer vor Ehrfurcht erstickten Klasse Schulkinder und drei Bauern aus einer fernen Provinz, die sich kaum zu bewegen wagen. Die Sitzung dauert noch nicht einmal sechs Minuten und wird von Heerscharen von Fotografen, Filmern, Journalisten dokumentiert. Ich verstehe kein Wort, lasse mir erklären, wo die Kommunisten sitzen und wo die Liberalen, aber für mich ist es ein sehr großer Saal voller Herren in grauen Anzügen mit weißen Hemden und Krawatten. Debattiert wird nicht, drei äußerst kurze Reden, woraufhin offensichtlich durch Sitzen und Aufstehen abgestimmt wird, und dann ist es schon wieder vorbei. Genauso wie meine Tante nach einem Theaterstück von Pinter sagte: »Ich habe nichts verstanden, aber es war sehr schön.«

Als ich hinauskomme, ist eine Demonstration im Gange. Viel Polizei, aber was da eigentlich vor sich geht, sehe ich nicht. Ein geschlossenes Auto, an dem Fahnen angebracht sind, fährt die ganze Zeit hin und her. Daraus dringt großtönende, aggressive Musik, abwechselnd mit Reden, in denen Japanisch plötzlich ganz anders klingt, böse,

* Ort des niederländischen Parlaments. (Anm. d. Ü.)

hysterisch. Parolen werden skandierend geschrien, auf einem anderen Auto stehen Männer mit Gesichtern wie Masken, auch dort dieselben Fahnen. Als ich das Emblem darauf später einem Journalisten beschreibe, sagt er, es sei eine rechtsnationalistische Gruppe. Die Autos fahren noch eine Weile hin und her, ein paar Passanten schauen ohne erkennbare Regung zu, Polizisten in Jeeps umkreisen die Autos, wobei sie mit Walkie-talkies miteinander sprechen, es sieht aus, als würde ein perfektes Szenario aufgeführt, ein Ballett mit einer martialischen Choreographie für vier Autos. Aber das Geschrei ist beängstigend und verfolgt mich noch eine ganze Weile. Unangenehm, worum auch immer es gegangen sein mag.

Einige Tage später hat der Kaiser Geburtstag. Es ist das einzige Mal im Jahr, daß die Kaiserlichen Gärten geöffnet werden, also melde ich mich. Viel Polizei. Goldbetreßte Offiziere zu Pferde. Lange Schwerter an der Seite. Die großen Tore sind noch geschlossen, die Polizisten fangen an, die Menge in eine Reihe zu kneten. Neben uns werden Seile gespannt, ein Offizier späht entlang seinem ausgestreckten Arm in die Ferne, ob die Reihe auch wirklich gerade ist, Befehle ertönen, hier und da wird jemand noch etwas weiter in die Schlange geschoben, auch von hinten werden wir gequetscht, ein Deutscher wird hysterisch und will raus. Er macht einem der Offiziere eine große Szene und ruft, er sei eigens des Kaisers wegen aus Rio de Janeiro gekommen, aber wenn man sich so aufführt, erreicht man hier nichts. Es beginnt leise zu regnen. Ich frage mich schon, wie gern ich die Kaiserlichen Gärten eigentlich sehen will, aber da öffnen sich die Tore, und wir strömen wie ein Fluß hinein. Leider ist der ehemalige Nachkomme der Götter an diesem Vormittag bereits zweimal seinem Volk erschienen, jetzt, beim dritten Mal, dürfen die Untertanen lediglich ihre Visitenkarte abgeben. Jemand deutet auf das sehr weit entfernte hohe Fenster, hinter dem der kaiserliche Schemen an diesem Morgen noch weilte, es reflektiert zinkfarbene Sonnen- und Wolkenfetzen, und das ist alles. Ich lege meine Karte zu den Zehntausenden anderen und überlege noch schnell, ob ich »hallo, Kaiser« daraufschreiben soll und ob meine Karte nun für alle Ewigkeit in den kaiserlichen Archiven verschwindet, doch da fließen wir bereits weiter in die Gärten hinein. Die Blumen und Bäume haben sich den Holzschnitten angeglichen, die man von ihnen angefertigt hat, der Regen hängt in den übervollen Azaleen, ich spaziere unter den sanftgrünen Schirmen, unter dem Erschauern und Geraschel spitzer Blätter und wüßte gern, was die Leute um mich herum denken. Nie, solange sie in der Geschichte zurückdenken können, hat es *keinen* Kaiser von Japan gegeben. Während langer Perioden hatten nicht die Kaiser, sondern die Shogune die Macht inne, doch die kaiserlichen Dynastien sind einander in ununterbrochener Linie aus einer nebelhaften, mythischen, göttlichen Vergangenheit gefolgt. Vor kaum mehr als hundert Jahren zwangen die Amerikaner Japan, die selbstgewählte völlige Isolation aufzugeben; in irrsinnig kurzer Zeit saugt es, wie bereits 1500 Jahre vorher während der chinesischen Tang-Dynastie, eine ganze Kultur in sich auf, entwickelt sich zu einer Großmacht erster Ordnung und wird in den zwanziger Jahren auf unvorstellbare Weise frustriert, weil die Amerikaner zusätzlich zu dem Japan zugefügten wirtschaftlichen Schaden durch Restriktionen bei der Einwanderung auch noch ein Gesetz verabschieden (1924), wonach Japaner in Amerika keine »Weißen« heiraten dürfen, kein Land besitzen dürfen und alle anderen Aspekte von offenem Rassismus zu erdulden haben. Schon vorher hatte Japan versucht, eine Erklärung über die Gleichheit der Rassen vom Völkerbund verabschieden zu lassen, doch dieser Versuch scheiterte trotz der Tatsache, daß Japan in Versailles zu den fünf großen Siegermächten gehörte. Mit diesem sinnlosen Rassismus wurde der Keim zum Zweiten Weltkrieg gelegt. Hinzu kam, daß Japan für den Rest der Welt, und ganz sicherlich für jene andere Großmacht auf der anderen Seite des Pazifiks, ein beängstigendes, unbegreifliches Mysterium mit einer so andersartigen, undurchdringlichen Kultur war, zu der die Sprachbarriere ein übriges beitrug, und daß Japan in jenen Jahren eine stürmische Entwicklung von einer feudalen Agrargesellschaft zu einer Industriegesellschaft samt allen damit einhergehenden Umbrüchen und Verformungen durchlief. In diese Situation platzte die Wirtschaftskrise, der Aufstieg des zumeist aus der vernachlässigten ländlichen Bevölkerung hervorgegangenen Militärstands, und die Voraussetzungen für interne Gegensätze zwischen liberalen und autoritären Gruppierungen in der kontinuierlich wachsenden Bevölkerung (1 Million pro Jahr) waren geschaffen. Japan war und ist auf Exporte angewiesen. Seinen Bevölkerungsüberschuß wurde es in den großen »leeren« westlichen Ländern nicht los, weil diese keine Japaner aufnehmen wollten (Australien, Kanada), es mußte – und muß immer noch – seine Rohstoffe importieren (Öl, Stahl), um weiter produzieren zu können, aber um sie bezahlen zu können, mußte es exportieren, doch Asien und Afrika, ihre natürlichen Absatzgebiete, gehörten noch zu einem großen Teil zu den westlichen Imperien, die kein Interesse daran hatten, Japan in diese Märkte vorstoßen zu lassen. Das kleine rohstoffarme, überbevölkerte Land brauchte mehr Land, wollte es nicht ersticken. Es waren sicherlich auch der Rassismus und Protektionismus der Großmächte in den zwanziger und dreißiger Jahren, die Japan zwangen, sich nach China hin zu orientieren.

Langsam schlendere ich in der Prozession mit, die Richtung Ausgang zieht. Väter fotografieren ihre Söhne, Söhne fotografieren ihre Väter, ganze Familien werden für immer in Fotoalben verschwinden, bis keiner mehr weiß, wer sie waren. Mädchen lassen unter den Baumgewölben das Glockenspiel ihrer Stimmen erklingen, ich rieche den süßen Duft von Blumen, die ich nicht kenne. Auf einer freien Fläche steht ein ganz kleines Mädchen in Weiß, in kleinen roten Schuhen. Sie hat ihr Papierfähnchen auf den feuchten Asphalt fallen lassen. Ich schaue zu ihr hinüber. Es scheint, als balle sich in diesem einen kleinen Kind alles, was für mich Japan ist. Sie weint nicht, sie steht ganz still, bis ihre Mutter kommt und das Fähnchen aufhebt, weiß und rot, wie ihre Kleider. Dann reihen sie sich wieder in die träge Schlange ein, zu der ich gehöre und nicht gehöre. Als der letzte von uns draußen ist, schließen die Wächter die hohen kaiserlichen Holztore, und ich gehe nach Hause.

2

Für einen Tag habe ich das japanische Universum ausgesperrt und bleibe in meinem Hotelzimmer. Die Gardinen verschleiern den sechsfachen Pfad der Autos tief unter mir und den achtfachen Pfad der Züge dahinter. Von Zeit zu Zeit stehe ich auf und sehe mir durch die gewobenen

Schleier den jetzt lautlosen, frenetischen Verkehr an wie eine Spielzeugausstellung in einem Schaufenster. Den Fernseher lasse ich grau, meine eigenen Barfußschritte höre ich nicht auf dem dicken Teppichboden, die Klimaanlage rauscht leise wie ein Wind, der nie gelernt hat zu sprechen, und wenn ich mir etwas zu essen bringen lasse, brauche ich mir keine Gedanken über Trinkgelder zu machen, denn in Japan werden nie Trinkgelder gegeben, und wenn man doch eines gibt, bekommt man es wieder zurück.

Die Zeitung habe ich nicht aufgeschlagen, ich habe andere Dinge im Kopf, nur, sie lassen sich nicht so leicht beschreiben. Nach langen Flügen mit großen Zeitunterschieden, vor allem, wenn man nach Osten reist, stellt sich häufig eine tödliche Müdigkeit ein. Das Fliegen geht zu schnell, die Seele ist irgendwo zurückgeblieben und schlüpft erst nach einigen Tagen mühsam wieder in den Körper zurück. Doch das liegt bereits hinter mir, ich bin schon seit über einer Woche in Tokio und habe gemeinsam mit meiner Seele heitere Tage erlebt. Wir haben das Parlament, die Börse, die Kaufhäuser, die Straßen, die Millionen, die Märkte, die Menschen gesehen. Was ist es dann? Nach der Lektüre etlicher japanischer Romane hatte ich bei mir gedacht, trotz allerlei exotischer Dinge, trotz großer Unterschiede in der Geschichte und der sich daraus ergebenden unterschiedlichen Werte und Anschauungen sei das, was man der Einfachheit halber die *wesentlichen* Dinge nennt, beruhigenderweise das gleiche; doch nachdem ich mich eine Woche lang mit japanischem Alltagsleben vollgesogen habe, kann ich das nicht mehr glauben. Es war ziemlich problemlos für mich, mich hier zu bewegen – nachdem ich ein paar grundlegende Tricks erlernt hatte –, weil eine ganze, uns zutiefst fremde Zivilisation sich in äußerlicher und oberflächlicher Form uns zugewandt hat. Es ist nicht nur eine Stimmung, aus der heraus ich mich in mein lautloses Zimmer zurückgezogen habe. Es ist das tiefe, beunruhigende Gefühl, eine Woche lang auf Wasser gegangen zu sein und, schlimmer noch, weiterhin auf Wasser zu gehen: Wasser, schwarz, seidig, schimmernd wie bei einem Parkteich, den ich gesehen habe, Wasser, stark genug, um mich zu tragen, und undurchsichtig genug, um mir einen Blick darauf zu verwehren, was sich unter seiner Oberfläche befindet. In der ersten Woche dachte ich, *ich* sei unsichtbar in dem Sinn, daß der Fremdkörper, der ich auf der Straße, in der U-Bahn oder in einem Restaurant bin, von den Japanern nicht in ihre innerste Art des Schauens eingelassen wird. Das japanische Wort für Fremder, *gaijin*, bedeutet wörtlich »outside person«, wie ich schon sagte. Aber es gibt noch einen anderen Begriff, *tanin*, der in viel spezifischerer Weise meine »Fremdheit« ausdrücken kann. *Tanin* ist einer, der keinerlei reale Beziehung zu einem hat. *Der Fremde (l'Etranger)* von Camus ist *tanin, The Outsider* von Colin Wilson ist *tanin*. Das Fehlen einer wirklichen Beziehung bedeutet, daß man nicht, oder nicht wirklich, *gesehen* wird. Daher diese Unsichtbarkeit, die mir in der ersten Woche so ausnehmend gut gefiel, eine Art von Ausgelassenheit, die *mir* gerade eine größere Freiheit gab, mich umzuschauen. Doch diese essentielle Fremdheit richtet sich natürlich nie nur nach einer Seite, die Unsichtbarkeit ist gegenseitig, und wer etwas nicht sieht, ist blind: Unsichtbar und zugleich sehenden Auges blind, auf Wasser gehen, reisen und schauen und jeden Tag schärfer empfinden, daß man nicht sieht, was man sieht, daß man, für diese Gesellschaft mehr als für irgendeine andere, das eigene Leben ändern müßte, um etwas zu begreifen. Weil das so übertrieben klingt, will ich versuchen, es zu erklären.

Reisen hat stets ein Element des Brutalen, Neugierigen, Ungehörigen an sich. Man mischt sich in Gesellschaften, deren feine Nuancen, Soziolekte, Sitten, Eigentümlichkeiten man nicht ganz verstehen kann und nie ganz verstehen wird, und in diesem Sinne ist man ein Eindringling. Bei den meisten Kulturen sind die Unterschiede jedoch nicht so groß, daß das ganze Unterfangen sinnlos würde. Wenn man, ohne sich besonders angestrengt zu haben, im Gymnasium Kenntnisse in Griechisch und Latein und der dazugehörigen Geschichte erworben hat und sich zunächst ganz nebenbei und später ein wenig gezielter etwas Italienisch angeeignet hat, dann braucht man sich bei einer Sizilienreise nicht wirklich ausgeschlossen zu fühlen; denn selbst wenn man den Gesprächen in einer Volkskneipe in Taormina nicht folgen kann, reist man doch in seiner »eigenen« Kultur herum, eine Arroganz oder Anmaßung, die man sogar noch bis Persien fortsetzen kann, weil einem, wenn man auf der Hochebene von Persepolis steht, Xenophon und die Geister längst verstorbener Pater immer noch sanft den Rücken stärken, die einem von Kyros, Darius und Xerxes erzählten. Aber Japan?

Das Gefühl des völlig anderen habe ich schon früher erlebt, bei den Dogon in Mali oder bei einer Voodoo-Zeremonie in einem finsteren Außenbezirk von Bahia de San Salvador, aber in Bahia fahren keine U-Bahnen, und die Dogon sind nicht die drittgrößte Wirtschaftsmacht der Erde. Was aber soll ich mit mir völlig fremden Begriffen wie *kanashimi** (»das Entzückend-Hinreißend-Wunderbare und das Verderblich-Verheerende nebeneinander gestellt und gleichsam in einer einzigen Gefühlsregung zusammengefaßt«) oder *mono no aware*** (»Das Pathos der Dinge«, »die Anerkennung der speziellen Schönheit des Vergänglichen«), und wie kann ich das tatsächliche Gewicht von Begriffen errechnen, die soziale Einstellungen im japanischen Familienleben oder in der Gesellschaft als ganzer zum Ausdruck bringen, Begriffe und Haltungen, die mit einer außerhalb jeglichen westlichen Einflusses entstandenen und gewachsenen Kultur befrachtet sind, wie zum Beispiel *ninjo* (»ein spontan aufkommendes Gefühl«) oder *giri**** (»sozial vereinbarte gegenseitige Abhängigkeit«) oder *amae***** (»die passive Liebe, die der einzelne in einer Gruppe genießt, sei es seine Familie, die Nachbarschaft, die Firma, in der er arbeitet, oder letztlich die gesamte japanische Gesellschaft«). Natürlich ist es nicht so, daß diese Konzeptionen in unserer Gesellschaft überhaupt nicht existierten, doch wir haben keine Begriffe dafür, und das kann nur bedeuten, daß es große, inhärente Unterschiede zwischen unserer Kultur und der japanischen gibt. Und es ist nicht der poetische Leser von Haikus oder der andächtige Betrachter von Hokusai-Bildern, denen das als erstes auffallen wird, sondern ein niederländischer Geschäftsmann, der ein großes niederländisches Unternehmen in Tokio leitet und zu seiner

* Vgl. das Nachwort von Dr. C. Ouwehand zur niederländischen Übersetzung des Romans *Die schlafenden Schönen* von Yanusari Kawabata.

** Idem, siehe auch: Ivan Morris, *Samurai oder Von der Würde des Scheiterns*. Frankfurt a. M. 1989.

*** Ruth Benedict, *The Chrysanthemum and the Sword*. Tokio 1954.

**** Takeo Doi, *Amae. Freiheit in Geborgenheit*. Frankfurt a. M. 1982.

Verblüffung entdeckt, daß Herr X., der drei Wochen in Urlaub sein sollte, nach zwei Tagen bereits wieder an seinem Schreibtisch sitzt (»weil ich sonst denken würde, daß seine Loyalität der Firma gegenüber geringer ist, als sie ist«), oder der mit Herrn Y konfrontiert wird, der nachdrücklich und entschieden eine Gehaltserhöhung ablehnt, weil er im vergangenen Jahr zwei Monate krank war. Im letztgenannten Fall entspann sich folgender Dialog: »Aber es ist doch nicht Ihre Schuld, daß Sie krank waren? Wenn Sie jetzt eine Gehaltserhöhung ablehnen, hat das Konsequenzen für Ihre gesamte Laufbahn und letztlich für Ihre Rente.«

»Es läßt sich schwer sagen, ob es meine Schuld ist. Es ist nicht sicher, daß es *nicht* meine Schuld ist. Jedenfalls habe ich der Firma gegenüber versagt.« Die Gehaltserhöhung wurde nicht akzeptiert. Wir zählen Japan der Einfachheit halber zur kapitalistischen Welt, doch westliche Konzeptionen wie Sozialismus und Kapitalismus gelten für die japanische Gesellschaft auf nicht genau zu erklärende Weise nicht recht. Streiks werden lange zuvor vereinbart, Lohnverhandlungen, manchmal über sehr kleine Beträge, können wegen langer Sitzungen sehr viel Zeit in Anspruch nehmen. Mitbestimmung ist ein weiterer Begriff, der nach unserem Gefühl nicht klar umrissen ist. Ein niederländischer Fotograf, Hans Samson, der mit seiner Frau und einem Dolmetscher durch das Land reist, um im Auftrag eines großen japanischen Kamerawerks eine audiovisuelle Sendung zu machen, erzählt mir, daß er *trotz* eines Empfehlungsschreibens der Direktion in einer bestimmten Abteilung des Werks nicht filmen durfte. Die Abteilung hatte darüber beraten, und das Ergebnis lautete »nein«. Als ich jemanden von der Botschaft später fragte, wie das möglich sei, erfuhr ich, eines der Probleme im Umgang mit größeren Betrieben bestehe darin, daß man nie genau wissen könne, wo die »Macht« liegt. Das ist bei uns ebenso undenkbar wie die Vorstellung, der Direktor der Kaufhauskette Bijenkorf hielte allmorgendlich eine Ansprache vor seiner Belegschaft, oder die Belegschaft bei Daf würde allmorgendlich das Daf-Lied singen. Der amerikanische Schriftsteller und Journalist Lafcadio Hearn stellte bereits Anfang dieses Jahrhunderts fest: »Über Japan sind tausend Bücher geschrieben worden, doch abgesehen von Kunstwerken und Spezialliteratur sind noch nicht einmal zwanzig wirklich wichtige Bücher darunter. Schuld daran ist die unvorstellbare Schwierigkeit, zu verstehen und zu begreifen, was sich unter der Oberfläche des Lebens in Japan befindet. Und in den nächsten fünfzig Jahren kann kein Buch publiziert werden, das dieses Leben und die japanische Gesellschaft von innen und von außen, historisch, soziologisch, psychologisch und ethisch darstellt und restlos erklärt. Das Thema ist so umfassend und kompliziert, daß eine Generation von Gelehrten damit noch nicht zu Rande käme, und so schwierig, daß die Zahl der Gelehrten, die bereit sind, ihm ihre Zeit zu widmen, immer klein bleiben wird. (...) Jedes wirkliche Verständnis der sozialen Verhältnisse erfordert eine mehr als oberflächliche Kenntnis der religiösen Verhältnisse. Sogar die industrielle Geschichte eines Volkes läßt sich ohne eine gewisse Kenntnis der religiösen Traditionen und Bräuche nicht verstehen, die das industrielle Leben in den frühen Stadien seiner Entwicklung regelten ... Oder nehmen wir den Bereich der Kunst. Kunst ist in Japan so eng mit der Religion verbunden, daß jeder Versuch, sie ohne umfassende Kenntnis der Überzeugungen zu studieren, die sie widerspiegelt, reine Zeitverschwendung wäre. Mit Kunst meine ich nicht nur die Malerei und Bildhauerei, sondern jede Form von Dekoration, alle Darstellungen, den Drachen eines Jungen ebensogut wie das Muster auf einer Lackdose oder einer Emailvase, die Figuren auf der Schürze eines Arbeiters ebensogut wie die Formen der kolossalen Nio, die die Tore buddhistischer Tempel bewachen ...« Er schreibt dann weiter über die japanische Literatur, die sich ebensowenig wirklich lesen lasse wie beispielsweise das altgriechische Drama des Euripides, wenn man mit der Denkwelt der alten Griechen nicht vertraut ist. Eines ist klar: Eine Gesellschaft, die einem bis an die Wurzeln fremd ist, muß bis zu diesen Wurzeln erforscht werden, wenn sie nicht für immer unsichtbar bleiben soll. Nur ist das dem Westen innerhalb der ihm von Hearn zugestandenen Frist von fünfzig Jahren nicht so sehr durch ein Buch klargeworden als vielmehr durch einen Weltkrieg, in dem sich hinter der *sophistication* der damals modernen Kriegsführung ein derart unüberbrückbarer Mentalitätsunterschied auftat, daß dieser letztlich nur durch eine Atombombe »überwunden« werden konnte. Denn was sollten die Amerikaner mit Gegnern anfangen, für die die Niederlage ein weitaus geringeres Übel war als die Übergabe, was mit dem Ehrenkodex des Samurai *(bushido)*, mit dem Massenselbstmord japanischer Armee-Einheiten auf der Insel Saipan im Juli 1944, was mit den Gedichten, die neunzehn- und zwanzigjährige japanische Kamikazeflieger verfaßten, bevor sie zu ihrer tödlichen Mission aufbrachen, die im Gesamtgeschehen des Krieges kaum etwas bewirkten? *(Wenn wir nur fallen dürften/ wie Kirschblüten im Frühling/ so rein und strahlend ...)*

Und was fängt man mit dem brisanten Selbstmord eines großen Schriftstellers wie Mishima an, der weit mehr war als eine hysterische Äußerung rechtsgerichteten Fanatismus? Jüngere Japaner, die ich kennenlerne, sagen, solche Dinge könnten nicht mehr vorkommen, diese Mentalität sei verschwunden, aber so einfach ist es natürlich nie: Diese Dinge müssen noch in tausend Formen und Gedanken hinter den glatten Fassaden vorhanden sein, hinter dem westlichen Gesicht des großindustriellen Zukunftsstaats.

Draußen hinter den Gardinen ist der Himmel grau geworden. Die Lichter sind angegangen. Ich bin den ganzen Tag im Zimmer geblieben, um zu lesen. Jetzt will ich hinaus. Im Lift die Blumensprache einer Mädchenstimme aus den Lautsprechern. Vielleicht sagt sie mir ja guten Tag. Draußen nieselt es leicht. Ich gehe auf ein Taxi zu, die Tür fliegt automatisch auf, der Chauffeur dreht sich nicht um, seine weißbehandschuhten Hände liegen ruhig am Lenkrad. »Ginza«, sage ich, und er antwortet »hai!«, und dann tauchen wir in den Fluß des Feierabendverkehrs ein. Menschenmengen ziehen auf den Taxischeiben vorbei, ich sitze zurückgelehnt auf der plastiküberzogenen Rückbank und schaue. Irgendwo in Ginza sehe ich unter einem Baum eine Frau, die mit Hilfe einer sehr kleinen, pfeilförmigen Taschenlampe einem Mann die Hand liest. Dort steige ich aus, trinke einen Kaffee in der Almond Bar, einem ganz im Violett der Fastenzeit gehaltenen Etablissement. Ganz in der Nähe liegt ein Hotel, zu dem eine große Sauna gehört. Kurz darauf sitze ich zwischen fünf anderen nackten Männern. Jeder von uns hat einen kleinen Spiegel vor sich, in dem er sich rasieren kann, während er wartet, bis er an der Reihe ist, gewaschen zu werden. Das erfolgt durch ein kräftiges Mädchen in Gelb. Sie ist nicht zimperlich beim Scheuern und Schrubben, ich kann es gut sehen, denn wir sitzen im Kreis. Im selben Raum, der zu den Saunen führt, befinden sich auch große Badewannen mit eiskaltem und glühendheißem, kräftig strömendem Wasser. Sauberer, als ich je zuvor war, erhebe ich mich und gehe in die Sauna. Es ist faszinierend, wie *lange* Japaner sich waschen. Ich verfolge das ganze Ritual einschließlich der Massage. Von weitem habe ich gesehen, wie andere Mädchen sich mit beiden Händen an einer Stange an der Decke festhalten und sich dann auf Zehenspitzen entlang der Wirbelsäule des unter ihren Füßen liegenden Mannes fortbewegen; als es später bei mir passiert, fühlt es sich an, als wüßten die Zehen und Finger jeden verborgenen Krampf und Knoten in meinem Körper aufzuspüren, nervenberuhigend, kummervertreibend, und während die leisen Stimmen in unverständlichen Lauten über mir weiterplappern, döst mein Körper langsam ein und träumt etwas von Mädchen heiraten, Japanisch lernen, aufs Land ziehen und Gedichte schreiben über Schilfrispen, Libellen und Kirschblüten, aber da werde ich schon wieder an eine kleine, strenge Hand genommen und in einen Ruheraum geführt, in dem andere Männer in weißen Kitteln liegen und einen Sumo-Wettkampf im Fernsehen verfolgen.

Auf einem Podium mitten im Saal stehen sich die beiden Kämpfer gegenüber. Sie sind jung und sehr dick und tragen violette Bänder um die Mitte und ein dünneres violettes Band zwischen den Beinen, das ihre massigen, beigeglänzenden Hinterbacken frei läßt. Der Schiedsrichter, in einem langen meergrünen Brokatgewand mit Goldstickerei, steht am Rand des Kreises, in dem sie kämpfen.

Was da vor sich geht, ist unklar, erst nach mehreren »Kämpfen« kann ich ein Schema darin entdecken. Die beiden Giganten stampfen mit den Füßen, werfen mit etwas Weißem – Salz, wie ich später erfahre –, nehmen klassische Kampfposen ein, schlagen die Hände zusammen, starren sich drohend in die Augen mit diesem gewalttätigen, aus den Augenwinkeln lauernden Blick, den ich von alten Bildern her kenne. Sie machen auch immer wieder einen »Fehlstart« und müssen sich erneut hinter der Linie aufstellen, über die der eine den anderen oder der andere den einen letztlich ziehen muß. Der eigentliche Kampf ist ganz kurz, meist nur eine Minute, das Ringen großer Gegner. Aus den gewaltigen Hüften dieser mastodontischen Leiber heraus wird einen Augenblick lang eine Urkraft eingesetzt, die sechshundert Pfund, die sie zusammen auf die Waage bringen, umfassen sich, und das vierbeinige Kampftier landet schließlich diesseits oder jenseits des Strichs, woraufhin es sich wieder in einen trennt, der gesiegt, und in einen, der verloren hat. Die Männer bei mir im Raum verfolgen das Ganze mit kurzen Rufen, Geknurr und Gemurmel. Ich brauche nur zu staunen und schlafe darüber noch einmal ein. Als ich später von den kichernden Mädchen geweckt werde, schweigt der Fernseher, und die Männer sind verschwunden.

Vor einigen Jahren sah ich einen Bus mit Japanern in Florenz. Sie stiegen aus, verschwanden im Dom und kamen nicht lange danach wieder heraus. Ich fragte mich, was sie gesehen haben konnten. Nach einem Besuch in den Tempelanlagen und Mausoleen von Nikko weiß ich es: viel und nichts. Was bleibt, ist eine Orgie von Eindrücken, die in meinem Fall in dem Gesamtbild dessen untergegangen sind, was ich »Japan« nenne, und ich frage mich, ob mehr davon übriggeblieben wäre, wenn ich nicht, wie jetzt, von einem strengen Führer in die Tempel hinein- und hinausgetrieben worden wäre. Freunde hatten gesagt, es sei besser, die ersten Schritte außerhalb Tokios im Rahmen einer organisierten Tour zu unternehmen. Das Resultat war, daß mir von diesem Tag fast nichts anderes mehr in Erinnerung ist als die Todesangst, »meine Gruppe« zu verlieren. Busse lieferten uns am Bahnhof ab, im Zug waren Plätze für uns reserviert, auf denen man auch unbedingt zu sitzen hatte, obwohl noch so viele andere frei waren, Stimmen sprachen zu uns und erzählten, was wir sahen, kleine Kartons mit kunstvoll geformten und gemalten echten Speisen wurden uns auf den Schoß gestellt und dazu Stäbchen, um das alles zu essen, die endlose Agglomeration Tokio zog an uns vorbei, ganze Provinzen flacher Vorstädte, unendliches, sich so lange hinziehendes Menschengewimmel, daß der spätere Anblick von Land und darauf arbeitenden Bauern unwirklich war. Und nicht nur das: auch rührend. Ich hatte bis dahin nur Stadt gesehen, und jetzt raste ich, fast lautlos und in meinem violetten Beobachtungssessel hin- und herdrehend, durch eine altertümliche, einstweilen noch flache und grüne Landschaft mit kleinen Wäldern und Flüssen. Der Boden war so geeggt, daß er aussah wie gestreichelt. An hohen Bambusstangen neben den meisten Häusern schwänzelten große Papierkarpfen im Wind, es sah aus, als würden sie tatsächlich gegen den Strom schwimmen. »Koinobori«, sagt der Führer und erklärt, daß sie anläßlich des »Jungentags« da hängen, des fünften Tags des fünften Monats. Ein Karpfen bedeutet, daß es nur einen Sohn im Haus gibt. Sind es mehr Söhne, so sind es auch mehr Karpfen, der für den ältesten Sohn hängt dann ganz oben und ist der größte. Warum Karpfen? Weil der Karpfen ein Fisch ist, der flußaufwärts schwimmt, genauso wie die Söhne später gegen den Strom des Lebens schwimmen müssen. Offensichtlich gibt es viele Söhne in Japan, und sie wissen, was sie zu tun haben.

Beim letzten Bahnhof werden wir in einen Bus verfrachtet und fahren durch den kleinen Ort zu den Heiligtümern. Ich erinnere mich an kühle, dunkle Alleen mit endlos hohen Japanzedern, aber woran ich mich bei den Tempeln *erinnere*, weiß ich nicht mehr, und sei es nur deshalb, weil ich mit Hilfe der damals gekauften Bücher immer noch häufig in ihnen umherwandere. Wie ein aufgescheuchter Hirsch wurde ich durch die Anlage gehetzt: »Please, be punctual! When I say so and so hour, when I say 12.00 hour it is not 12.05 hour!« Woran ich mich aber noch deutlich erinnere, sind die Japaner. Schulen, Gruppen, Heere, Familien, die ehrfurchtsvoll durch ihre eigene Vergangenheit spazieren und einander dabei ewig fotografieren. Jede Gruppe folgt wie ein Vogelschwarm ihrem eigenen Führer, die Ausländer sind weit in der Minderheit und wirken eher verstört. In der Geschichte Japans ist die Periode des Tokugawa-Shogunats, das 1603 begann, von herausragender Bedeutung. »Ieyasu Tokugawa was miritary rurer, brought peace for 200 year«, sagt der Führer, und gerüstet mit diesem phänomenalen Wissen gehe ich über die wollüstige Wölbung der heiligen roten Brücke, stehe, bis ich wieder mitgezogen werde, vor dem Stall des heiligen Pferdes, vor den fünf feingliedrigen Stockwerken der grazilen Pagode, die im Regenlicht zu schweben scheint. Später, zu Hause, werde ich den Ort, die Gebäude und ihre Erbauer aus der Perspektive der japanischen

Geschichte sehen, an jenem Nachmittag sehe ich nur geschwungene Tempeldächer, bemooste Votivlampen, eine schwindlig machende Ornamentik, den tausendfachen Glanz von Gold und Lackarbeiten, Götter und Halbgötter, Wächter und Tiere, deren Namen und Bedeutung ich nicht kenne. Ich ziehe meine Schuhe aus und an, gehe auf Strümpfen durch rotlackierte heilige Hallen, ein Priester schwenkt weiße Fächer über unseren Köpfen, ich bringe ungezählte Opfer dar und mache mir im Gehen Notizen, die mir später völlig unverständlich sein werden. In einem anderen Leben, einem späteren und ruhigeren Dasein, wenn ich in Japan geboren bin und mein Vater am fünften Mai meinen Karpfen in der Luft schwimmen läßt, werde ich hierher zurückkehren. Jetzt muß ich wieder in den Bus, um durch Haarnadelkurven zu fahren, einen Wasserfall (ah! ein Wasserfall) und einen See (ah! ein See) zu sehen, bis wir an einem alten vornehmen Hotel aussteigen, wo wir eine Pause einlegen. Ich spaziere herum und sehe mir auf den Fluren die alten Fotos an, die bis 1899 zurückgehen: japanische Familien im Kimono, japanische Jäger in westlicher Kleidung, Jahrgang 1922, und die erste Seite des Gästebuchs, 1892: Captain and Mrs. Glubb aus Hongkong, Miss G. Woodbury, USA. Lang lebe Miss Woodbury!

Im Fernsehen turnen Mädchen in Uniform zu europäischer Morgengymnastikmusik. Ich setze mich in der Eingangshalle in einen der schweren Sessel vor den Bambusschiebefenstern und schaue auf die handgemalten Hügel in der Ferne, schwer vom Regen und vom Norden, denke an Captain Glubb und Miss Woodbury, frage mich, was sie hier wohl taten und was ich hier tue.

3

Die erste Woche im Mai heißt in Japan »Golden Week«. Eine Häufung von Feiertagen sorgt dafür, daß die eine Hälfte Japans zur anderen reist, und dazwischen befinde ich mich. Couperus* klagt bereits 1922 darüber. Er bekommt dreitausend Gulden im Monat von der *Haagsche Post* (wieviel ist das heute?), und trotz Führer und Wagen gelangt er nicht dorthin, wo er hin will. Die Straßen sind schlecht, die Züge voll, sein Führer, »der sich wieder ruppig und hektisch zeigt«, ist inkompetent, und so kehrt er in sein Hotel zurück und ärgert sich, weil die Pfingstrosen noch nicht blühen. Fünfundfünfzig Jahre später sind die Züge noch immer voll, und sogar im Flugzeug (alle dreißig Minuten eine verlängerte DC 8!) von Tokio nach Osaka ist kein Platz mehr. Unzeremoniell schwingt es sich in die Lüfte und läßt die Qualen des überfüllten Flughafens hinter sich. Ich habe das Gefühl, als sei ich gerade noch auf die hintere Plattform einer Straßenbahn gesprungen. Es wird ein rauher Ritt zwischen ruppigen Wolken. Couperus hätte das nicht geschätzt, und mir ist auch nicht wohl in meiner Haut, doch zwei Stunden später habe ich alles vergessen, spaziere am Ufer eines Flusses in Osaka inmitten einer flanierenden Menschenmenge durch eine Art Vergnügungspark, esse kleine Häppchen an Buden, sitze zwischen Gitarre spielenden jungen Leuten und bin einigermaßen glücklich. Es ist ein Feiertag, wie klar zu erkennen ist, im Foyer des Royal Osaka Hotels begrüßen äußerst förmlich gekleidete Familien einander unter Ver-

* Louis Couperus (1863–1923), niederländischer Schriftsteller. Sein Werk wurde in 15 Sprachen übersetzt. (Anm. d. Ü.)

neigungen schon von weitem, die Herren im Cut mit Nadelstreifenhose und Hemdbrust, die Damen traditionell, ganze Pantomimen werden aufgeführt, während Amerikaner und Deutsche zuschauen, als wohnten sie einer Volendamer Trachtenhochzeit bei. Unter der Eingangshalle befindet sich ein großes Karree mit Cardin-, Pucci-, Dunhill-Geschäften, 100 000 Gulden teuren Pelzmänteln, Straßen unberührbaren Wohlstands, die man auf vorsichtigen Zehenspitzen betritt. Es gibt verschiedene Restaurants, es ist eine völlig eingekapselte Welt des ostentativen, extremen Reichtums, und in einem Anfall von Übermut fliege ich mit dem Lift ins sechsundzwanzigste Stockwerk, wo ich mich in einer Anwandlung von Größenwahn und Melancholie an ein großes Fenster setze, an dem ganz Osaka klebt. Die Karte ist französisch, ich bestelle einen halben Heidsieck brut, einen jambon de Bayonne, ein fricassée de poulet und dazu einen Gewürztraminer (mir war danach), lausche dem leisen Schmatzen der lokalen Haute volée an den Nachbartischen, sehe das Firmament der fremden Stadt unter mir und die träge, sich neigende Bahn der Flugzeuge über und neben mir, löffle ein Sorbet de cassis, trinke einen Café express und eine winzige giftgrüne Chartreuse. Dann trippeln zwei kleine Elfenbeindamen mit pechschwarzen Garbofrisuren herein. Sie sind ganz in gebrochenes Weiß gekleidet und verteilen sich lautlos auf dem schmalen Podium, auf dem Flügel und Cello bereitstehen. Mein Gott! und ich bin hier doch schon so fern der Heimat und allein, und zusammen mit Heidsieck, Gewürz und Chartreuse lausche ich Plaisir d'Amour, Liebelei, Parlez moi d'amour, Mondschein und allem, was einen Japaner im Hilton von Rotterdam, fern von Frau und Kindern, zum Weinen bringt. Elfenbeinfinger auf Elfenbeintasten, die kleinen Hände und der große Cellobogen, das Lächeln, das die Mädchen sich gegenseitig zuwerfen und das jeweils für einen ganz kurzen Moment in der Luft hängenbleibt, bevor es in die Augen der anderen stürzt, es ist fast zuviel, nein, es *ist* zuviel, und in einem der zigtausend Zimmer weine ich mich mit dem Zugfahrplan und dem Fernseher in den Schlaf.

Am nächsten Morgen verirre ich mich trotzdem noch dreimal auf dem Bahnhof von Osaka. Es fahren verschiedene Züge nach Kioto, aber ich habe nicht verstanden, welche *Art* von Zug ich nehmen muß. Ängstlich »Kioto« rufend, werde ich in einem Schwall in den Superexpreß geschwemmt. Aus den Lautsprechern dringen beruhigende Stimmen, die mich aber gerade aufregen, weil ich sie nicht verstehen kann; während unten noch Schilder nach Kioto standen, kann ich hier auf dem Bahnsteig plötzlich nichts mehr lesen, aber der Zug ist bereits abgefahren, als Sardine zwischen Sardinen werde ich mit (wie es heißt) dreihundert Kilometern pro Stunde in die Landschaft geschleudert – ich hatte mir diese Pilgerfahrt ganz anders vorgestellt. Und das letzte, was ich will, geschieht: Zwei picklige achtzehnjährige amerikanische Zeugen Jehovas trösten mich und sagen, daß man sich an alles gewöhnt und daß ich wirklich im richtigen Zug sitze und daß alles von selbst geht, wenn man erst mal ein paar Monate hier ist, aber ich *habe* keine paar Monate, ich bin Schwede und zum erstenmal in Athen, ich möchte dort zaghaft, in ehrfürchtiger Stimmung ankommen, um den halben Globus bin ich dieses Moments wegen geflogen, verschüchtert wie ein Korpsstudent im ersten Semester möchte ich zögernd, zaudernd das *echte* Japan (Nippon, sagte Couperus noch) betreten, und mit Bitterkeit denke ich an den großartigen Anfang von Kawabatas Roman *Schönheit und Trauer*, in dem die Hauptfigur, Oki Toshio, ganz allein am letzten Tag des Jahres nach Kioto reist: »Gleich darauf kam kalt ein heller Schimmer aus einer sichelförmigen Lücke in den schwarzen Wolken und verlosch lange nicht ...«, aber ich sehe keine Landschaft und keine Wolken, ich spüre nur die Geschwindigkeit und den Druck menschlicher Seelen auf meiner Seele, schaukle in der weichen, protestlosen Masse mit, schließe meine Poren, Augen, Ohren und spüre in den abgeriegelten Bezirken meines Gehirns Visionen der Tempelstadt nach, die ich gleich betreten werde, aber auch das tritt nicht ein, denn dieselbe Menge, die mich jetzt umringt, bleibt bei mir und um mich herum, strömt mit mir auf den großen Bahnhofsvorplatz und geht über in andere, dort bereits wogende Mengen zwischen Bussen, Taxis, Straßenbahnen, zieht auf tempellosen Trottoiren an Kaufhäusern ohne Vergangenheit, seelenlosen Souvenirs und Ansichtskarten vorbei, die Ansichten versprechen, die ich nicht sehe.

Der Reiseführer sagt es selbst noch einmal unerbittlich: »Kioto kann man genausowenig in ein paar Tagen ›kennenlernen‹ wie Rom oder Florenz« – doch mit einem Kopf, so leer wie eine Botanisiertrommel, fange ich einfach bei dem Tempel an, der dem Bahnhof am nächsten liegt, dem Higashi-Hoganji-Tempel. Ich schlendere über das weite Tempelgelände, erlebe meine eigene Verzwergung zwischen den hohen hölzernen Formen, mein eigenes Fremdsein zwischen den ehrfürchtigen anderen, lese die Geschichte des Tempels, die ich später wieder vergessen werde, lausche dem leisen Schlurfen bestrumpfter

Füße auf den gelblichen Schilfmatten, sehe die alten Seile aus Frauenhaar, sehe die Holzschnitzereien an der Decke, die hohen, aus einem Stück gefertigten polierten Säulen, die Farben Rot, Gold und Schwarz, rieche den Duft des Weihrauchs, schaue auf die vor einem Priester mit flatternden Ärmeln knienden Menschen, erfahre die Weihe des von der Welt abgesonderten, nicht mit Welt gefüllten Raums und bleibe gleichzeitig drinnen und draußen. Erinnere ich mich jetzt an diesen Tempel? Nein, nach diesem Tempel bin ich noch in vielen anderen gewesen, aber sie haben sich zu einem Wald von Tempeln vermischt, zu nicht mehr zueinander gehörenden Ansichten geschwungener Dächer, Orgien goldener Holzschnitzereien, mythologischer Gestalten und Götterköpfe, deren Bedeutung ich aus meinem Führer gelernt habe, damals, für den Moment, die mir aber als Wissensdetail ebenfalls wieder entschwunden und nur als Idee geblieben ist, als Gedanke von Japan, genauso wie rings um diese Tempel eine Idee von Stille geblieben ist, von nicht deutbarem Alter, von etwas, das zurückweicht, je näher man kommt. Mein Lerneifer hat etwas Albernes und auch Verzweifeltes an sich – Epochen, Herrscher, Anspielungen, Baujahre, Sekten, Kenntnisse, die sich wieder verflüchtigen werden, weil man sich selbst von dem Ort entfernen wird, an dem diese Kenntnisse sichtbar sind. Bereits nach diesem ersten, nicht einmal besonders bedeutenden Tempel flüchte ich mit meinem neuen, chaotischen Bilderschatz in einen Garten. Die »Natur« kann ich wenigstens verstehen. Die Bäume sind sich dessen bewußt, daß sie japanische Bäume sind, sie stehen da wie Malermodelle, gefällig und voll zurechtgemacht, die Azaleen sind gemalt, die Fächerpalme gedichtet, das Wasser raunt an den moosbewachsenen Steinen entlang, der Holunder, die Magnolie spiegeln sich darin, hier gibt es keine Geheimnisse, hier kostet es nichts, mich exotisch zu fühlen, Mann auf Bogenbrücke vor Blauregen, wenn die Kamera nicht scharfgestellt ist, bin ich jemand anders.

So bin ich in diesen Tagen zum Pendler zwischen Osaka und Kioto geworden. Täglich fahre ich mit dem Hotelbus zum Bahnhof, kaufe die *Mainichi Daily News* und frühstücke irgendwo in den großen Hallen. Heute gibt es ein Jazzkonzert in der Sankei Hall, ein Keiko Abe Marimba Recital in der Kosei Nenking Kaikan medium-size hall, das Orchestre Philharmonique de Strasbourg spielt die Vierte von Brahms, und ich sitze im Bahnhofswartesaal von Osaka an einem braunen Resopaltisch, esse braune Bohnen und salzige Pflaumen und werde von lauten Wiener Walzern umspült. Zwischen den Zügen picken Männer mit armlangen Chromzangen Abfälle und Kippen von den braunen Steinen zwischen den Schienen. Ein beigegekleideter Teenager setzt sich neben mich. Sie hat eine Tasche mit zwei Postern und der Platte eines Popstars. Ihr Gesicht ist so ebenmäßig, daß man meinen könnte, jemand hätte es in Quadrate aufgeteilt und erst danach wären Nase, Mund und Augen eingesetzt worden. Sie trägt weiße Socken, beige Turnschuhe, eine blaue Armbanduhr und ein beiges Twinset. Wenn sie so alt ist wie ich, gibt es doppelt soviele Züge, denke ich, und hoffe einen Moment lang, sie werde sagen: »Das werden wir noch sehen«, aber eine andere Stimme als die meine hat sie aufgerufen, und gleich darauf verschwindet sie unter der Erde mit der Bewegungslosigkeit von Menschen, die auf einer Rolltreppe stehen.

Was ist mir von Kioto am deutlichsten in Erinnerung geblieben, abgesehen von Kioto selbst? Ein nichtssagendes und doch alles sagendes Bild. Auf meinen Spaziergängen durch die ruhigen, kleinen Straßen fernab der belebten Hauptverkehrsadern stoße ich eines Tages auf einen kleinen Tempel, den ich in meinem Führer nicht finden kann. Die Atmosphäre erinnert entfernt an die eines französischen Dorfs am Sonntagnachmittag. Ein Kind hantiert mit Knallfröschen, ein Vater spielt auf der Straße Tischtennis mit seinem Sohn, und dann tritt plötzlich aus einem der kleinen niedrigen Häuser eine Braut. Sie ist so weiß geschminkt, daß ihr Gesicht eine Maske geworden ist, das schwarze Haar quillt aus diesem weißen, gepuderten Kopf in einer Brancusi-artigen Konstruktion sich blähender, bauschender Bahnen in die Höhe, der zeremonielle Kimono steht steif vor Goldbrokat, und die kleinen schneeweißen Hufe darunter machen Schlurfschrittchen über den Asphalt. Weibliche Familienangehörige helfen ihr beim Gehen, Männer im Cut fotografieren, doch dann gibt es Probleme: Ihre Frisur ist zu hoch, die Braut paßt nicht senkrecht in den Mercedes und wird nun schräg hineingeschoben, nachdem zuvor der Einfallswinkel so errechnet wurde, daß die Frisur keinen Schaden erleidet. Einmal schaut sie in meine Richtung mit zwei funkelnden schwarzen Jettsteinen im faltenlosen Weiß, und ihr Gesicht erinnert mich an ein Porträt von Kunisada aus der ersten Hälfte des vorigen Jahrhunderts (*A Woman of Edo*). Das Gesicht eine einheitliche Fläche, in der der kleine Mund eine winzige, feuerrote Öffnung bildet, die Nase lang und idealisiert mit einem einzigen federdünnen Strich, und auch hier diese schwarzen, leicht schrägstehenden, edelsteinartigen Augen unter der gleichen manieristischen Haarpracht. In wenigen Sekunden ist alles vorbei, und erst dann sehe ich den Tempel. Außen stehen ein paar Schalen mit Fisch, ein Opfer, drinnen sitzt ein sehr kleiner Holzbuddha in einem viel zu großen Sessel, an einem Seil hängt ein großer Gong, und auch auf der rechten Seite des Bauwerks sitzt ein Buddha, die Holzaugen auf einen Punkt am Boden gerichtet, den niemand sehen kann, das Lächeln eines allem Entrückten, der kleine Mund so geformt, als könnte ihm jeden Moment eine goldene Seifenblase entquellen. Eine alte Frau steckt ein Räucherstäbchen in ein Gefäß, in dem bereits ein paar andere glimmen. Sie bleibt kurz davor stehen und schlurft dann davon, ein nichtiger Augenblick auf einem nichtigen Platz, aber unvergessen.

Was ist dagegen ein allessagendes Bild? Nun, da ich es in meinem Übermut erwähnt habe, muß ich es auch beweisen. Ich sitze in dem berühmten Garten (natürlich sitze ich da nicht mehr wirklich, aber wer einmal dort gesessen hat, sitzt für alle Zeit da), dem Steingarten des Ryoanji-Tempels. Der Garten bildet ein Rechteck, dreißig mal zehn Meter. Das »Bett« besteht aus grobem weißem Sand, und darin liegen fünfzehn Steine: eine Siebener-, eine Fünfer- und eine Dreiergruppe. Ein wenig Moos. Und das ist alles. Alles? »Die Anlage ist so schlicht«, sagt mein deutscher Reiseführer betreten, »daß nur Eingeweihte der Zenphilosophie ihren Sinn erfassen können.« Als Harry Mulisch vor einigen Jahren hier war, kam, höchst gelegen, ein Zenmönch vorbei, um mit ihm über die »Bedeutung« des Ganzen zu orakeln, ich aber muß ohne Erleuchtung auskommen und sitze im Dunkel meines westlichen Seins zwischen einigen anderen Betrachtern auf dem Bretterboden unter dem Dach des Kosmos und schaue. Wer einmal die Tür einer Religion leise hinter sich zugezogen hat, ist meist nicht gleich bereit, seine weggeworfenen alten Werte gegen einen neuen Satz Mythen und Mysterien einzutauschen, und trotzdem geht von diesen paar Metern kahler Erde eine Verzauberung und geheimnisvolle Herausforderung aus, der man sich schwer entziehen kann. Das, denke ich, kann man sich eine Minute lang anschauen oder eine Stunde oder einen Tag, und manche ihr ganzes Leben lang. Je länger ich sitzenbleibe, desto unbeschreiblicher wird das Gefühl, das mich beim Betrachten erfaßt – als ob ich hineingesogen, leicht darüber schweben würde, als ob ich, körperlich, selbst zu diesem Garten würde. Ich merke, daß ich nicht fort will, daß ich mich umdrehe, wieder zurückkehre, mich wieder hinsetze. Und jetzt, so lange danach, zurückgekehrt in ein anderes räumliches und zeitliches Jetzt, sitze ich in meinem Zimmer vor einer gewöhnlichen, unaufrichtigen, etwas fehlfarbenen und aus der falschen Ecke aufgenommenen Ansichtskarte und spüre, wie über alle Verfälschung und Entfernung hinweg dieser Garten sanft an mir zerrt.

Andere Tage, andere Gärten. Flammende Azaleen, dressierte Bäume, an denen jeder Ast komponiert, jedes Blatt von einem kaiserlichen Blätterzähler gezählt ist. Goldfische und Karpfen fächeln im schwarzen Wasser, in dem sich ausladende Schirmkronen unbekannter Bäume spiegeln. Violett, Rot, Orange, die frühen Feuer des Sommers. Ich begebe mich nach Shishendo, dem Haus der Dichter, wo sechsunddreißig fade Dichterporträts vergeblich versuchen, die Namen dieser fernen, abwesenden Kollegen festzuhalten, während draußen die echten Dichter – Enten, Seerosen und Frösche auf großen Blättern – im Licht des Spätnachmittags an ihrem Oeuvre arbeiten. Vor Jahrhunderten hat jemand »gesehen«, wie all diese Schattierungen von Grün wirken würden, all die Wölbungen und Schraffuren in der Gartenlandschaft, Wucherndes neben Getrimmtem, Stehendes neben Liegendem, Wolliges neben Scharfumrissenem. So würden Wolken aussehen, wenn sie Sträucher wären, so sehen diese Sträucher folglich aus: wie grüne Wolken, erstarrt und dann wieder flüchtig, geronnen und dann wieder verschwommen, dahinziehend, und dazwischen auch wieder die Leidenschaft der Azaleen, gedämpft durch die kühlen, lichten lila Schleier des Blauregens.

Nara, Japans politisches und kulturelles Zentrum zwischen dem sechsten und achten Jahrhundert. Wie immer komme ich also zu spät, aber es ging nicht früher. Damals wurden noch keine blauen Plastikhirsche auf Rädern verkauft, damals wurden die Riesenfiguren der Wächterkönige am Tempel noch nicht mit Segeltuch vor den Tauben geschützt. Frivole Gedanken verfliegen allerdings schnell in dieser Schatzkammer mit dem tausendfachen Gesicht Buddhas. Man braucht nur eine Stunde vor dem großen Buddha im Todaiji-Tempel zu stehen, und das Lachen vergeht einem für immer. Er lacht übrigens auch nicht, zumindest habe ich diesen Eindruck. Er erschlägt mich, er verzwergt jeden mit seiner Höhe von über sechzehn Metern, seinem drei Meter breiten Gesicht, seiner ehrfurchtgebietenden Hand, die beschwört oder abwehrt. Um seinen Kopf schwebt er selbst, viele Male, in klein, in Gold. Auf dem Altar, dicht vor den gekreuzten Beinen dieses göttlichen Hagiosaurus, steht eine riesige Lotusblüte aus Bronze und eine Schale mit hoch aufgetürmten Orangen. Kerzen werden angesteckt, Weihrauch wird entzündet, der tiefe bronzene Klang eines Gongs vibriert in meinem Zwerchfell, aber ich stehe da, wie angewurzelt, und schaue auf das merkwürdig »Platte« dieses Gesichts, die großflächigen Wangen, auf die das Licht fällt. Je länger ich hinschaue, um so mehr sehe ich, um so mehr entgeht mir, um so weniger sehe ich. Was bedeutet was? Wer sind diese pflanzengroßen Schmetterlinge aus Bronze auf der Lotusblüte, wer sind diese Wächter in ihren laokoontischen Posen, die mit ihren herabgezogenen Mundwinkeln, den schwingenden, wehenden Gewändern zu leben scheinen? Natürlich schlage ich nach, und natürlich vergesse ich es wieder, denn in mir ist kein Raum, um all dieses Wissen festzuhalten, das bald irgendwo hoch oben auf dem Weg nach Alaska aus mir zurückfliegen wird nach Nara, zurück zu diesen Figuren, zurück zu diesem Buddha, dessen Fuß größer ist als mein ganzer Körper. Irgendwo, irgendwann, unter all diesen Vergrößerungen, im innersten Kern dieser Bronze, war dies *jemand*, keine immer größer und fremder werdende Figur, sondern ein Mensch, der auf der Erde herumlief und etwas tat und sagte, ein Mensch, dessen Essenz sich jetzt zu dieser unnahbaren Masse Bildhauerwerk verformt hat, diese in ganz Asien zu Millionen Formen und Größen erstarrte *Figur*. Rätsel ... »Ich war traurig und beinahe ängstlich in dieser Nacht«, schreibt Couperus in einer Episode seiner *Japanischen Streifzüge* über den Daibutsu in Kamakura. »Auch jetzt, im Dämmerlicht eines aufgeklarten blauen Sommernachtshimmels ... blieb das Entsetzen vor dieser der Erde entstiegenen Ungerührtheit, vor diesem Götterantlitz, das zum Antlitz des stillen, ewigen Traums geworden war, der nie mehr erwacht in dieser Welt. Und grausam fand ich die Gesetze des Karmas über die Welt und die armen Wesen, die nie um ein Leben nach dem Leben baten.«

Es regnet im Wald von Nara. Ich habe eine Tempelanlage hinter mir gelassen, gehe ohne Ziel, allein, der Regen tickt auf meinen Schirm, es ist sehr schön. Zum erstenmal, seit ich in Japan bin, wandere ich durch einen richtigen Wald. Unter den hohen reglosen Zedern stehen Hirsche zum Schutz vor dem Regen. Plötzlich, hinter einer Biegung des Waldwegs, taucht eine kleine Pagode vor mir auf. Die Gitter sind leuchtend rot gestrichen. Ein paar steinerne Löwen stehen herum, ein paar steinerne Laternen, der Regen strömt über das weichgeschwungene Dach und tröpfelt helltönend in einen steinernen Brunnen. Das ist alles. Ich brauche meinen Führer nicht hervorzuholen, ich brauche gar nichts, setze mich unter ein Dach und lausche dem Regen und fühle mich zufrieden. Ein alter Herr mit durchsichtigem Plastikschirm kommt an der Pagode vorbei, zieht den Hut, verneigt sich tief und geht weiter. Ich muß an meinen vor langer Zeit verstorbenen katholischen Stiefvater denken, der vor jeder Kirche den Hut abnahm, weil schließlich Gott darin wohnte. Wenn es wahr ist, denke ich, daß Geister sich frei bewegen können, dann sitzt er jetzt vielleicht zusammen mit ein paar japanischen Geistern auf diesem Dach und schaut zu mir herüber, unberührt vom Gluckern und Tschilpen der Regentropfen auf allen *realen* Gegenständen. Vielleicht sind diese Wassergeräusche aber auch Reinsonationen entschwundener Menschenstimmen, wer kann das schon sagen.

Am selben Nachmittag gerate ich beim ziellosen Umherstreifen in einem Vorort in ein Fest. Schon von weitem höre ich Trommeln und Schellen. Als ich näher komme, sehe ich auch Glocken auf langen Stielen, vier oder fünf Meter hoch, getragen von Kraftprotzen. Wieder andere tragen eine glockenbehängte goldene Sänfte, in der sich ein »Wilder Mann« befindet, fast nackt bis auf ein rotes Lendentuch. Wie Shinto-Priester aussehende Männer mit seltsamen lackierten Kopfbedeckungen, die mit einer Kordel unter dem Kinn zugebunden sind, begleiten die Prozession. Weißgekleidete junge Männer in kurzen Hosen werfen die Sänfte immer wieder hoch, einige Männer tragen flache Schilfhüte, andere schwarze Kimonos, ich kann mir keinen Reim darauf machen, aber die Stimmung ist fröhlich, fast schon ausgelassen, es wird gelacht, gesungen, gebimmelt und getrommelt. Die Bäume sind mit weißen Schleifen geschmückt, Schuljungen setzen sich zu mir, Männer in grauer, grober Tracht bieten mir Sake an, der viel stärker ist als der, den ich bisher getrunken habe – aber all meine Versuche, dahinterzukommen, was da eigentlich vor sich geht, sind zum Scheitern verdammt, denn keiner spricht Englisch. »Zwei ist eins und eins ist zwei« ist ein beliebtes Sprichwort im Osten, um den uns so fremden Parallelismus, das auf unklare Weise verwobene Nebeneinander zweier großer Religionen wie des Schintoismus und des Buddhismus in Japan zu erklären, während uns schon der Gedanke schwerfällt, daß das, was wir anbeten, weniger wichtig sein könnte als der Zustand, in dem man betet. Einer der Jungen kann nach langem Drängen seitens der anderen offenbar doch etwas Englisch, aber als ich ihn frage, was da eigentlich vor sich geht, sagt er: »I am not religious«, was mir nun auch nicht viel weiterhilft. Später, nach einer Rundfrage, stellt sich heraus, daß es mit einem Gott namens »Mikos« zu tun hat, doch ein höheres Wesen mit diesem griechischen Namen kann ich in keinem einzigen Handbuch der japanischen Mythologie finden.

Die ganze Gruppe stellt sich als Tableau vivant vor der Brüstung auf, die zu einem kleinen Heiligtum führt. Hermans'* blinder Fotograf kriecht hinter seinen hölzernen Riesenapparat und versteckt sich unter dem Samttuch. Ganz vorne steht eine Gruppe kleiner Mädchen mit goldenen Krönchen, ganz hell und hoch mit spiegelnden goldenen Flächen, und so, mit einemmal befangen, werden sie auf die Platte gebannt; der Ernst, für alle Zeiten in einem *Bild* festgehalten zu werden, läßt ihre fröhlichen Gesichter erstarren und zu Fotogesichtern werden, in denen sie ihr innerstes Wesen sammeln, um für immer so bewahrt zu werden, wie sie ihrer Meinung nach sind, oder, noch schlimmer, diese gräßliche Verfälschung der Fotografie, um zu werden wie der Urenkel von jemand, der diesen Text liest, sie im Jahr 2053 auf einem alten Foto vorfinden wird, das er an einem Stand an der Seine kaufen wird.

»Keinesfalls«, sagt der Große Polyglott drohend, »versäumen darf man die Fahrt zu dem etwa 9,5 km südlich der Stadt gelegenen Horyuji-Tempel«, dem ältesten Japans. Ich nehme ein Taxi und sage in jeder nur erdenklichen Aussprache, einschließlich aller eventueller Dialektformen »Horyuji«: hoch und tief, langgedehnt, befehlend,

* Willem Frederik Hermans (geb. 1921), niederländischer Schriftsteller, Lyriker und Romancier. (Anm. d. Ü.)

flehend, bäurisch, mit Den Haager, Limburger, Amsterdamer Akzent, aber auf dem gegerbten Indianergesicht des alten Chauffeurs zeigt sich kein Erkennungsschock. Immerhin setzt er seinen Toyota in Bewegung und eilt mit mir aus der Stadt. Schon bald befinden wir uns auf einer schmalen Landstraße, Reisfelder zu beiden Seiten, gebückte Bauern, Bänder grüner Bäume schweben am Horizont vorbei, kein Tempel in Sicht, aber ansonsten ist alles sehr nett. Von Zeit zu Zeit wiederhole ich leise Horyuji (»ji« bedeutet Tempel), aber es erfolgt keine Reaktion, ich versuche, ganz östlich, mich auf mein Innerstes zu konzentrieren, aber dort ist niemand, und das Bild des Tempels weicht in derselben Geschwindigkeit, mit der wir fahren, vor uns zurück. Erst nach einer Stunde sind wir am Ziel, ich bereite mich auf den Halsabschneiderbetrag vor, der jetzt von mir verlangt werden wird, doch der Chauffeur, in ebenso großer Panik wie ich, gibt mir zehnmal soviel zurück, wie ich ihm gebe, das war also nicht richtig, so daß ich ihm das Zuviel wieder zurückgeben will, aber das will er nicht, weil er denkt, ich wolle ihm ein lächerliches Trinkgeld geben. Dann nehmen wir als Freunde Abschied, und erst als er wegfährt, merke ich, daß alles geschlossen ist. Ich bin allein. Aus der Ferne kriecht sanftes Dämmerlicht näher, die Tore sind geschlossen, ich sehe die Wächterkönige mit gewundenen Girlanden kämpfen, die sich, bizarr wie Glyzinienstämme, um ihre Körper schlingen, ich schaue in den stillen Tempelhof und denke: Das ist also der älteste Tempel Japans, und empfinde nichts dabei oder, besser gesagt, ich empfinde nichts, weil dieser Tempel alt ist, es ist viel eher die »Weihe« des Ortes, die mich wie ein Schauer überkommt. Ich starre auf die moosbewachsenen Steine, die achteckige Halle der Träume

(Yumedono), die Steinstufen, das Holzgitterwerk, ich *möchte* etwas empfinden, weil dieser Tempel im Jahr 739 erbaut wurde, doch sein Alter ist aufgrund meiner mangelnden Sachkenntnis nicht sichtbar, meinetwegen hätte es genausogut 1239 oder 1739 sein können, was bleibt, ist lediglich die Vollendung, die sichtbare Schönheit der Form und Konstruktion. Prinz Shotoku kann für mich kein Lorenzo di Medici werden, ich kann nur an der Außenseite all dieser Dinge bleiben. Hinter dem achteckigen Wunder sehe ich plötzlich einen ulkigen alten Mann, der mit einem Begonientopf den Platz überquert. Ich rufe etwas, und er grinst mir mit zahnlosem römischem Theaterlachen zu, und dann gehe ich zurück und setze mich zu einem wasserspeienden Drachen, trinke von dem Wasser und mache mich auf den Weg dorthin, wo meiner Ansicht nach das Dorf liegt und wo der Bahnhof sein muß, aber es ist nicht mein Tag, ich habe mein Wörterbuch nicht dabei und finde mich auf einem Platz zwischen drei Männern wieder, die höchst interessiert zusehen, wie ich einen Zug zu imitieren versuche. Da stehe ich also, dreiundvierzig Jahre alt, rufe tschuketschuke, gdung gdung, aber nichts nützt, Steeschen, Station, rein gar nichts, und entmutigt trotte ich die Hauptstraße entlang, genau in die falsche Richtung, wie sich später herausstellt. Jeder Japanreisende wird es kennen, dieses jämmerliche Gefühl völliger Hoffnungslosigkeit, wenn sich menschliche Wesen voll guten Willens gegenüberstehen, die sich trotzdem nicht verstehen können; das Wörterbuch vergessen, kein Bleistift zur Hand – stumm wie eine Ziege zwischen artikulierten Wesen zockelt man dann in die falsche Richtung, nimmt den falschen Bus und dann auf dem falschen Bahnhof den richtigen Zug, so daß man, in Bussum in den

Bus nach Amersfoort eingestiegen, einige Stunden später doch noch daheim in Amsterdam anlangt oder, wie ich, schließlich wieder in Osaka.

Meine goldenen Tage im Royal Osaka Hotel sind vorbei, Kioto und Nara versinken langsam im Pleistozän, in dem ich das Gute, das Wahre und das Schöne für spätere, kältere Zeiten bewahre; jetzt liege ich im Hafen von Kobe und sehe die schwarzen Schalen der Weltschiffe, die *Fountain Azalea*, die *Sanshin Victory*, die *Ivan Vazov*, die *Sam Jung* und die *Mayo Maru*.

Kobe liegt an grünen Hügeln, die schwarzen Schiffe schaukeln im grauen Wasser, das Schiff, mit dem ich abreisen werde, wartet auf den Abend, und es ist Abend, als wir nach Süden fahren, und Nacht, als ich, allein an Deck, sehe, wie die sanften Formen von Inseln in der Inland Sea von dem silbrigen Halbmond beschienen werden, und wie das Wasser, weiß und wild aufschäumend hinter unserem Schiff, eine Spur in das Meer schreibt, das gleich mit schwarzer Tusche übermalt wird.

*Mai, Juni, Juli 1977*

# IN BIRMA

# AM FUSSE DER SHWE-DAGON-PAGODE

In Birma zu reisen ist eine Katastrophe. Selten habe ich eine glücklichere Reise gemacht. Beides ist miteinander verflochten oder, vielleicht noch schlimmer, regelrecht verzahnt, unlöslich verkettet: Die Katastrophe ist das Glück. Wie sich das verhält (Sprache ist doch sehr hilfreich), will ich zu erklären versuchen.

Denn: Was ist eine Katastrophe? Daß man in einem Land nur eine willkürlich festgesetzte Zahl von Tagen (sieben) bleiben darf. Daß man in diesen Tagen verschiedene Dinge sehen will, die, jedes für sich genommen, schon mehr als sieben Jahre erfordern. Daß das also nicht möglich – da nicht erlaubt – ist. Daß man für den Zeitraum dieser sieben Tage vollkommen abhängig von einer einzigen Organisation ist. Weil sie die einzige ist, kann man sich nirgendwo sonst hinwenden. In diesem Punkt darf man das birmanische Lächeln nicht falsch verstehen. Nein heißt nein.

Birma nennt sich »Sozialistische Republik der Union von Birma«. »Union« stimmt nicht, denn weite Teile des Landes befinden sich in der Hand von Rebellen. Deshalb darf man nur gebahnte Wege gehen, einige Gebiete nicht besuchen, nicht auf dem Landweg einreisen. »Sozialistisch« bedeutet hier, daß man die Landeswährung zu einem offiziellen Kurs erwerben muß, der das Vielfache des Schwarzkurses beträgt, und daß jede offizielle Aktion (Hotelbuchung, Kauf des Flugtickets) in deiner Beurteilung eingetragen wird. Bei manchen Menschen löst das ein klaustrophisches Gefühl aus.

Woraus besteht dann aber das Glück? Ich spreche jetzt von meinem eigenen, nicht von dem der Landesbewohner. Über sie weiß ich nicht genug, außer daß sie oft einen glücklichen Eindruck machen, doch das besagt nichts. Es gibt Unterdrückung, und es gibt Opposition. Der einzige, mit dem ich darüber sprechen konnte, wollte nicht, daß ich ihn zitiere. Ich will damit also nur sagen, daß *ich* dort glücklich war. Keine Touristen, kein Verfall, keine Marken, Grenze zu, Herr im eigenen Haus, keine ausländischen Einflüsse, kein Ausverkauf. Wenn man gerade aus Thailand kommt, empfindet man das als Wohltat. In alldem steckt ein innerer Widerspruch, und man kann nicht darüber schreiben, ohne sich selbst zu widersprechen. Vielleicht besteht das Glück darin, ein Land zu erleben, das so ist, wie andere Länder früher waren. Alles wird auf einen Schlag ruhiger. Und langsamer. Der Unsinn ist ausradiert. Man ist nicht umringt von kamerabewaffneten Horden.

Birma ist ein Anachronismus, muß man dann sagen, aber ich mag dieses Wort nicht, nicht hier. Birma ist Birma, ich werde in eine Dischronie hineingezwungen, meine Zeit spaltet sich, ich gehe in zwei Zeiten umher, lege meine eigene ab, und während ich mich abhetze, um die sieben Tage voll auszunutzen, verlangsame ich gleichzeitig mein Tempo zu dem der Menschen ringsum. Ruhe und Stille. Das gibt es also noch. Man hofft, daß es anhält. Und es wird viel gelacht.

Ich unternehme diese Reise mit Sjoerd Bakker, Radierer ohnegleichen, und für diese sieben Tage hat sich uns Katrien Gottlieb noch angeschlossen. Sie schreibt für *Scoop* und macht Rundfunksendungen. Sjoerd ist ein

Friese mit blauen Augen und Haaren, die blond wären, wenn er sie wachsen ließe. Das tut er aber nicht, er ist kahlgeschoren wie ein Mönch, und weil er dazu noch hohe Wangenknochen hat, löst das in Asien manchmal Staunen aus. Ein Mönch in Zivil? Er ist manchmal ganz in sich versunken, das erwarten sie nicht von uns. Katrien ist vielleicht fünfundzwanzig und sieht aus wie von Delacroix gemalt. Auf dieser Reise flicht sich unsere Gruppe zu immer neuen Konstellationen zusammen. Ich habe ausgerechnet, daß es bei unseren Ausflügen sieben Möglichkeiten gibt. K. allein, S. allein, C. allein, K. mit S., K. mit C., K. mit S. und C., S. mit C. Alle sieben sind eingetreten, ich beschreibe nur die Fälle, in denen ein C. vorkommt.

Das Visum zu bekommen war einfach und nicht einfach. Wir befanden uns noch in der fröhlichen Hölle Bangkoks, und der Taxichauffeur konnte die birmanische Botschaft nicht finden. Nachdem er unserer Meinung nach dreimal an ihr vorbeigefahren war, wollte er uns bei den Russen abliefern, aber das lockte uns nicht. Gerade noch bevor die Botschaft geschlossen wurde, waren wir *intra muros*. Birma hat eine sehr muntere Fahne. Hinter einer geöffneten Scheibe saß jemand in Uniform, der Formulare ausgab. Zum erstenmal sah ich die wunderliche Seifenblasenschrift. Ich wußte, daß ich mich nicht als Schriftsteller oder Journalist eintragen durfte, kam aber infolge eines akuten Mangels an Phantasie auf nichts anderes als *editor*. (Das ist jemand, der in einem Verlag u. a. Manuskripte satzfertig macht. Wir nennen das Lektor). Das muß ich erklären. Ich murmelte etwas von »poetry«, was mir zwar noch mehr Argwohn eintrug, aber ich bekam mein Visum. 168 Stunden lang war ich auf allen (vielen) Formularen ein *editor*. Endlich mal kein Schriftsteller, ein herrliches Gefühl.

Um mich herum in dieser Botschaft, auf den Treppen, auf dem Rasen, an den Wänden lehnend Globetrotter und Geschäftsleute, die alle über den Formularen schwitzten, voneinander abguckten, flüsterten und sich Kugelschreiber ausliehen. Freilichtexamen für das mittlere Staatsdiplom.

Ich sah auf die hohen Papierstapel auf dem Schreibtisch des Großmächtigen, lieferte meine drei Paßfotos ab und hoffte das Beste.

Einige Tage später flogen wir, aber wir flogen nicht. Die Fokker 128 der Birma Airlines wurde auf die Startbahn geschleppt, eine Prinzessin hieß uns willkommen, sagte, wir würden jetzt gleich nach Rangun fliegen, und weiter geschah nichts. Um die Tagesmitte wird es in den Tropen dann sehr schnell sehr warm. Der Pilot ließ die Motoren an, aber das Flugzeug wollte nicht, genauso wie ein Auto im Winter manchmal auch nicht will. Das wiederholte sich noch viele Male, und jetzt war uns klar, warum die Maschine mit mehrstündiger Verspätung eingetroffen war. Die Prinzessin erschien wieder und sagte, es käme von der extremen Hitze. »Dann werden wir wohl warten müssen, bis es friert«, sagte jemand hinter mir. Von Zeit zu Zeit versuchte der Pilot es erneut, aber niederländische Flugzeuge haben ihren eigenen Kopf. Nein heißt auch bei uns nein. Vier der 168 Stunden waren inzwischen vergangen. Es endete damit, daß ein Teil ausgetauscht werden mußte.

Eine halbe Stunde später überflogen wir trockene Tafeln, was mich wunderte, da ich Dschungel erwartet hatte, aber nein, es waren Flächen aus rosa Sand, ganz altes

Schreibpapier, leer, alt und beeindruckend. Eine rissige Welt aus Staub. Es sah aus wie eine Warnung.

Eine Warnung wovor? Ich sah mich um, und wir gefielen mir nicht. Eine Warnung vor Frivolität. An uns war etwas außerordentlich Lächerliches festzustellen: Alle, ohne Ausnahme, waren im Besitz einer Flasche Johnny Walker und einer Stange 5-5-5. Wohin man in diesem bis auf den letzten Platz besetzten Flugzeug auch sah, überall die gleiche Flasche und die gleiche Stange Zigaretten. Das kann kein Zufall sein, nicht wahr? Ehrwürdige Greise, BH-lose Schwestern aus dem Kloster der Kalifornierinnen, österreichische Weinpanscher, niederländische *editors,* Stammeshäuptlinge, Chilenen, dichtende Neger – *alle wußten es,* keiner war unschuldig. Für diese Flasche und diese Stange Zigaretten bekommt man jedem Reiseführer zufolge auf dem Schwarzmarkt den vierfachen Dollarkurs, und alle hatten gehorcht. Ich konnte mich selbst nicht leiden, und bei jedem Blick auf den ausgelaugten Palimpsest 8000 Meter unter mir schämte ich mich.

Die Landung war großartig. Wir waren das einzige Flugzeug. Die beiden anderen waren in Kathmandu und in Kalkutta. Die Hitze schwebte girlandenförmig über dem Beton. In der großen, wie ein *Bauhaus* gestrichenen Halle stand ein Heer von weißbehemdeten Beamten. Jeder bekam zwei Beamte und ein faseriges Stück Papier, auf dem *alles* eingetragen werden mußte, jede mitgebrachte Währung, jede Uhr und ihr Wert, Kameras, Computer, Schmuck sowie alle moraluntergrabende Literatur. Das machte uns angst, aber es ging ganz ruhig zu. Jeder schrieb, als hinge sein Leben davon ab, und neben jedem Schreibenden standen die Flasche und die

Stange Zigaretten. Danach las jeder, was jeder geschrieben hatte, und keiner brauchte seine Flasche abzugeben, obwohl alle wußten, warum wir sie dabeihatten. Die Welt ist eine Vereinbarung.

Woran ich mich bei dieser Halle noch erinnere, ist, daß sie sehr hoch war. Daß ich eine Treppe hinaufging und mir das Ganze von oben ansah. Daß dort eine Atmosphäre altmodischer Höflichkeit herrschte, von unerklärlicher gegenseitiger Zuneigung, sogar unsere Manieren besserten sich. Wie vielmals vervielfachte Heilige Drei Könige gingen wir los, unsere Geschenke (Flasche und Stange) im Arm, Gold, Myrrhe und Weihrauch. Nur waren sie, wie üblich, für uns selbst.

Eine Ankunft in der Dritten Welt hat immer etwas mit Taxis zu tun. Das sind dann nicht die dickwanstigen Mercedesse vom Flughafen Schiphol, sondern von Hand hellblau angemalte Modelle aus der Truman-Ära, und damit beginnt dein neues Leben. Wir haben uns zu dritt in etwas Morrisähnliches gezwängt. Wo geht es hin? Zu Tourist Burma, denn dort wird über unser Gehen, Stehen und Liegen entschieden. Wer nicht mit einer Gruppe reisen will, kann vom Ausland aus nichts reservieren. Wir wollten nicht mit einer Gruppe reisen, wir sind uns genug.

Still sind wir auch, wir fahren an einem Deich entlang, wo ein Mann in einer Art Sarong wie ein Schattenriß Kampfübungen mit einem Stock vollführt. Weil ich das schon von weitem entdecke, kann ich lange genug zuschauen und bemerke, daß er sich dabei äußerst bedächtig bewegt. Alle paar Sekunden verwandelt er sich mit siruptartiger Zähflüssigkeit in ein anderes schwarzumrissenes Bild, und ich weiß, das bedeutet, daß Zeit hier eine andere Geschwindigkeit hat. Das ist nicht möglich, aber es ist so.

Man sehe sich nur die Menschenmenge an, wie langsam sie geht. Und langsamer heißt intimer, auch das ist ein Gesetz, das ich nicht beweisen kann. Eine intime Menschenmenge.

Ich frage nach den Namen der Bäume, und der Taxichauffeur sagt Laute: »Kokopé. Ombe«. Ich weiß genau, daß ich sie nicht richtig wiedergebe, finde es jedoch wunderbar, diese beiden Worte zu murmeln. Meine Freunde aus Birma, Ombe und Kokopé.

Wir fahren am Inya Lake vorbei, am International Meditation Centre, am Mahasi Meditation Centre, am Mingun Meditation Centre vorbei, und dann, bevor ich darauf gefaßt bin, sagt der Chauffeur: »Shwe-Dagon«, und zur Linken sehe ich, so weit entfernt wie ein tiefstehender Himmelskörper, den Glanz der goldenen Pagode, »a golden mystery upheaved on the horizon«. Sie ist auch gleich wieder weg, diese Vision, entschwunden hinter den schweren Wolken der Banyanbäume, doch ich habe ihn gesehen, den geheimnisvollen Glanz, der diese Reise begleitet. Wir sind still, schauen auf die großen tropischen Gebäude an den breiten Alleen, kommen nach Rangun hinein, zu einem runden Platz, in der Mitte eine Pagode, aus der Licht herausstrahlt, aber ich will sie mir jetzt nicht anschauen, sie gehört in eine andere Kategorie als die schwebende goldene Kuppel von eben.

Tourist Burma, wir sind da und bezahlen mit unseren ersten Kyat und Pyas. Was wir wünschen, fragen die drei in Blaßorange gehüllten Mädchen hinter dem Tresen. Sie strahlen eine erhabene Ruhe aus, langsame Hände mit gemalten Nägeln blättern in großen vollgeschriebenen Büchern. Ja, im Strand Hotel sei Platz, und falls wir morgen nach Mandalay wollten, so gebe es noch drei *reclining seats* in der *upper class*. Nein, es gebe nur zwei Klassen, *upper class* und *ordinary class*, und *upper class* sei besser für uns. Genau eine Woche später weiß ich, warum. Aber sonst, nein, sonst könnten sie nichts für uns tun. Dies ist die Welt der Präcomputerzeit, in Mandalay müßten wir schon selbst zusehen, wie wir nach Pagan kämen, und in Pagan müßten wir versuchen, das Flugzeug zurück nach Rangun zu erwischen.

»Ja, aber die sieben Tage ...«, sagen wir und schauen in die glänzenden Augen in den geweißten Gesichtern. Geweißt ist nicht das richtige Wort, aber ich nenne es so. Sie haben eine rosa-orange-weißfarbene Paste in runden Formen auf ihre Wangen geschmiert, eine Paste aus Sandelholz. Es macht sie sehr unerreichbar und verleiht der sonst so zweckgebundenen Unterhaltung einen eigentümlichen Ton. Ja, das mit den sieben Tagen sei ihnen bekannt. Aber sie könnten es nicht ändern. Solche Gespräche haben sie öfter geführt, sie sind bestens vertraut mit dem Rätsel der drei Zielorte, der sieben Tage und der explosiven Meilenzahl dazwischen. Zu Fuß schaffen wir es nicht, das geben sie zu. Wir drängeln noch etwas weiter, bis auch wir begreifen, daß ein strahlendes Lachen ein eisernes »Nein« bedeuten kann. Ihre Erhabenheit bleibt so groß, daß ich am liebsten rückwärts aus dem Büro gehen würde.

Wir haben kaum Gepäck und können deshalb zu Fuß zum Strand Hotel. Im Gehweg finden sich Bombentrichter, der Chef der Abteilung Straßenpflasterung muß entlassen werden. Und dennoch, es hat etwas für sich, wenn Gehen nichts Selbstverständliches mehr ist, man kommt sich vor wie auf gefährlichem Eis. Risse, Löcher, die nackten Eingeweide der Erde, wollüstiges Unkraut, farblose englische Kästen von Häusern, zehnfarbiger Asphalt und darauf die vorsintflutlichen Oldsmobiles, Buicks und andere selbstgebastelte Konstruktionen, leise klingelnde Fahrräder mit graziösen Gestalten, murmelnde Fußgänger, schlappende Sandalen, und dann an einer Straßenecke plötzlich das weite Panorama des Rangoon River.

Das Strand Hotel ist am allgemeinen Verfall beteiligt, es ist der letzte anständige Anzug einer armen Familie, der König von England hat ihn dagelassen, und wenn man ihn nur oft genug reinigt, ist er noch einwandfrei. Die Mädchen sind nicht geweißt, aber die großen Bücher gibt es auch hier. Alles wird eingetragen, meine endlos vielen Vornamen, mein schon so lange verstorbener Vater, die Dauer meines Aufenthalts (eine Nacht), mein nächstes Ziel (Mandalay). Ich bekomme den ersten Vermerk in meine Beurteilung, in meine plötzlich geschrumpften Dollar wird ein Stempel gedrückt, und gleichzeitig kommt eine lange Prozession festlich gekleideter Birmanen herein. Es ist eine Hochzeit. U Maung Maung heiratet Ma Aye Aye Yi. Ich bin nur ganz kurz in Birma, sie sind immer hier. Meine zufällige Anwesenheit flicht sich in ihre so lange geplante Hochzeit. Die Männer tragen karierte sarongartige Hüftröcke (*longyis*), die wieder anders geschlungen werden als die der Frauen, die alte chinesische Mutter an der Spitze hat eine Zigarette im Mund, die wie ein winziger Rammbock zwischen ihren runden bemalten Wangen vorragt, ich fange unverständliche Wortreihen auf und sehe die Prozession in die rote Glut der Mingala Hall entschwinden.

Unsere eigene Gruppe, die mit dem anstößigen Whisky und den garstigen Zigaretten, hat sich zerstreut, die meisten sind ihre Sachen bereits draußen auf dem Gehweg losgeworden. Ich gehe zwischen Korbsesseln und Wandschirmen in die große Bar, wo früher die Sahibs herumgrölten. Es gibt nur lauwarmes Bier in viel zu großen Flaschen und süßen Limonensaft ohne Eis. Die Ventilatoren an der hohen Decke wedeln faul, auf zwei kreisförmigen Bildern sehe ich einen Elefanten einen ganzen Wald schleppen und ein Schiff unter einem aufwendigen Abendhimmel vor dem Hintergrund ferner, blauer Hügel.

Mein Zimmer ist irgendwo unter dem Dach, das trübselige Zimmer von Dr. Einzel, Verwaltungsbeamter aus fernen Provinzen. Der Tod vieler Mücken hat die Wand befleckt, der Spiegel spaltet mein Globetrottergesicht, sogar die übergroßen Stecker können sofort zum Antiquitätenhändler.

Der Stadtplan von Rangun ist völlig grün. Auf der Karte wirkt die Innenstadt sehr klein, ein paar schachbrettartig angeordnete, numerierte Straßen, ich marschiere auf gut Glück los. Nein, es ähnelt keiner anderen Stadt, die ich kenne. Nirgends habe ich bisher ein Aushängeschild mit den Worten »U Koko Tin, officially authorized emigration writer no. 19« gesehen und auch keinen Bücherstand mit dem *Oil & Gasjournal* von 1964 als aufregendstem Titel. Die Straßen, die zum Rangoon River führen, sind schmal, die Querstraßen dagegen breit.

Jetzt würde ich gern genau erklären, warum alles so geheimnisvoll ist, aber ich kann es nicht. Vielleicht ist es die fehlende Urbanität. Es ist hier ruhiger als anderswo. Verkehr gibt es, aber er wirkt nicht wie Verkehr. Kuriose Dreiräder, ausgestorbene Arten. Viele Fahrräder, und auf ihnen Männer mit langen Röcken. Vielleicht kommt es auch daher, weil die Namen, die Marken fehlen. Die bekannten Schlagworte sind aus der Bildersprache gestrichen. Ach, ich weiß es nicht. Als ob jemand, der immer schreit, plötzlich flüstert. So ungefähr. Der Warenmangel. Die gemalten, hier eben nicht mechanisch angefertigten Zeichen. Und eine Form von Dunkelheit, die eine Art Licht ist. Nein, ich weiß es wirklich nicht. Die stille Art des Vorbeigehens, der intime Anblick von Gesprächen. Der Verfall ist unübersehbar, aber er spielt keine Rolle. Kleine Wagen an Straßenecken, wo Saft aus Zuckerrohr gepreßt wird, so daß man sieht, wie das gemacht wird, was man trinkt. Für die Seele muß das ein Unterschied sein, denn es ist eine Hand, die dreht, keine unsichtbare Maschine, die bereits gedreht hat, nicht nur für einen selbst, sondern auch für den zufälligen Nachbarn und für jemanden in Alaska. Heimweh nach früheren Zeiten? Und wenn schon, warum nicht? Ich werde in den nächsten Tagen noch viel damit zu tun haben.

Wir waren drei Reisende, wir kommen wieder zusammen, jeder mit seiner eigenen Art von Verblüffung. Es läßt sich nicht ändern, dies wird ein lyrischer Bericht. Ich bin ein Mensch, der manchmal aus der Welt fallen möchte, und hier geschieht es. Autobusse aus Holz, behängt mit Trauben unerschütterlicher Menschen. Fahrräder mit Beiwagen, der darin Sitzende mit dem Rücken zum Gegenverkehr. Kein einziger Wolkenkratzer. Moos auf den Mauern, Trichter im Trottoir. Ich sehe kein Gebäude mit mehr als vier Stockwerken.

Wir nehmen ein dreirädriges Taxi, in dem wir uns gegenüber sitzen und, durcheinandergerüttelt und -geschüttelt, aneinander vorbei in die hereinbrechende Dunkelheit voller Menschen schauen. »Shwe-Dagon« haben wir gesagt, und wir landen am Fuße dieses Himmelskörpers, dort, wo die Menschenmenge am dichtesten ist. Wir bahnen uns einen Weg durch Buden, durch das Licht von Öl- und Karbidlampen, wir steigen endlose, schleichende Treppen hinauf, vorbei an alten Nonnen mit Zigarren, alten, in karmesinrote Fetzen gehüllten Mönchen mit tibetischen Lederhüten, Männern aus einer Vorzeit, gegerbt wie Menschen, die man ausgegraben hat.

*No footwearing permitted* steht da, als wir in die Nähe des Heiligen kommen, und mit erdfarbenen Füßen betreten wir schließlich den Marmor, der noch sonnenwarm ist vom Tag. Sie selbst ist verschwunden, die Sonne, doch ihr Abschied klebt noch am Gold der Pagode.

Ich weiß, daß ich mich jetzt in einem astrologischen System befinde, einem Symbol des Kosmos, ich weiß von der unbeweisbaren Verbindung zwischen Tag, Windrichtung, Planet, Tier, Eigenschaft, doch was bedeutet mein »unbeweisbar«, wenn der Mann, der neben mir die *Konagama Hall* (Halle der Anbetung) betritt, diesen Freitag, den wir gemeinsam erleben, als Tag des Nordens, der Venus, des Maulwurfs und der Gesprächigkeit erlebt? Ich bin in seiner Stadt, er nicht in meiner, und so gehe ich in seinen Gedanken, nicht in meinen. Im übrigen habe ich auch gar keine, sondern nur Augen, und die können sich hier einfach nicht sattsehen, eine ganze Welt will auf einmal herein, ein Ort von Heiligen, Geistern, Lehrsätzen und ihren äußeren Zeichen, und so tanze ich, meine immer schwerer werdenden Schuhe in der Hand, auf Füßen, die immer leichter werden, ganz gemächlich hinter einer Gruppe von zwanzig fegenden Frauen über den schimmernden warmen Marmor dahin.

Es ist weder Tag noch Nacht, die anderen habe ich längst verloren, ich gehe an Gold und Blumendüften und dem leisen Gebimmel von Schellen und Glöckchen vorbei durch das ausfächernde, verzerrte Geräusch einer Stimme. Es ist eine doppelte Verzerrung, die einer schlechten Tonanlage, so daß ich auch keine Ahnung habe, wo ich den zu dem Geräusch gehörenden Mund suchen soll, und die des Sakralen, jener andere Ton, den Menschen überall auf der Welt anschlagen, wenn es um das Unerklärliche geht. Dieser Ton dringt nicht aus der Kehle, sondern aus einer Gruft darunter, einem heiligen Raum, in dem geschwollene, langgedehnte Laute wohnen, die das mehr als Menschliche bezeichnen sollen, Laute, die in der eigenen Sprache so schrecklich sind, sich hier aber, träge gedehnt, endlos wiederholt, in das Geheimnisvolle ihrer Umgebung einfügen.

Gleich werde ich mich auf die Suche nach dem Mund machen, in dem diese Stimme haust, dem Körper, zu dem diese Laute gehören, aber erst will ich mich noch wundern, so nenne ich das. Wenn ich mich irgendwo an ein Gitter oder eine Mauer lehne und die Schuhe, weil das nicht erlaubt ist, noch immer nicht neben mir auf den Boden stelle (die Welt, das, was draußen ist, hängt an ihren dicken Sohlen, und hier herrscht der Himmel, so sagt man dazu, dieser Fleck ist die Ausnahme, ein Ort ohne Welt), und wenn ich dann in dieser Haltung mit den Augen eine willkürliche Form aus dem uns Umgebenden schneide, sehe ich im Dunkel, über den Rand hinweg, den letzten Zwang tropischen Grüns, das noch da ist, fast nicht mehr da ist, gleich verschwunden sein wird; ich sehe den Mond, der, von einem eifrigen Schüler zerschnitten, jetzt senkrecht steht wie eine Hälfte seiner selbst, ein vollendeter geometrischer Halbkreis, ich blicke auf Buddhas und Kapellen und davor Menschen im Lotussitz, für die Umgebung verloren. Vögel oder Fledermäuse flitzen durch die Abendluft, schreiben flüchtige Schriftzeichen an die goldene Pagode.

Pagode, *zaydi* sagen sie dazu in Birma. Auf Pali heißt es *cetiya*, in Nepal *chaitya*, in Thailand *chedi,* und das soll eine Metathese des singhalesischen *dagoba* sein, das seinerseits aus dem Sanskrit stammt und da »Reliquienschrein« bedeutet. Einen Reishaufen, den wollte Gautama Buddha auf seinem Grab, einen Tumulus in Form eines Reisberges, und deshalb (deshalb?) stehe ich hier vor dieser sich auftürmenden, emporstrebenden goldenen Form, einem Planeten.

Nun möchte ich am liebsten noch immer nicht denken, aber es geschieht doch. Der Verstand will von seiner rationalen Abteilung wissen, warum ich, sein Eigentümer und sein Eigentum, mich so glücklich fühle. Eine Antwort wird es jetzt nicht geben, doch es muß etwas sein wie der Anblick einer Welt, die vollkommen zu sein scheint. Hier gibt es nicht, wie in Bangkok, kamerabewaffnete Touristen, die aus meiner Welt kommen, hier bin ich allein, ein zufälliges Auge, das dies alles sieht, so daß es für einen Moment scheint, als existierte ich nicht wirklich (die heimliche Sehnsucht des Voyeurs). Natürlich existiere ich, weil ich das denke, aber es hat den Anschein, als sei ich nicht da, weil ich nicht teilhabe und auch nicht teilhaben kann. Alle um mich herum verrichten sinnvolle Handlungen in einem mich ausschließenden System. Das macht mich nicht neidisch, aber es verursacht Heimweh, das Heimweh eines Menschen, der in etwas aufgehen möchte, es aber nicht kann und nicht darf, und der weiß, daß es auch nicht nötig ist.

Dieser Widerspruch: Die Sehnsucht, in einer Menschenmenge aufzugehen, die nicht, wie bei uns, eine disparate Ansammlung von Individuen ist, sondern eine Gemeinschaft, und gleichzeitig die Angst, dieses weiß Gott anerzogene, womöglich fiktive Selbst zu verlieren, bewirken ausnahmsweise einmal kein gespaltenes Gejammer, sondern ein Glücksgefühl: sich in der Nähe zu befinden, ist schon genug. Einst, als junger Mensch, habe ich ein ähnliches System verlassen, und zwar für immer. Doch dieser Schritt bedeutet nicht das Ende der Fragen, selbst wenn man weiß, daß man sie alle mit nein beantworten wird.

In mir gibt es archaische Schichten, die über das Unmögliche weitersinnen, und nie habe ich es so rund und glatt und vollkommen und so – für mich – unmöglich empfunden wie hier. Ich gehe weiter und weiß genau, was mit mir los ist: Ich habe nicht abgehoben und habe dennoch das Gefühl zu schweben. Was sonst meine Schuhe sind, ist jetzt Luft, darauf schwebe ich. Der Unterschied muß darin bestehen, daß die Menschen, die ich ringsum sehe, nicht schweben. Was sie praktizieren – ist das das richtige Wort? – sind Praktiken, Praxis, Alltag.

Das Höhere, so heißt es nun mal, das in mir keinen Platz findet, steckt in ihren Gedanken und Taten, es gehört nicht nur zu ihrem Wesen, sondern zur Praxis dieses Wesens.

Wenn man das akzeptiert, kann man teilhaben, ohne Teil davon zu sein, und trotzdem von diesem unvergeßlichen Gefühl erfaßt werden, mit dem ich jetzt an den goldenen, silbernen, kristallenen Verkörperungen des immergleichen Gedankens vorbeigehe, auf der Suche nach der Stimme, die ihm auf wieder andere Weise Ausdruck verleiht. Und natürlich finde ich sie. Sie sitzt da wie gezeichnet, der Sänger, das Höhere hat die Gestalt eines altmodischen Woolworth-Weckers und mehrerer Neonröhren über einem BBC-Mikrophon von 1934 angenommen. Sehr schön. Es ist ein Mönch, er wird seine endlose Litanei abspulen, bis der dicke Wecker sagt, daß es nicht mehr nötig ist.

Ich höre ihn jetzt zweimal, einmal hoch, mechanisch über unseren Köpfen, seine elektrische Stimme, die zwischen den brustförmigen Kuppeln umherschweift, und dann noch einmal, wie er dem Vater dieser Stimme das Mikrophon vorhält, stets etwas früher als die andere. Seine Hand liegt flach auf der heiligen Schrift, aus der er vorsingt, aber es scheinen keine Worte zu sein, die er hervorbringt, sondern als Worte getarnte Klänge, Worte, die durch das Rezitieren ihre wie auch immer geartete Bedeutung verloren haben. Um ihn herum vier unbenennbare Gegenstände, weiße, flache Blätter, auf hohe Stöcke gesteckt, Attribute des Heiligen, weiter nicht zu deuten. Auf dem Petersplatz sind es die halbmondförmigen Fächer rund um die *sedia gestatoria,* ein byzantinisches Erbe, siegesbewußtes Tamtam (*pomp & circumstance*), die die Macht ausdrücken. Hier ist es anders, es zieht ein stilles Viereck um diesen Mann.

Ich verlasse es, entferne mich, ziehe wie ein kleines Raumschiff meine Bahn um den goldenen Reishaufen und suche den Eingang, der mein Ausgang sein muß. Natürlich nehme ich, von der Menschenmenge mitgezogen, den falschen und lande nach einem endlosen Abstieg wieder auf der Erde, wo die Schuhe noch an meine verschmutzten Füße passen. Hier ist ein Markt oder Jahrmarkt oder alles beides im Gange. Vielleicht ist heute ein Feiertag, ich weiß es nicht. Abertausende bewegen sich zwischen den Buden, eine mollige Menschenmenge, die mich sanft mitnimmt, knetet, anlacht.

Ich kann ein Jackett kaufen, ich kann einen karierten *longyi* kaufen, ich kann Gewürze, Eulen, Schuhe aus Autoreifen kaufen, ich sehe bemalte Schauspieler in einem lachenden Kreis, eine Frau auf einem Berg Knoblauchknollen, und treibe wie Treibholz weiter in dem scharfen Geruch von Essen und birmanischen Zigarren; alle diese Bilder strömen in mich ein, bis mein Kino leise explodiert und ich mich von lachenden Menschen in eine Art Open-air-Bus ziehen lasse, zurück in die Stadt.

Aal bei einem Chinesen habe ich an diesem Abend gegessen, das weiß ich noch, in der 37. Straße, Aal aus dem Irawadi mit Bier aus der Volksbrauerei, und etwas so Scharfes, daß meine Augen mein Gehirn sehen konnten.

Ich werde wach von einer hohen singenden Frauenstimme und von Händeklatschen. Manche Geräusche möchte man am liebsten mitnehmen, aber es ist wie bei Fotos, immer fehlt irgend etwas. Ich weiß nicht mehr, wie diese Stimme klang, aber ich weiß, daß sie mich hinauszog auf den großen, breiten Boulevard vor dem Hotel. Ich bin also draußen, in diesem inzwischen entschwundenen Augenblick, die Sonne ist gerade aufgegangen, über dem Fluß hängen Nebelschleier, es ist kühl. Ich gehe zum Wasser, sehe die Abdrücke Hunderter von Menschenfüßen im weichen braunen Modellierton, höre das Bimmeln abfahrender Fährboote. Schmale, zierliche Boote kommen vom anderen Ufer, und ich bin sofort wieder in meiner Dischronie, meiner geheimnisvollen Zweizeitigkeit. Sie wird mich in Birma nicht mehr verlassen.

Altertümliche Szenen sieht man hier, das Wasser braun, glatt, nebelverhangen, der stehende Ruderer in seinem Boot mit den spitz nach oben laufenden Enden, eine Zeichnung auf der leuchtenden Leinwand des Morgens, etwas, das hier bereits so aussah, bevor jemand es zeichnen konnte. Ich drehe mich um und sehe Sjoerd und Katrien von drüben näher kommen. Langsam, als wären wir Teil eines Balletts, gehen wir in dem lautlos scheinenden Morgen aufeinander zu, dann wenden wir uns alle drei wieder dem Fluß zu und setzen uns in einen weiten Kreis von Leuten unter einen hohen, ausladenden Baum, aus dem fransige, moosige Lianen wie Girlanden herabhängen. Die dunklen Augen ringsum lachen, sie sehen, daß wir nicht gewohnt sind, so niedrig zu sitzen, daß wir die ausgebreiteten Speisen nicht kennen. Die Frau an der Bude ist jung und hübsch, sie lacht, wir lachen, alle lachen. Wir bekommen unsere eigene kleine Kanne Tee und deuten auf das, was die anderen in ihren in der Morgenluft dampfenden Schalen haben. »Mon-hingga«, sagen die Münder, Fadennudeln in einem soßenartigen Mischmasch aus Fisch, Eiern, Stücken Kochbanane, Mohrrüben, Zwiebeln und darüber frische Korianderblättchen und rohe, frische Perlzwiebeln und dünne Scheiben Paprika.

Immer mehr Menschen kommen auf Fährbooten über den Fluß und verschwinden in der Stadt. Ich sehe, daß die Leute die Augen nicht von uns lassen können. Katrien hat sehr große, dunkle Augen in einem Gesicht, das für hiesige Verhältnisse mit Sicherheit geweißt wirkt, sie hat ihr schweres, orientalisches Haar in einen Knoten zurückgezwungen und trägt eine weite schwarze Jodhpurhose, nein, die Leute können sie nicht einordnen, und auch

Sjoerds geschorener Mönchsschädel kommt ihnen wie ein Rätsel vor, weil das Gesicht darunter mit den blauen Friesenaugen so seltsam lachen kann und Laute ausstößt, die sich mit gar nichts verbinden lassen.

Wir gehen gemeinsam zur Bogyoke Aung San Street. Sjoerd will bei der goldenen Pagode zeichnen. Katrien und ich nehmen den Bus Nummer 12 zum Pazundaung Creek, wo die Fähre über den Rangoon River nach Syriam abfährt. Die Sonne steht jetzt kraftvoll über den Bäumen, wer sich für sie die Bezeichnung »kupferne Kanaille« ausgedacht hat, war ein großer Dichter. Es gibt ein paar Buden mit Speisen, eine Prozession von Frauen mit Körben und zugeknoteten Tüchern, voll mit Obst und Gemüse, zieht langsam zur Fähre hinunter.

Ich kaufe drei *cheroots,* feurige, in Maisblätter gewickelte Zigarren, die man an einer brennenden Lunte anzünden kann, die über der Bude hängt. Hinter einem kleinen Jungen mit weißbemaltem Gesicht, der eine lebende Gans mit dem Kopf nach unten durch den Schlamm hinter sich her zieht, gehen wir an Bord. Gebimmel, Geschrei, Abfahrt, träge mischen wir uns in den regen Verkehr auf dem Fluß, Küstenmotorschiffe ohne Farbe, Trampschiffe mit unleserlichen Namen, rostige Katamarane, Ruderer, Flöße, dunkelrote Segel.

Kinder schleppen Gartenstühle herbei, für die wir ein paar Pyas bezahlen müssen, und dann fängt das Theater an.

Ein über und über bemaltes, höchstens fünfjähriges Mädchen, Rouge, Lippenstift, ein greller Strich auf der kleinen Stirn, tanzt fröhlich im Kreis herum, ihr Bruder singt und schlägt den Takt mit zwei Kupferschellen. Als Kulisse haben sie das langsam entschwindende Ufer und in der Ferne den goldenen Stupa der Shwe-Dagon, der sich aufspielt wie die Sonne persönlich.

Schwerer zu beschreiben ist der achtjährige Eisverkäufer. Der Eimer, den er bei sich hat, ist so pfiffig konstruiert, daß ich ihn zeichnen muß, bevor ich das System verstehe. Am Henkel hängt ein Sieb mit Eis, das in der Hitze sofort schmilzt. Das kühle Wasser fällt durch ein Seihtuch auf den Inhalt des Eimers, der auf diese Weise kühl bleibt.

Der Fluß wird breiter, wir stehen an der Reling und lesen in *Tausend-und-einer-Nacht,* Ochsen mit vorsintflutlichen Wagen, Bambusflöße mit ägyptischen Ruderern unter geflochtenen Sonnendächern, ein Schiff mit einem Segel in Preußischblau, Schilf an den Ufern, badende Frauen in *longyis,* niedrige Hütten mit abgedeckten Schilfdächern, auf denen Mistfladen zum Trocknen liegen. Einmal ruft das Schiff und dann noch einmal, aber wir wollen nicht, daß es anlegt an diesem hohen Holzsteg mit den Hütten und kleinen Gebäuden des Dorfes dahinter, es soll weiterfahren, den Rangoon River hinauf oder in die Andamanensee, zusammen mit dem blinden sechsjährigen Sänger und der fünfjährigen Tänzerin, mit dem leisen Gemurmel der Fahrgäste und dem unvorstellbaren Gestank des Holzlochs, das das WC ist, mit dem Befehle schreienden Kapitän und mit uns an Bord bis in alle Ewigkeit.

Als wir doch anlegen, zieht die Prozession, die von Bord geht, auf dem wackligen Steg hoch über dem Wasser an der Prozession vorbei, die an Bord will. Ich drücke mich an das Bambusgeländer, um den Namen des Schiffes zu lesen, doch was ich sehe, ist ein Rätsel aus Kreisen und Ankern, Zeichen, die etwas sagen, das ich nicht wissen darf, und während ich so um mich blicke, sehe ich, wie es einen großen Bogen im glänzenden braunen Wasser schlägt, wie die Menschen an Bord einen Augenblick lang ins Gold der Sonne getaucht werden und wie es dann wegfährt zwischen den faul dümpelnden Prauen und ruft: Rangun ... Rangun ...

*Februar 1986*

Wir sind vom Anlegesteg ins Dorf gegangen, die Welt der Irrtümer, denn ich denke, daß der Ausflug hier zu Ende ist, während er erst beginnt. Wir wollten zu einem Tempel im Fluß gehen, aber es ist nicht dieser Fluß, wir müssen über Land weiter bis zum Dorf Kyauktan. Ochsenwagen und Kutschen stehen zur Verfügung, aber wir schlagen in der Annahme, der Tempel befinde sich ganz in der Nähe, jedes Angebot aus und machen uns auf den Weg.

Schon bald haben wir das Dorf hinter uns gelassen. Ruinen schimmern durch die Bäume, wir sind die verlorenen kleinen Gestalten, die man auf großen Landschaftsgemälden des 17. Jahrhunderts sieht, gerade noch gut genug, um deutlich zu machen, wie groß die Bäume sind und wie eigenartig gruppiert. Sie haben nie Gesichter, diese Gestalten, es sind namenlose Schemen mit einem Knappsack am Stock, irgendwo neben dem Weg, in einer Höhle oder in einem Wirtshaus werden sie ihre gemalten Körper zur Ruhe legen. Ebenso anonyme Vögel fliegen durchs Bild, im Wald streifen Bruder Hirsch und Bruder Wildschwein umher, in der Ferne treibt der Bauersmann seine weißen Ochsen mit der Peitsche an. Kleine Sandwölkchen um unsere Füße, es ist sehr still, man hört nie etwas auf diesen Bildern.

Die Leute, denen wir unterwegs begegnen, sind Eingeborene, so hieß es früher in Erdkundebüchern. Mir gefiel dieses Wort, genauso wie »einheimisch«. Es bedeutete, daß man selber nicht dorthin gehörte. Man war »ausheimisch«, ein Wort, das es nicht gibt, genausowenig wie »Ausgeborener«. Eingeborene haben nackte Füße und gehen mit leichten, sehr gleichmäßigen Schritten am Wegesrand. Die Männer spielen mit irgend etwas in den Händen, die Frauen tragen eine Last auf dem Kopf. Sie lachen und grüßen, die Kinder drehen sich noch einmal um und rufen etwas. »Hello!« Und wir rufen zurück: »Hello! hello!« Der Weg macht eine Biegung und schwenkt langsam abwärts, und an diesem Punkt wird uns klar, daß wir so nicht zu unserem Ziel kommen, die Ebene ist zu weit und zu groß, zu unbeschrieben. Der Tempel muß weiter weg sein, und so halten wir den Landrover an, der uns überholt, und lassen uns zwischen die anderen pferchen. Im Dorf, in das wir jetzt kommen, weiß jeder, wo wir hin müssen, hier gibt es keine Geheimnisse. Der Landrover stoppt am Flußufer, wo Frauen auf Steinstufen ihre Wäsche waschen, unten warten lange, schmale Boote, die uns zur Pagodeninsel bringen werden. Wir entrichten einen kleinen Obolus, ein ernster Junge rudert uns mit gekreuzten Riemen zu den moosigen Stufen und bedeutet uns, die Schuhe schon im Boot auszuziehen. Wo wir anlegen, warten ein paar Soldaten mit gewaltigen Schnürstiefeln in den zarten Händen. Wir stützen uns gegenseitig beim Aussteigen und bringen mit unseren unbeholfenen Körpern das Boot zum Schwanken. Alle lachen. Ich sehe, daß der Fluß hinter den Tempelgebäuden weiterfließt, daß die andere Uferseite leer und dürr ist. Die Gebäude sind golden und silbern und bonbonfarben bemalt und mit Spiegelstücken und farbigem Glas besetzt; würde man daran lecken, hätte man den Geschmack von Zucker auf der Zunge.

Ein lebender Mönch liegt lang ausgestreckt vor einem erleuchteten Buddha, eine Blume in der Hand. Prosternation nennt man das bei den Trappisten, Niederwerfung zum Zeichen der Unterwerfung, eine ausgestorbene Haltung, aber der Körper kann es noch immer, dem Boden gleich werden, etwas werden, über das man gehen kann. Ich bleibe stehen und schaue eine Weile zu, als wollte ich nicht glauben, daß er tatsächlich lebt, aber Katrien zieht mich weiter. Wahrscheinlich meint sie, so dürfe man nicht zuschauen. Die gemalten Szenen verstehen wir und dann auch wieder nicht. In einem ach so blauen Fluß steht ein seltsam aufgerichteter, kegelförmiger Hügel. Darüber nähert sich, aufrecht über den leuchtenden Himmel schwebend, der Buddha mit einem Strahlenkranz um den Kopf. Ich weiß nicht, wie ich den Ausdruck auf seinem Gesicht beschreiben soll, vielleicht als einfältige Weisheit. Hinter ihm ein Gefolge anderer Gestalten, schwebend wie er, ein heiliger *slipstream*. Sie haben keinen Strahlenkranz. Bewegt sieht sie aus, diese schwebende Prozession, als wäre sie einer Thermik ausgesetzt. Mönche, Jünger, Schüler, Schatten seiner selbst, wer kann es sagen? Die Reihe zieht sich bis in die entferntesten Fernen des leeren Himmels hin. Auch von der anderen Seite, hier freilich über den Fluß, nähert sich eine sonderbare Gesellschaft, ein zum Kreis aufgewickelter Drache – vielleicht auch eine Schlange –, der aus seinem großen, giftigen Kopf faucht und auf dem Rücken einen Felsen mit Ruinen trägt. Ich würde mir ja gern etwas dazu denken, aber es ist mir nicht möglich, das einzige, was mir dazu einfällt, ist eine Szene aus einem Buch von jemandem, der nach Ladakh gereist ist und in einem Kloster vor einem Gemälde steht, das er ebenfalls nicht deuten kann. Ein Mönch gibt ihm Erläuterungen, aber als der Reisende weiterfragt, sagt er: »Keine Fragen mehr. Keine Fragen mehr! Vergiß möglichst viel von dem, was wir gesagt haben. Vielleicht steckt ein völlig anderes Leben dahinter, eine andere, abweichende Bedeutung. Lege nichts fest. Wirf alles weg, was du verstehst. Sonst verliert es alles Leben, und du siehst nur noch die Vorstellungen, die du davon hast. Wenn jemand auf den Mond zeigt, und du siehst ihn, starrst du dann weiter auf den Finger?«

Ich lasse den Erleuchteten weiter durch die Luft fliegen und drehe mich um. Durch ein entfernter gelegenes Fenster kann ich das leere Flußufer auf der anderen Seite wieder sehen, die Art Land, die ich vom Flugzeug aus sah, Schrift ohne Schnörkel, Erde, altes Papier.

Wir lassen uns zurückrudern. Im Wasser wimmelt es von Fischen, die wissen, daß sie hier gefüttert werden. Es scheint, als trügen sie das leichte Boot.

Es bleibt ein Mittag der Bilder. Der Mann mit dem Landrover bringt uns auf dem Weg nach Syriam zu einer weiteren Pagode. Wir streifen über das Tempelgelände. Auf einer hohen Veranda sitzen zwei Mönche, draußen spielen zwei Hunde im Staub. Ich klopfe mit dem Knöchel meines Zeigefingers an eine große Bronzeglocke, und selbst das erzeugt einen Laut: So also flüstert Bronze. Einer der Mönche winkt uns und zeigt uns eine Vitrine voller Greuel. Er erklärt, was wir sehen, aber wir verstehen ihn nicht. Ausgestochene Augen, Blut, eine alte Frau mit einer seitlich herauswachsenden Brust und einem Hackmesser, ein Beinahe-Gerippe; das Leiden der Welt, das Prinz Siddharta sah, als er seinen Palast verließ, vielleicht ist es das. Dann kommt der andere Mönch auf mich zu und sagt in Hoch-Englisch: »Could you kindly give me a donation of one kyat, Sir?«

Ich reiche ihm die winzige Münze.

»God bless you.«

An diesem Abend wollen wir mit dem Zug nach Mandalay fahren, eine Reise von fünfzehn Stunden. Aber erst möchte ich noch zum Pagan Book House von U Ba Kyi. Die Adresse habe ich von Ian Buruma in Hongkong bekommen. Der Laden ist klein und gemütlich. Neue Bücher gibt es nicht, nichts darf, so erfahre ich, importiert werden. U Ba Kyi ist auf die Bücher angewiesen, die Besucher bei sich haben oder die es noch in Birma gibt. Ich sehe einen Stapel verlockender Titel vor mir, aber darauf liegt ein Kärtchen, daß sie für Dr. van Schendel bestimmt sind. Der Glückliche. Ich versuche, das Gespräch auf die Politik zu bringen, werde aber äußerst höflich auf Distanz gehalten. Das Buch, das ich kaufe, sieht aus, als sei es vor vierzig Jahren gemacht worden, Papier aus irgendeinem Krieg, Fotos von einem eisigen Blau, auf denen kaum etwas zu erkennen ist. *Travellers Guide to Burma,* von Kanbawza Win: »Burma is your oyster, ready to reveal her pearls in the most enchanting way.« Und so war es. Die Preise stimmen nicht mehr, doch durch den sagenhaften Unterschied zwischen Schwarzgeld und Staatsgeld ist alles reinste Fiktion geworden, der Traum des Anarchisten.

Grün ist der Bahnhof, und exakt um 18.15 Uhr beginnt das große Gebimmel: Der Zug setzt sich schaukelnd in Bewegung. Wir haben *upper class* und *reclining seats,* große, mit weißen Tüchern bezogene Friseurstühle mit verchromten Fußstützen, die sich verstellen lassen. Der Zug hat die wunderbar langsame Geschwindigkeit, bei der man die Schweißnähte in den Schienen noch spürt, auf die man Klanggedichte singen kann, »gedunggedung« und »dengedengedeng«. Wir fahren an Hinterhöfen vorbei. Feuer, der Geruch von Rauch, richtigem Rauch von brennendem Holz. Vor diesen Feuern kauern Frauen, das Abendessen wird bereitet. Sie schauen zum Zug, wie sie es jeden Abend tun. Ein Mann kommt vorbei, der Comics für die Dauer der Fahrt verleiht. Abend. Fluß. Nebel. Eine Pagode im Dunkel mit einem blau beleuchteten Buddha. Der Offizier vor mir schläft bereits. Er ist ein sehniges Kraftbündel, seine kurzärmelige Uniform ist tipptopp gebügelt, die Schuhe glänzen. Draußen sehe ich noch ein Ochsengespann mit gesenkten schweren Köpfen. Es scheint, als säßen überall Vögel in den Bäumen, aber es ist die Form der Blätter. Dann ist auch das nicht mehr zu erkennen, und Nacht hüllt uns ein. Feuerstellen sehe ich noch, menschliche Schattengestalten, und sie sehen uns, das gelbe Licht der kleinen Fenster, unsere schwankenden Köpfe. Punkt halb zehn gibt die Batterie meines Walkmans den Geist auf, die Stimme Don Giovannis verliert ihre Gültigkeit und produziert Würggeräusche. Er hat sich hier ohnehin nicht wohl gefühlt. Alle schlafen oder versuchen es. Katriens dunkles Haar und Sjoerds geschorener Schädel wiegen sanft hin und her. Ich sehe das geöffnete Skizzenbuch auf Sjoerds Schoß, Lichtblitze in einer düsteren Zeichnung.

In der Toilette steht mir das Wasser bis zu den Knöcheln, es schwappt wie in einem Modell des Delfter Instituts für Angewandte Technologie. Der Moslem auf der letzten Bank verrichtet zwischen den Bänken kniend sein Abendgebet; bei dem Teil, bei dem er stehen muß, erhebt er sich mit geschlossenen Augen und schwankt wie der Zug hin und her. Sein Bruder liest ein Comic-Heft, der Chinese auf der anderen Seite des Gangs stellt mit einem Kugelschreiber Berechnungen in seiner Handfläche an, der Mann vor ihm liest einen Brief in birmanischer Schrift, die aussieht wie ein Code. In derselben Reihe stillt eine Mutter ihr Kind. Neben ihr sitzt ein Australier mit der *Far Eastern Review*. Ich denke an den Krieg und daran, was diese Eisenbahnlinie damals bedeutete*, und torkele an meinen Platz zurück. Die Jalousien sind heruntergelassen. Als wir später anhalten, werden Kinder daran klopfen, ein Wald von Kindern. Ich kurble die Jalousie hoch. Sie halten Essenswaren in die Höhe, aber bevor irgend etwas über die Bühne gehen kann, fährt der Zug weiter. Ich bewahre die Vision all dieser emporgestreckten Arme, der uns zugewandten bemalten Gesichter im Lichtschein des Zuges.

Wie man als Embryo in einem Friseursessel schlafen kann, weiß ich nicht, aber ich werde mit der physischen Vorstellung von Schmerz wach (0.15 Uhr) und höre gewaltigen Lärm menschlicher Stimmen, und darin ein vielfach wiederholtes Segment, das klingt wie »pera pera, pera pera pera«. Sehr drängend und werbend wird es gerufen. Ich kurble meine Eisenrollos hoch, stehe aber vor einem Gitter. Der Offizier reicht seine Sachen auf der anderen Seite, ohne hinzuschauen, aus dem Fenster, er ist sicher, daß sie ihm abgenommen werden. Auf dem Bahnsteig drängt sich eine Wolke von Kindern vor den Fenstern, es sind Hunderte, mit Masken aus Sandelholz und Schlaf. Dies ist das Bild, das mir später immer vor Augen stehen wird, wenn ich an Birma denke, diese nächtlichen Kinder mit ihren Körben und Schüsseln voll Essen, die Eier mit gefalteten Stückchen Zeitungspapier versehen, in denen Salz ist, die kleinen Hände, die Früchte in die Höhe

* Ich war der Meinung, dies sei die berüchtigte *Burma Railroad*. Dem war aber nicht so: die liegt in Thailand.

halten. Das eigentümliche Licht unter der Überdachung, ihre bemalten Gesichter, der Schlaf und die Spannung, die Hoffnung, etwas zu verkaufen. Ein Mädchen trägt einen roten Tontopf auf dem Kopf, in dem eine metallene Teetasse schwimmt. Ich halte ihr die flache Hand mit den Münzen hin, und sie nimmt fünfzig Pyas heraus und schenkt sofort nach, als ich den ersten Schluck genommen habe. Die ganze Szene wirkt wie ein Gemälde von Ensor, die maskierten, lachenden Gesichter, das hohe, schrille Geräusch ihrer Stimmen, das erstirbt, als wir langsam wegfahren und wieder der nächtlichen Landschaft verfallen, in der ein mehr als halber Mond senkrecht steht. Als der Zug eine Stunde später wieder hält, macht niemand mehr die Rollos auf. Es muß irgendwo mitten im Land sein. Die Stille ist absolut, ich höre alle atmen wie in einem gigantischen Hochzeitsbett. Dann kräht ein Hahn die Lichter des Zugs an, ein Hund, der davon wach wird, heult hoch und lang, und dann kommt, sehr jung und, während jetzt alle einen Pullover gegen die nächtliche Kälte tragen, mit entblößter Schulter ein Mönch herein, Benediktus auf dem Weg nach Nuria. Ich schlafe wieder ein und träume, daß ich Katrien küssen will, und das geht schief, und dann will sie mich küssen, und das geht ebenfalls schief. Vorsichtig kurble ich die Jalousie ein Stück hoch und sehe durch die Ritzen, daß Grau am Zug klebt. Jetzt öffne ich sie ganz. Die Landschaft ist fast weiß vor Gräue. Ich wecke Katrien, und sie schaut hinaus, als sähe sie es noch nicht ganz, und sagt dann »holy morning«. So etwas Ähnliches ist es. Die Sonne steigt auf wie ein Mond, und ich nehme die Bilder in mir auf, die man sieht, wenn die Welt ausgerollt wird, zwei sich balgende Ferkel, eine goldene Pagode, ein Schilfflechter, neun orangerote Mönche mit noch leeren Näpfen, ihre Prozession auf einer staubigen Landstraße, und dann stelle ich diese Zeilen um:

> Die Sonne hat die Farbe
> ihrer Kutten.
>
> Ihre Kutten haben die Farbe der Sonne.
>
> Neun Mönche
> auf einer staubigen Landstraße.
>
> Ihre Bettelnäpfe
> noch leer.

Sieht aus, als ob sie Puder ausgestreut hätten, sagt Sjoerd hinter uns, und es stimmt, ein grauer Lichtpuder liegt über allem, Ochsen, Hütten, gemarterten Bäumen. Gemächlich läuft der Zug in Thazi ein, und ich höre diesen Namen durch den Wagen gehen, »Thazi, Thazi«. Dies ist der Punkt, an dem die Strecke doppelgleisig wird, der Zug aus Mandalay ist gleichzeitig mit uns eingelaufen, doch die beiden Züge sind durch Stacheldraht getrennt. Zwei Männer in unserem Wagen waschen sich, weit aus dem Fenster gebeugt, Kinder gehen am Stacheldraht entlang mit Wassereimern und kleinen Gefäßen, mit denen man sich das Naß ins Gesicht schütten kann. In dem anderen Zug füttert eine Mutter ihre beiden Söhne, sie stopft ihnen klebrigen Reis aus einem gefalteten Palmblatt in die Münder.

Mandalay. Der junge Mönch geht vor uns her, und ich denke an die Sutras in seinem Kopf, die ich nicht kenne. Er wird von zwei anderen Mönchen erwartet, und wie drei Flaggen entschwinden sie über den Bahnhofsvorplatz. Wir werden ebenfalls erwartet. Junge Männer umschwärmen uns und wollen uns in irgendwelche Hotels bringen, aber wir wissen bereits, wo wir hinwollen. Auch Mandalay ist schachbrettartig angelegt, und zwischen den großen Karrees zeigen wir auf unser Hotel, Man Shwe Myu, an der 31. und östlich der 81. Straße. Fragen Sie mich nicht, wie das möglich ist – es ist so. Die Numerierung erinnert an New York, doch nichts könnte ferner sein. Die Straßen sind breit und von Bäumen gesäumt, das hier herrschende Tempo ist das einer Sanduhr. Der Hotelbesitzer ist ein alter Chinese, wir dürfen im Wohnzimmer Platz nehmen, bekommen Tee mit Keksen und lauschen einer Geschichte von seinem Sohn, der es weit gebracht hat. Sein anderer Sohn, der es nicht so weit gebracht hat, zeigt uns die öffentliche Waschgelegenheit und die Zimmer. Von allen Hotelzimmern, in denen ich je geschlafen habe, ist dies das kleinste, es ist kein Zimmer, sondern ein Käfig, und es liegt neben anderen Käfigen an einem schmalen Flur. Die Holzwände reichen nicht bis zur Decke, es sind Trennwände in *einem* Raum, nachts höre ich die anderen seufzen und träumen. Mein Bett ist so schmal wie derjenige, der ich war, als ich *Das Paradies ist nebenan* schrieb, ein vielmals geflicktes Moskitonetz hängt darüber, heute nacht werde ich mich mit Zitronellöl einschmieren. Wenn ich stehe, kann ich beide Holzwände berühren. Der Waschplatz unten ist ein Steinkabuff mit – schon wieder – einem gesprungenen Spiegel. Hinter ungestrichenen Holztüren befinden sich zwei Steintröge, Tränke für Großwild.

Auf dem Wasser schwimmt ein Topf, mit dem man das Wasser aus dem Trog schöpfen und über sich gießen kann. In dem Kabuff neben mir höre ich Prusten und Röcheln, unter der Abtrennung läuft Wasser durch, jemand macht große Wäsche.

Beim Schreiben einer Reiseerzählung gibt es immer ein Jetzt und ein Damals. Es ereignete sich damals, ich schreibe es jetzt. Zu kompliziert darf ich es, was die Zeit anbelangt, nicht machen, doch es bleibt ein tückisches Wort. Ich habe bereits von der Dischronie gesprochen, dem Gefühl des Gespaltenseins, das man in Birma erlebt, als wäre man aus seiner eigenen Zeit gefallen und lebte in einer, die es früher schon mal gegeben hat. Das ist, sagen wir mal, eine romantische und philosophische Vorstellung. Was ich mit dem Jetzt und dem Damals meine, ist etwas anderes, es stammt aus der Praxis. Damals war ich da, jetzt schreibe ich darüber, aber das ist schwierig, denn trotz meiner Notizen scheint es, als hätte sich die Zeit verdickt, als könnte ich ihr nicht mehr alles entnehmen, was ich dort und damals gesehen habe. Schuld daran ist diese eine Woche, sie hat eine solche Gier in mir bewirkt, ich habe einfach mehr gesehen, als ich behalten konnte und jetzt beschreiben kann. Ganze Stücke fehlen. *Einen* langen Tag hatte ich in Mandalay, ich bin, rückwärts im Beiwagen neben dem Fahrradfahrer sitzend, an den Mauern des ehemaligen königlichen Palasts entlanggefahren, an zinnenbewehrten mittelalterlichen Mauern, die einst den nun verschwundenen, verbrannten Holzinnenhof der letzten Könige von Birma umschlossen, bis diese von den Engländern unterworfen wurden. Quadratisch war der Palast, jede der vier Außenmauern ist zwei

Kilometer lang. An jeder Ecke einer Königsstadt wurden in jener Zeit Fässer bis zum Rand mit Öl gefüllt und dann vergraben. Alle sieben Jahre untersuchten Brahmanenpriester die Fässer und ihren Inhalt und zogen daraus ihre Schlüsse über den geistigen und materiellen Zustand des Palastes, des Hofes und damit des gesamten Königreichs. Der Palast war der Mittelpunkt des Kosmos, und wenn die Fässer in Ordnung waren, dann war auch der Kosmos in Ordnung. Gingen sie entzwei, so brach man auf und suchte sich einen neuen Palast und damit einen neuen Mittelpunkt der Erde. Zweiundfünfzig Bewohner der näheren Umgebung wurden rings um die neue Königsstadt lebendig begraben, um dem König als Schutzgeister zu dienen (mit den höheren Formen des Buddhismus hat das natürlich nichts mehr zu tun, aber die Birmanen glauben leidenschaftlich an *nats,* Geister für alle Zwecke, gute wie böse). Die Priester bei Hofe waren Hindus. Es waren Kinder, die auf diese Weise geopfert wurden, und sie mußten makellos sein, die Mädchen ohne Löcher in den Ohren, die Jungen ohne Tätowierung. So entstand auch Mandalay im Jahr 1858. Drei Kilometer vom Irawadi entfernt wurde der heilige Palast errichtet, fernab jeglichen Weltenlärms, vor allem dem handeltreibender Ausländer. König Mindon verließ die bisherige Hauptstadt Amarapura und nahm der Einfachheit halber sämtliche Einwohner mit. Innerhalb der Mauern wurde der Teakholzpalast erbaut, tote Kinder unter allen Türmen. Fünfundzwanzig Jahre später kamen die Engländer, benutzten die Frauengemächer als Unterkünfte, vertrieben Mindons Nachfolger Thibaw, den letzten in einer endlosen Reihe birmanischer Könige. Die Astrologen hatten sich geirrt, die Kinder waren umsonst geopfert worden. 1945 eroberten die Engländer Mandalay wieder von den Japanern zurück, wobei alles, was vom Königspalast noch übrig war, in Flammen aufging. Jetzt steht nur noch diese Mauer, aber es ist eine Mauer, die nichts umschließt, ein steinernes Skelett.

Später an diesem Tag fahre ich mit Katrien in einer kleinen Kutsche nach Mandalay Hill. Es gibt nichts, was die Idee des Verstreichens, des Verrinnens der Zeit so schön wiedergibt wie das Klickklack von Pferdehufen, eine hörbare Sanduhr, das Mysterium des Hin-und-Zurücks. Hin, weil wir irgendwo hinfahren, zurück, weil mit jedem Hufschlag ein Moment meiner Zeit gezählt wird. Es ist heiß, die Frauen am Straßenrand gehen unter glänzenden *parongs*. Da hält unser Fahrzeug im staubigen Sand, der Kutscher zeigt nach oben, eine nicht endende Reihe von Stufen, die unter einem Schutzdach aufwärtsführen. Er gibt uns zu verstehen, daß er auf uns warten wird, zeigt uns schadenfroh auf seiner Uhr die Zeit, die wir brauchen werden, und macht selbst mit zwei Händen neben seinem Kopf die Geste des Schlafens. Er darf.

Wir machen uns an den Aufstieg. Das beste, denke ich, ist, einfach auf die Stufen zu schauen, das hat eine hypnotisierende Wirkung. Nicht sprechen, nicht schauen, wie hoch und wie weit es noch ist, versuchen, hinaufzuschweben, zwei bleischwere Engel auf dem Weg zur Spitze. Was aber sind das für Engel, die keine Flügel haben? Schon nach zehn Minuten begehe ich Orpheus' Fehler, ich blicke zurück, sehe den steinernen Wasserfall, den ich erklommen habe, bleibe stehen, um auf die Landschaft zu schauen, und bin verloren, sie liegt da so hell und still, so braun und in sich geschlossen, in der Ferne der blaue Schatten des Shan-Gebirges, die glitzernden Pailletten des

Flusses, auf dem früher »Seide, Tamarinde, goldene Buddhas und manchmal Elefanten« transportiert wurden, sehe dann auch die hundertfach glänzende Eruption der Kyauktawgyi-Pagode und vor mir, plötzlich, als käme sie nirgendwoher, ein kleines Mädchen mit großen *thanaka*-Kreisen auf den Kinderwangen. Sie hält einen Kamm aus weißem Bein an Katriens Haare und winkt uns aus unserem Sklavengang an einen langen Tisch, auf dem andere Schmuckgegenstände liegen. Weshalb erhalten abgegriffene Ausdrücke gerade in solchen Ländern einen neuen Glanz? Natürlich hat sie »perlweiße Zähne«, aber das andere, *ein strahlendes Lachen,* sehe ich hier zum erstenmal, denn so ist es, dieses Lachen strahlt wirklich, es sendet etwas aus, trifft den Empfänger mitten ins Herz, diese alte Pumpe. Natürlich muß jetzt ein Kamm gekauft werden, und die kleinen Hände lösen Katriens Haar, versuchen es in einen birmanischen Knoten zu legen, der durch diesen Kamm Halt finden soll, doch dafür sind ihre Haare zu kurz, und so entsteht eine neue Frisur, durch die das Weiß des Kamms schimmert, clair-obscur, der schönste aller Widersprüche.

Und Durst, haben wir keinen Durst? Eine Flasche lauwarmer nebelfarbener Volkslimonade kommt zum Vorschein, aber sie kennen diese blödsinnigen Angewohnheiten der Fremden, aus einem großen Spreuhaufen wird Eis hervorgeholt, Staub und Spelzen der Getreidehülsen werden vorsichtig abgewischt, und das Getränk für eine Stunde wird von den gierigen Menschen in einer Minute ausgetrunken. Aber es sind keine Menschen, es sind Engel, auch wenn man das nur einem von ihnen ansehen kann; auf staubigen Füßen fliegen sie weiter, Stufe um Stufe, während die Landschaft zwischen Felsschluchten immer tiefer zurückfällt, Mauersegler die Dachränder umschwärmen, Kinder in Götterhaltungen im Schatten niedriger Mauern schlafen; Wasserbüffel am Fluß in der Ferne, die gezackte Furche der Palastmauer, die abgezirkelten Straßenquadrate von Mandalay, höher, immer höher hinauf. »Pies«, rufen die Kinder, »pies«, und heben die kleinen Hände in der Churchill-Geste, seltsame Winterbäume mit Blättern wie Messer, die Glocke eines Priesters, Votivtafeln, die ich nicht lesen kann, die Stupas unten wie heilige Pickel auf der Haut der Welt; und dann sind wir oben, Auge in Auge mit dem schrecklichen Buddha, der uns drohend zurückweist. Dieser hier strotzt vor Gold, er hat auf dem Weg nach oben seinen Gleichmut verloren, seinetwegen bin ich nicht hier hinaufgeklettert, ich wende mich von seinem hoheitsvollen Goldfinger ab und schaue über die Balustrade nach Norden, auf die wogenden Reisfelder, auf Palmen, die sich im sprachlosen Wasser spiegeln.

Die Zeit damals, die Zeit jetzt. An diesen Blick erinnere ich mich, daß ich in einer Nische saß, eingebettet in Stein, als ob ich selbst eine Statue wäre und somit nicht sähe, was ich sah, das Standbild und seine Abweisung, die Shan-Berge, die in ihrem vagen Blau so verschlossen wirkten, die ich aber am liebsten aufgesucht hätte, wenn es möglich gewesen wäre. Katrien durchstreift die Steinebene dort oben, ganz leichten Wind im Haar, ein Mann mit einem kleinen Transistorradio folgt ihr. Auch ich erhebe mich wieder, lese eine Marmortafel mit bereits halb verwaschenen Buchstaben: »A contribution to the Amount of Rs. 2500 by the 4th Br. Prince of Wales Gurkha Rifles to His Holiness Venerable U Khan Ti. In a night attack on the 8th of March ... captured Mandalay Hill ... in that gallant and fierce assault ... dead ... wounded ...

1945 AD«, und während wir über die Absonderlichkeit nachdenken, daß sogar hier, im Herzen des Buddha-Lands, die Zahl von Bethlehem die Mahnmale erobert hat, machen wir uns an den Abstieg genau in dem Augenblick, da wir Sjoerds geschorenen Schädel auf uns zukommen sehen, eine Schar nachdenklicher, stiller Kinder im Schlepptau. Wie eine königliche Familie klappern wir getrennt in die Stadt zurück, streifen über den Markt, der selbst so groß ist wie eine Stadt, und in dem Dunkel, das uns umkriecht, kaufe ich Seide von der Farbe dieses Dunkels, matt schimmernde, rechteckig gefaltete *longyis*, die mir später in Bangkok gestohlen werden. Wir essen Bernstein mit Marmor, der an unseren Fingern klebt, lachen und beantworten Grüße, probieren Schuhe aus Gummireifen an, kaufen Sandelholzpaste in der Hoffnung, daß Katrien sich damit Kreise auf ihre Wangen malen wird, und gehen dann durch die Nacht nach Hause, Friede, Schwüle, leise Gespräche am Boden hockender Leute. Im Hotel ist es so still wie in einem Schiff, das nachts in einer Bucht ankert, ich höre den schlafenden Atem der anderen hinter der Trennwand, wo ich schlafen muß, und es ist, als ob sich das Holzgebäude auf diesem Atem sanft wiegt – wiegt, knarrt und schwankt. Im öffentlichen Schlafraum am Ende des schmalen Flurs liegen in Tücher gewickelte Leichen, bewacht vom goldenen Ein- und Demselben. Vorsichtig, sonst treibt das Schiff ab, klettere ich auf meine hohe Holzpritsche und wickle das Moskitonetz um mich, warte, bis der Bilderreigen des langen Tages vorbeigezogen ist und das gesichtslose Schwarz beginnt, das in den Schlaf führt.

*März 1986*

Was eigentlich das Traumhafte an einem Traum ist, wissen wir nicht, zumindest wissen wir nicht, wie es zu beschreiben wäre. Die *Geschichte* eines Traumes, mag er auch noch so merkwürdig sein, kann man vielleicht noch nacherzählen, was aber diesen Traum zu einem Traum machte, also das Traumhafte (nicht das Träumerische) daran, entzieht sich meist einer Beschreibung in Worten. Hin und wieder geht es einem auch bei der Wirklichkeit so. Um uns der Pflicht der Beschreibung zu entziehen, sagen wir dann, es sei »wie ein Traum«. So ähnlich geht es mir mit Birma. Die vergangenen drei Tage waren vielleicht die ausgefülltesten meines Lebens. Es passierte zuviel, ich sah zuviel, und was ich sah, war zu groß, war mit anderem nicht vergleichbar. Die Erinnerung weigert sich, es wieder herzugeben, liefert lediglich Ausschnitte, traumhafte Fetzen, es war zuviel, und ich war zu erfüllt von allem. Ich habe ein ganzes Buch mit Notizen, aber ich kann sie nicht mehr sinnvoll aneinanderfügen. Alt, heilig, Stille, Hitze, das sind die Schlagworte, und dazwischen die bewegten Bilder der Birmanen vor der allesbeherrschenden Lichtkulisse. Dazu noch Heimweh, dieses merkwürdige Wort, das etwas in der Vergangenheit benennen soll, sich bei mir jedoch in die entgegengesetzte Richtung wendet und dann vielleicht auch anders heißen müßte; Heimweh nicht nach, sondern *um* etwas, das Wissen, daß diese Welt da nicht so bleiben wird, daß der Schleim raubgieriger Vulgarität auch sie überziehen wird, die maßlose Langeweile des Geldes, die wahre Völkerscharen in die letzten noch nicht verdorbenen Winkel der Erde treibt, um dort den Wunsch nach Unschuld gegen deren Verderb einzutauschen. Das ist der Widerspruch, und ich bin ein Teil davon. Mir hat mal jemand, der aussah wie Don Quijote in dem Porträt von Gustave Doré, unwiderlegbar und streng den Grund dafür genannt, weshalb man nicht reisen sollte: Egal wohin man kommt, man sitzt stets auf dem Stuhl eines anderen, man gehört dort nicht hin, und der Stuhl, der eigens für einen angefertigt wird, weil man weiß, du kommst, ist kein richtiger Stuhl. Ich habe ihn zwar verstanden, mich aber nicht an seine Worte gehalten. Natürlich habe ich mir selbst eine Legitimation ausgestellt: Ich bin nicht der dumme Tourist, ich lasse mich nicht wie ein Schwarm Schmeißfliegen durch die Uffizien oder die Akropolis scheuchen, ich lasse mir Zeit, ich vertiefe mich in die Materie, ich will notfalls wie Staub im Stein verschwinden, um wirklich dort sein zu dürfen, aber die Wahrheit bleibt: Dadurch, daß man irgendwo auftaucht, verändert man das Irgendwo, wo man auftaucht. Vielleicht ist das in Florenz oder Kioto nicht schlimm, was aber ist mit Bali, dem Dogon-Tal in Mali, Pagan in Birma? Für mich selbst habe ich keine Lösung gefunden, vor allem nicht, weil ich das Reisen nicht lassen kann, ich könnte nicht leben, wenn ich mich nicht von Zeit zu Zeit irgendwo völlig aus dem verschwinden lassen könnte, zu dem ich angeblich gehöre. Mit diesem Widerspruch muß ich leben.

Ich bin schon ein paarmal wach geworden und habe im Dunkel meines komischen Käfigs zwischen den anderen Schläfern in dem chinesischen Hotel nach meiner Uhr getastet und unter dem Moskitonetz für einen Augenblick mein Feuerzeug aufflammen lassen. Dann sah ich einen

Fetzen des schmutzigen Brautschleiers, der mich nicht wirklich schützen konnte, und wartete weiter auf den Augenblick, da nackte Füße über den Flur schleichen würden, um uns in unseren abgetrennten Kabuffs für den Vier-Uhr-Bus zu wecken. Schlurfen, Knarren, Kratzen an der flüchtigen Tür: »Sah, sah, time get up, go bus.«

Ich höre über drei Trennwände hinweg, wie auch Sjoerd und Katrien geweckt werden, raffe meine paar Habseligkeiten zusammen und wasche mich in dem Steinkabuff unten, sehe, wie Katrien sich in dem gesprungenen Spiegel die gesprungenen Haare kämmt, als begänne der Tag mit Picasso. Die Rechnung haben wir bereits am Abend beglichen. Der alte Chinese hat jedem von uns eine kleine Eule geschenkt, die uns jetzt als Talisman begleitet. Draußen steht, in die Dunkelheit gehüllt wie in ein Gewand, ein Mann mit einem dreirädrigen Gefährt. Wir legen unser Gepäck in den Beiwagen und folgen zu Fuß dem feurigen Punkt seiner Zigarette. Niemand ist nach Sprechen zumute, wir gehen unter der dunklen Masse der Bäume, in den Holzhäusern brennt noch kein Licht. Je näher wir der Abfahrtsstelle des Busses kommen, um so mehr leise Stimmen hören wir in der Dunkelheit und Sandalengeschlurfe auf dem Asphalt. Der Bus steht bereits da, umringt von Heimatlosen, ein Filmanfang, es will einfach nicht Wirklichkeit werden. In jedem Kopf nistet noch der Schlaf, die Welt hat keine Konturen, die Stimmen kein Volumen, auch dies ist das Hoheitsgebiet des Traums. Das Gepäck verschwindet auf dem Dach und wird festgezurrt, wir lassen uns wie Schafe hineintreiben, aber wir sind zu viele, kleine Stühle werden zwischen den Sitzbänken aufgestellt, keiner murrt, jeder ist in sich selbst gehüllt, das serielle Geräusch verschleierter Stimmen fächelt durch den Bus und braucht nicht gedeutet zu werden, weil wir ohnehin nichts verstehen. Wir selbst sagen nichts, sehen, wie die Lichter des Busses angehen und einen Kreis der Sichtbarkeit ins umringende Dunkel legen. Dann beginnt etwas zu vibrieren, zu brummen, leise zu rütteln – Abschied von Mandalay. Der alte Mann im Gang lacht und zündet sich eine *cheroot* an, als wäre es eine Lunte, der bittere Brandgeruch verbindet sich mit der nächtlichen Kulisse draußen, in der Scheibe sehe ich mein eigenes wackelndes, verzerrtes Gesicht in einem gelblichen Nimbus und dahinter, bereits verschwommener, das von Katrien und die Lunte im Gesicht des Mannes, der unter seinem Kopftuch nach vorn schaut und über irgendeinen geheimen Gedanken lacht. Eine halbe Stunde dauert der Flug mit Air Burma, acht Stunden der Bus, zwei Tage die Fahrt auf dem Irawadi. Letzteres hätten wir gern gemacht, aber man hat uns gewarnt, daß das Boot in dieser Jahreszeit manchmal auf eine Sandbank läuft, und dann bliebe keine Zeit mehr für Pagan.

Wir haben nie eine richtige Bezeichnung für zeitliche Phänomene gefunden. Ich weiß, daß Zeit in alle Richtungen läuft, daß meine Uhr die Stunden auch dann weiterzählen würde, wenn der Bus nun plötzlich umdrehte und zurückführe. Die Zeit ist nichts, wir schreiten in ihr voran, das ist alles, aber dadurch scheint es doch, als wäre sie vor mir, in diesem Lichtschein vor dem Bus, dem wir nacheilen. Die Welt selbst ist die Uhr, noch einen Moment, und das ganze Zifferblatt wird hell, die Landschaft enthüllt. Wenn ich weiter hinausstarre, werde ich es sehen, Sekunde um Sekunde, die Entdeckung von Sträuchern, von Gras, von Schweinen, Hütten und Menschen, von Ochsenkarren im Feld. Mir ist, als hätte ich es noch nie so gesehen, als wäre alles noch aus Ton und müßte von seiner Tonschicht befreit werden, als finge die Bewegung der Bilder erst danach an, von Schwarz über Grau und Gräulich zu dem Weiß, das noch wie Schminke auf allem liegt, und dann setzt plötzlich das Zischen und Fauchen farbigen Lichts ein, Rot, die Sonne rollt in die Welt am Ende der vertrockneten Ebene, sie radiert die dürren Sträucher, sie wird sie entflammen. Nun ändert sich auch das Stimmvolumen im Bus, Augen leuchten auf, Zigaretten werden angezündet, aus dem Gemurmel lösen sich einzelne Männer- und Frauenstimmen, man könnte meinen, daß Kinder geboren wurden, weil man sie erst jetzt hört, da sie aus Tüchern und Stoffetzen zum Vorschein kommen. Es ist ein magischer Augenblick, die Finsternis wird abgeschüttelt, die Angst vor der geheimen Nacht mit ihrem unbekannten Bösen besiegt, abgelegt, als zwitschernde, leise krähende Menge fahren wir in unserem mobilen Pferch weiter, ein Haufen Menschen unterwegs. Ich will etwas sagen, verzichte jedoch darauf und ertappe mich statt dessen bei so etwas Ähnlichem wie übermütigem Gesumme, die Welt ist in Ordnung, das muß es sein, was man Glück nennt.

Nach etwa einer Stunde halten wir an. Was mir von diesem Augenblick noch geblieben ist, ist eine Kette von Bildern, die ich für immer bewahren werde. Das klingt pathetisch, und ich lasse es so. Hundertmal im Leben kommt man irgendwo an, und dies war die Ankunft; wäre ich ein deutscher Philosoph gewesen, so würde ich vielleicht sagen: die absolute Ankunft, das Vorbild für alle weiteren, die Erinnerung an alle vorangegangenen. Diese

Ankunft ist die emblematische, sie ist in einer Radierung verewigt. Der Bus fährt in das kleine Dorf, und ich spüre an den anderen, daß wir hier halten werden. Kinder rennen schreiend neben dem Bus her, Hunde, Frauen mit Körben voller Früchte auf dem Kopf, ein Mann auf einem Pferd, alles bewegt sich in diese eine Richtung, eine Flut. Dann schwenkt der Bus an den Straßenrand, wo ein paar niedrige Holzhäuser stehen. Wir steigen aus, steif wie Puppen, nur die Kinder fliegen hinaus, als schlügen sie eigentlich Saltos, wir haben Holzgelenke. Es ist noch kühl, ich rieche ein Holzfeuer, sehe einen Ofen, in dem Reisig auflodert, sehe auch den Rauch überall, die Bewegungen der anderen wie in einem zu schnell laufenden Film. Dies ist der große Augenblick, erst in vierundzwanzig Stunden kehrt er wieder, die Ankunft des Busses aus Mandalay; danach wird das Dorf der Hitze verfallen, weiterdösen in langgedehnter Trägheit, liegend, in faulen Gesprächen wird man die Neuigkeiten aus der Stadt besprechen, die dürftige Zeitung auf Kriegspapier aufmerksam lesen, werden die drei Fremden noch einen Augenblick existieren, die Frau mit dem üppigen schwarzen Haar und den Augen eines Tempelgemäldes, der Mönchskopf, der aussah wie ein Soldat und die Kinder zum Lachen brachte, der andere, der etwas in sein Buch schrieb, als wäre er ein Bezirksinspektor, eine Weile noch werden sie in Worten umhergeistern, um dann in dem großen Arsenal undeutbarer Fremder aus der Welt der großen Kühlschränke, des Schnees und flacher, weich schaukelnder Autos zu verschwinden, die man manchmal auf dem flimmernden Grau des Fernsehers vorbeiziehen sieht.

Und die Fremden selbst? Sie schlendern zum Ofen, sehen, wie weiße, flache Brötchen darin gebacken werden, wie aus geschwärzten Eisen- und Tontöpfen ein Mischmasch aus Fleisch und Zwiebeln geschöpft wird, sie suchen sich einen Tisch und gießen sich Tee aus Blechtöpfen ein, sie blicken auf die in sich selbst gefangene Welt, die so gut ohne sie auskommt, lachen zurück angesichts all der weißen Zähne, fühlen sich wie Katzen in der Sonne. So würden sie gern sitzen bleiben, bis der Tag vergeht, doch sie wissen, daß das unmöglich ist, daß ein Tag mit Landschaften voller Gewalt und Majestät folgen wird und am Ende der Fahrt: Pagan.

Die Ruinen von Pagan liegen auf einer Fläche von etwa sechzehn Quadratmeilen am Ostufer des Irawadi verstreut. Der Überlieferung zufolge regierten fünfundfünfzig Könige vom Jahr 108 bis ins vorige Jahrhundert. Plötzlich geht mir das Alberne dieser Zahl auf. 108. Hat es wirklich so ein Jahr gegeben? Die Liste der Könige ist beeindruckend, aber die Zahlen kommen einem wie die Seiten eines Buchs vor. Sie sind zu niedrig, das ist es. Thamudarit von Seite 107 bis 152, Yathekyaung von 152 bis 167, Pyusahti von 167 bis 242, eine lange Novelle.

Htiminyin war der Vater von Yimminpaik, der der Vater von Paikthinli war, der der Vater von Thinlikyaung war, und damit sind wir erst auf Seite 344. Wie in einer Litanei folgen die Namen aufeinander, und hinter jedem Namen steht Sohn, Sohn, Sohn, und dann Bruder, Bruder, Bruder, oder: ergriff die Macht, Schwiegersohn, Bräutigam, der die Macht ergriff, Priester, der die Macht ergriff, vom Hof ernannter Blutsverwandter, und ohne Stocken singt die apokryphe Linie weiter, bis nach 1017 eine Lücke entsteht und die historischen Könige anfangen. Ihre Namen stehen in Großbuchstaben da, und der erste,

Anorahta, ist der Sohn eines nicht historischen Königs. Ich murmele die Liste hinunter und denke nach. Wie ist das möglich, ein König, den es vielleicht gar nicht gegeben hat und der trotzdem von 964 bis 968 regierte? Wie wird man ein echter König als Sohn eines erdachten? Auf derlei Fragen habe ich lieber keine Antwort. Calvino hat sie sich ausgedacht, diese Könige, oder Borges, laß sie leben. Jedenfalls fangen sie zwischen dem 11. und dem 13. Jahrhundert an, die Tempel und Stupas zu errichten, die jetzt wie gestrandete Titanics in der verlassenen Ebene liegen. Ihre Weltstadt Pagan existiert nicht mehr, es ist ein Zweistraßendorf, der Bus will dort nicht einmal mehr halten, seine Endhaltestelle befindet sich in einem Marktflecken einige Kilometer davor. Wer in die tote Stadt will, muß mit Pferd und Wagen fahren, und so kommen wir hin, auf Strohballen, die Beine zu strategischen Fragezeichen verbogen, im Gesicht den Biß der Sonne. Nur zweimal habe ich etwas Derartiges bisher erlebt, in Persepolis und in Ayutthaya, eine Ebene voller Ruinen, das Skelett eines entschwundenen Lebens. Es stimmt wirklich, daß Pferdehufe »klick-klack« sagen. Von Zeit zu Zeit ruft der Fuhrmann (dieses Wort habe ich aus einem Lied) dem Pferd etwas zu, und das klingt in etwa wie das, was alle Fuhrleute immer rufen, »hü« oder »brrrr« oder so ähnlich. Das Pferd hört aufmerksam zu und tut nichts anderes als ohnehin schon, so ist es abgemacht. Sjoerd sitzt mit dem Gesicht nach vorn, er sieht die Ruinen als erster. Katrien und ich fahren rückwärts, wir sehen den gesprungenen Asphalt und die mastodonartigen verfallenen Tempel, die uns zum Schweigen bringen. Es gibt keinerlei Grund zu reden. Banyanbäume mit grotesk ausgebreiteten Armen, als würden sie füsiliert. Klick-klack, klick-klack. Das

Tempo von Königen, Pferden und Hunden samt aller sie begleitenden Geister. Die Sanduhr schreibt diese Gangart vor, sie läuft im gleichen Schritt wie die Geschichte. Die mongolischen Fußtruppen, die von Osten kamen, um dies alles zu verwüsten, hatten die gleichen Uhren. Das ist sechshundert Jahre her. Dreihundert Jahre davor kamen, klick-klack, die heiligen Therawada-Schriften, die buddhistischen Mönche, das Alphabet der Mon. Myriaden Tempel gab es damals, sagt die Überlieferung, die auch nicht schneller war, als ein Pferd laufen kann, jetzt stehen in dieser Ebene noch fünftausend Ruinen, die meisten nicht mehr als Kratzer, Bruchstücke, Nebengedanken, einige noch so groß wie Pyramiden. Wir sehen sie in der Ferne, und vorläufig weigern sie sich, beschrieben zu werden. Sie lachen uns aus.

Wiederholung des Gehabten: Wieder stehen wir im Büro von Tourist Burma und rennen uns die Schädel an der Mauer des Lächelns ein. Auch hier wieder geweißte Gesichter und volle Bücher. Wann wir nach Rangun zurückfliegen können? In drei Tagen sind unsere sieben Tage vorbei. *Come back tomorrow*. Das Flugzeug braucht eine halbe Stunde, Bus und Zug zusammen zwanzig Stunden. *Come back tomorrow*. Dieses Lächeln ist atemberaubend. Wir werden es jeden Tag sehen und nie dieses Flugzeug bekommen. Ich schaue auf den verschlossenen Blick des kolorierten Staatsoberhaupts, schlage den venedischen Höflingston an, den Schmeichelton des Zauberlehrlings – nichts hilft. Sie können leiser sprechen als Nonnen, rätselhafter dreinschauen als Tempelschlangen, ihr Lächeln ist reinster Honig. *Come back tomorrow*.

Das Hotel liegt auf einem Hügel und ist kein Hotel. Die Halle ist so groß wie ein Hockeyfeld, der Besitzer ist polychrom, die Stühle gehören Orwells verwerflichen Farmern, mein Zimmer ist die Gruft für eine komplette mailändische Familie, bis heute weiß ich nicht, ob es ein Fenster hatte. Im Duschraum am Ende des Flurs sitzt eine Ratte auf dem Waschbecken, sie sieht mich an und verschwindet dann langsam in einem Loch in der Wand. Hätte ich einen Hut getragen, ich hätte ihn vor ihr gezogen, die Ratte war vornehm. Auf dem Hof fegt ein Bediensteter den Staub an eine andere Stelle. Da liegt er besser. Der Hotelbesitzer nennt mich *friend* und sagt, ich müsse zum Thatbyinnyu-Tempel gehen und mir vom obersten Umgang aus den Sonnenuntergang anschauen. Katrien kommt mit, weiche Flügel aus rötlichem Staub fügen sich an unsere Füße, wir sind Heilige oder so scheint es, denn alle grüßen uns. Tempel, denke ich jedesmal, wenn ich an einem Tempel vorbeikomme, aber trotz ihrer Öffnungen wirken sie so geschlossen wie Festungen, es sind monolithische Strukturen, verziert mit Akanthusmotiven, mit flamboyanten, züngelnden Blättern, aber auch mit ihrem eigenen Untergang, unter den Verzierungen lugt der nackte Ziegelstein wie ein krätziger Frauenschädel hervor.

*Thatbyinnyu* bedeutet Allwissenheit, eines von Buddhas Attributen. Wir kommen zu einem großen Platz, dessen Boden aus festgestampfter Erde besteht. Das Bauwerk erschlägt einen. Ich sehe breite Treppen hinaufführen und in einem breiten Tor verschwinden und verstehe nicht, wie es dann weitergeht. Wir lassen unsere staubigen Schuhe wie Waisenkinder zurück und machen uns daran, barfuß den verzierten Alpengipfel zu erklimmen. Die Stufen fühlen sich rauh und körnig an, die Steine sind noch warm. Die tiefstehende Sonne muß auf der anderen Seite sein, wir treten von Osten her ein. Zwei Wächter bewachen den hohen Eingang, aber als wir so hoch gestiegen sind, merke ich, daß wir um die Zentralmasse herumgehen müssen. Dann klettern wir aber doch wieder innen weiter und erreichen über schmale Außentreppen die oberste Etage, aber es ist, als flöge das Bauwerk vor uns hoch, würde immer höher mit seinen Nischen, Türmen, Stupas, Verzierungen. Auf dem obersten, schmalen Sims müssen wir an Maurern vorbei, die auf der Nordseite arbeiten. Sonst ist niemand da, die Sonne zeigt uns unseren Platz. Sitzen, Stille, nichts mehr. Die Ebene, der Fluß, die Berge auf der anderen Seite. Trocken ist die Ebene, die Tempel liegen darauf wie Riesen, die für alle Zeit schlafen. Manchmal sind es nur seltsame, zerbrochene Kegel, auf denen dünner, fusseliger Strandhafer wächst, zurückgelassene Gegenstände, denen der Sinn abhanden gekommen ist, Klumpen erstarrter Religion, ihrer Menschen entledigt. Hinter mir höre ich die Geräusche der Maurer, das Schaben von Eisen auf Stein, ihr leises Reden. Diese Anwesenheit hinter mir beschwört die jener anderen, namenlosen Maurer herauf, die den Tempel vor achthundert Jahren erbaut haben. Ihre Religion ist noch immer im Schwange, nie sind Lederfüße über diese Steine gegangen, unter mir, irgendwo in diesem Raum, beginnt der Buddha seine immergleiche Nacht. Zwischen Sonne und Erde liegt jetzt nur noch ein Zentimeter, der nun sehr rasch überwunden wird. Dann berühren sie einander, und das ist ein so merkwürdiger Moment, daß man sich nicht vorstellen kann, keinen Laut dabei zu hören, einen Paukenschlag. Aber da ist nichts, gar nichts, das Schiff mit dem in Rot getauchten Segel gleitet still dahin, der Ochsenwagen fährt im schweigenden Staub, nur die Maurerkelle hinter uns markiert die Zeit. Dann schiebt sich ein Mann an uns vorbei und bleibt vor der Sonne stehen, die ihn augenblicklich auslöscht, auswischt, er wird zu einem schwarzen Schemen, nur noch eine Gestalt, schmal und grazil in seinem langen *longyi*, vorn muß er mit Sonnenglanz bestrichen sein, wie wir, vergoldete Statuen, auf denen sich das Verschwinden des Lichts ankündigt. Hinter den Bergen muß die Sonne nun untergehen, doch die Stimmung ist so eigentümlich, daß ich denke, es kann auch vor den Bergen sein, daß sie im Fluß ertrinkt und dieser dann anfangen wird, sacht dampfend zu wallen.

Geister beherrschen das Leben der Birmanen, gute und böse *nats*, immaterielle Schutzwesen, die sowohl in der Welt der Lebenden wie in der der Toten leben können, so daß sie manchmal auch noch mit Frauen verkehren. Jetzt, wo ich hier sitze, glaube ich alles. Das Rot vermischt sich mit der nahenden Finsternis, die Formen der Tempel in der Ebene hüllen sich in Trauer, die Fledermäuse beginnen mit ihrem närrischen Alphabet, Mauersegler flitzen dicht an den mittlerweile soviel grauer gewordenen Mauern entlang, als suchten sie den Tod. Die Maurer haben aufgehört zu arbeiten, haben sich zu uns gesetzt und rauchen eine Zigarette, der Rauch kräuselt empor wie der von Weihrauch. Dann hören wir, wie tief unter uns jemand in die Hände klatscht, und als würden wir ins Jenseits abberufen, stehen wir auf. Neonlicht brennt nun auf dem verlassenen Platz, milchiges Mondlicht, in schmale Röhren gezwängt und von Motten umtanzt, Irre auf der Suche nach Unheil. Wir halten den Mund geschlossen, das Geheimnis darf nicht entweichen.

Im Bett, in dieser Nacht, starre ich auf die Karte von Pagan. *Village, metalled road, unmetalled road, cart track, city wall, stupa, pagoda, temple, pond and stream, old palace site and cave.* Nur noch zwei Tage. Ich weiß nicht, wo ich anfangen soll, blicke auf die undeutlichen, eisigblauen Fotos der Tempel, will einen Schlachtplan entwerfen und beschließe, es doch nicht zu tun. Noch vor Sonnenaufgang werde ich wach. Ich kenne dieses Geräusch: Ein Reisigbesen fegt dürre Blätter zusammen. Die Hausratte ist auch wieder da, sie macht sich aus dem Staube, als ich duschen gehe. Vom Hotel führt ein Weg hinunter zum Fluß. Ich höre das Brummen von Motoren, ein paar Lastwagen stehen am Wasser und warten auf ein Boot, das aus der Ferne näher kommt. Die Fahrer sitzen an einem Feuer und essen. Auf gut Glück gehe ich am Ufer entlang, das so breit wie ein Strand ist. Sandboden. Links von mir dünenartige Hügel, Erdwälle, Felsbrocken. Plötzlich will ich mir all diese Variationen auf einer Radierung vorstellen und sehe die Schraffuren, die scharfen eingeritzten Linien der Platte, die freien Flächen. Auf einer dieser freien Flächen setze ich mich zu Füßen eines Baumes, der auf hundert Wurzeln über dem Sand steht. In dieser Wurzelklaue ist eine Öffnung, in die paßt mein Rücken genau hinein. Jetzt kann ich auf den Fluß schauen, der mir so groß vorkommt wie ein Meer. Die irgendwo hinter mir unsichtbar aufgehende Sonne taucht die Berge auf der anderen Seite in eine anschwellende Glut. Links von mir tut sich die Ebene auf, weit und endlos. Eine lange Reihe menschlicher Gestalten bewegt sich zum Wasser. Dort stehen Karren mit Büffeln, die Segel der kleinen Schiffe, die dort fahren, haben die Dreiecksform von Haifischflossen. Jemand hat dies im Jahr 1850 gemalt, ein Kolonialkünstler, das Werk hängt irgendwo in einem kleinen Museum einer englischen Provinzstadt. Der Himmel ist zu blau, das Licht zu golden, das Wasser zu glänzend. Er hat ein Paradies daraus gemacht, und genau das sehe ich: eine Vision aus Wasser, Erde, Himmel, Menschen, Büffeln, Prauen. Das Lachen kann ich nicht hören, die Früchte in den Körben nicht riechen, die Vision spielt sich in einer ehrfurchtgebietenden Stille ab, hat sich immer so abgespielt, ich darf sie nur sehen und verhalte mich still, rühre mich nicht. Es ist, als sähe ich etwas, das es einmal gegeben hat und jetzt nicht mehr gibt, und dennoch existiert es, und dennoch sehe ich es. Weiter gibt es dazu nichts zu sagen. Nach einer Weile stehe ich auf und steige über den Wehrgang und die zinnengeschmückte Brustwehr die Bupaya-Pagode hinauf. Ganz oben prangt ein Dutt, aber ich weiß nicht, warum ich dieses Wort gewählt habe. Ein weißer Zylinder, das ist besser, gekrönt mit einem goldenen Abschluß, der für die Schiffer auf dem Fluß schon von weitem zu sehen sein muß. Auf dem geharkten Innenhof träumt ein Mönch vor dem Schrein von Mondaing Nat, dem Gott der Stürme, seine Hände bewegen sich sacht im Schlaf. Auf einem Palmblatt in einem Schilfkorb liegen ein paar Eier für den Fall, daß der Gott Hunger bekommt. Im Dorf finde ich Katrien vor einem Teller Joghurt und einer Papaya. Wir trinken Tee und mieten uns dann Fahrräder. Unter all den Tempeln auf meiner Karte aus Zeitungspapier wählen wir den Thetkyamuni, weil er so weit entfernt liegt und die Straße nicht ganz bis dorthin durchgeht. »Ein richtiges Nonnenrad«, sagt Katrien beifällig. Es sind solide schwarze Ungetüme, wenn wir draufsitzen, sind wir ganz groß. Wir sind auch auf einmal schneller als die Fußgänger und die Pferde, die Meilen der Karte fliegen unter uns hinweg, bis wir, nun aber viel weiter im Norden, wieder auf den Fluß stoßen. Wir lehnen unsere Räder bei einer Hütte an einen Großvaterbaum und gehen zu Fuß weiter. Ich bin der Meinung, daß wir entlang dem Ufer zum Tempel kommen müssen, aber mit einemmal steht, aus einem Busch, einer Wolke auftauchend, ein kleiner Junge vor uns. Er trägt einen violetten *longyi* um den schmalen Körper und eine geflochtene Tasche über der Schulter und er hat einen Stab, wie ein Hirte. Was er sagt, verstehen wir nicht, und dann sagt er es noch mal und winkt. Ohne zu warten, dreht er sich um und geht los. Jetzt klettern wir über eine Düne und kommen auf eine Ebene, der Weg ist schmal, wir gehen hintereinander, eine kleine Prozession. Bizarr ist es hier, trocken, voll dorniger Sträucher, Bäume, die viel gelitten haben und die ich »Multatuli-Bäume« nenne. In der Ferne Ruinen, auf die wir in einem Bogen zugehen. Eine Umfassung, hieß das im Krieg. Hier ist es, bedeutet uns der Junge, und es stimmt. Ich zeige ihm das schwärzliche Foto in meinem Reiseführer, und er lacht.

»Thetkyamuni.«

»Yes, Thetkyamuni.«

Das war das Wort, das er vorhin sagte. Jetzt wissen wir, wie wir es aussprechen müssen.

»Shoes«, sagt er und faltet die Hände zum Zeichen, daß es sich hier um Heiliges handelt. Ich schaue auf die flammenförmigen Skulpturen in den Frontons über den Torbögen, sehe, wie der quadratische massive Block unter dem stupaförmigen Abschluß mit geometrischen Formen aus Ziegelstein verziert ist wie bei der Mudejararchitektur in Teruel – aber was tue ich da? Flamboyantstil, Fronton, Mudejar, mit Begriffen aus meiner Kultur versuche ich etwas zu benennen, das so alt ist wie eine romanische Kirche in der Lombardei, für diese Dinge habe ich nicht die richtigen Worte. Sikhara heißt diese seltsame, sich nach oben hin verjüngende Spitze, und ich weiß, daß man diese Form in Nordindien ebenfalls sieht, doch dieser Baustil nimmt nie die Selbstverständlichkeit von etwas an, das zu mir gehört, ich muß ihn fremd finden, ausgefallen, exotisch. Ich versuche die Motive nachzuzeichnen, das Profil der nach oben hin immer weiter zurückweichenden Terrassen, den Widerspruch zwischen der massiven, bleischweren Architektur und der leichten Ornamentik, die sich gegenseitig aufzuheben scheinen, so daß das riesige Bauwerk eingegraben ist wie eine Festung und gleichzeitig doch in der auf der Landschaft lastenden Hitze zu schweben scheint. Drinnen ist es kühl, geheimnisvoll, düster. Mit der mitgebrachten Lampe scheine ich in das unerwartet selige Gesicht eines gedrungenen Buddhas, sehe halb verwischte Wandbilder aus seinem Leben, Blütenmotive, stilisierte Bäume, die es in Wirklichkeit nicht geben kann, bin mir der wohltuenden Abwesenheit anderer bewußt. Draußen hat der Junge eine Flöte aus seiner Tasche geholt und flötet nun wie ein richtiger Hirte, und wir gehen wie die späten Kinder von Jean-Jacques Rousseau auf bloßen Füßen herum. Eine Kuppel, durch die sanftes Licht einfällt, mit Medaillons bemalte Zwickel, der Atem des Refugiums, an dem die Außenwelt abprallt, bis der Junge uns mit einem schrillen Flötenton zurückruft. Kein Zweifel, wir werden zum Abmarsch beordert. Der kleine Führer steht bereits mit dem Rücken zu uns da, wir bilden wieder unsere dreiköpfige Prozession und ziehen weiter. Ein Dorf, Baumgruppen, ein aus Schilf geflochtener Tempelraum, ein junger Mönch, der mit einem Stück Holz auf eine Holzglocke schlägt, und wie das dann klingt, ein Weg entlang einem Abgrund, eine Fläche, die wie reine Wüste aussieht, und die Verzweiflung der kleinstmöglichen harten Pflanzen, die daraus noch Leben saugen wollen, und dann, als wäre es nicht möglich, daß er so plötzlich vor uns liegt, der Kyaukgu Umin, drei sich verschmälernde Terrassen über einer tiefen Schlucht. Hier wieder Vögel und Bäume, ausladend gespreizte Fächerformen. Aber der Junge will uns nicht länger der Kunst überlassen, wie eine Perlenschnur reiht er uns kurz an Nischen mit Figuren und in dunklen Kellergrotten auf, dann aber werden wir wie eine Beute an der großen, offenen Holzterrasse eines Nebengebäudes abgeliefert. In etwas, das wie ein rostfarbener Ball zuammengekauert dasaß, kommt Leben, ein Mönch, dessen Alter ich nicht schätzen kann, steigt aus seiner eigenen Asche auf, sieht uns aus brennenden Brillengläsern an und bedeutet uns, Platz zu nehmen. Wir hocken im Sitz des Erleuchteten, ich sehe, wie schwarz meine Fußsohlen sind, verkratzt und verschmutzt durch alle Ungerechtigkeit der geweihten Erde. Aus dem Bakelitradio dringen sozialistische Nachrichten. Wir bekommen Tee und ein salziges Gericht, das aussieht wie eingelegte Hamsterschenkel, und besprechen in einfachen Sätzen den psychischen Zustand des Kosmos. Mehr braucht es nicht. Der Junge hat sich zusammengerollt und liegt im Schatten eines Banyanbaums. Ich möchte aufstehen, um mich etwas umzusehen, traue mich aber nicht recht. Statt dessen geht der Mönch zu einem ernst verschlossenen Schrank und kehrt mit einem Buch zurück. Texte von

Schriftgelehrten, denke ich, aber es ist seine Public-Relations-Abteilung: Briefe von »two Singapore girls« und von »Herbert C. Bauman, Diplom-Psych.« an »Ktin Loka, Kyaukgu Umin, East of Nyaung-U, Sozialistische Republik Birma«. Jetzt stehe ich doch einfach auf, gehe herum, schaue mir Bilder an, die ich wie gewöhnlich nicht verstehe, und sehe auf die Art und Weise, wie man nichts sieht, daß Katrien und der Mann in der Kutte ein bedächtiges Ballett aufführen. Ich opfere ein paar Münzen in eine Büchse, die aussieht, als wünsche sie sich das sehnlichst, und dann nehmen wir unter Verbeugungen Abschied. Erst als wir bereits sehr weit entfernt sind, sagt Katrien plötzlich in die alles umfassende Stille hinein: »Er hat meinen Busen begrapscht.«

Es dauert einen Moment, bevor ich etwas erwidere, aber das wäre in einem Stück von Thomas Bernhard auch so. Schließlich sage ich: »Wie bitte?« und sehe dabei die Füße des Jungen vor mir, der sich nicht umschaut, denke aber an das erhabene Gesicht des gottgeweihten Mönchs.

»Ja, als du dir die Bilder ansahst, hat er plötzlich nach mir gegrapscht.«

»Und was hast du gemacht?«

»Ich hab ihn nur angeschaut.«

»Und er?«

»Nix.«

»Und dann?«

»Dann sind wir gegangen ... Vielleicht erlaubt Buddha das ja«, sagt Katrien nachdenklich. Ich sehe sie nicht, höre sie aber hinter mir. Der Weg ist zu schmal. Gleich darauf bleibt der Junge stehen und kapiert nicht, warum diese beiden komischen Leute so lachen.

»Wo gehen wir eigentlich hin?« fragt Katrien.

»Keine Ahnung.«

»Ich möchte zum Fluß.«

Ich stelle mit Gesten einen Fluß dar, aber ich bin kein Marcel Marceau. »Vielleicht zeichnen«, sagt Katrien.

Ich zeichne ein Boot und einen Fisch. Er lacht. Eine halbe Stunde später wate ich durch den Schlamm, aus dem Gott früher Menschen machte, und dann schwimmen wir im braunen Wasser des Irawadi, Katrien vollständig bekleidet, wie sie es bei den Frauen hier gesehen hat.

»The wet look«, sagt sie, aber da habe ich noch das Bild unserer beiden albernen Köpfe über dem Wasser und des Jungen, der am Ufer auf seiner Flöte spielt. Dann winkt er auf einmal zum Abschied und verschwindet so plötzlich, wie er gekommen ist. Innerhalb einer Viertelstunde sind wir trocken. Dem Ufer folgend, finden wir unsere Fahrräder wieder. Bei Tourist Burma noch immer die Nonnensprache, der Schlangenblick, das Honiglächeln. *Come back tomorrow.*

»Tomorrow« ist der letzte Tag. Ich möchte dreihundert Tempel besuchen und weiß, daß mein Fahrrad mir helfen wird. Weisheit, wenn ich davon etwas besäße, das wäre gut. Aber ich sause wie ein holländischer Derwisch auf meinem Nonnenrad über lockere Sandwege hin und her. Schuhe an, Schuhe aus, brennende Tempelstufen. Ich schreibe alles auf und behalte nichts. Tempelfriese, Statuen, geheime Wandmalereien, die ich nachzuzeichnen versuche. Manchmal weiß ich nicht mehr, wo ich bin, radle auf die vor mir zurückweichenden Ruinen zu wie ein irrender Ritter, sehe einmal Sjoerd, den Skizzenblock unter den Arm geklemmt, weit entfernt in derselben Wahnsinnsmission am Horizont schweben, und ein anderes Mal begegne ich Katrien, die ihren eigenen Geheimauftrag ausführt und nur sagt: »Wenn du so weitermachst, bekommst du einen Sonnenstich.« Vielleicht habe ich ihn schon, Buddha erscheint mir in hundert Gestalten, in Gold und Silber, vorwurfsvoll, in sich versunken, der Welt entrückt, voller Abscheu, lachend, höhnisch, versonnen, so klein wie eine Faust, so groß wie drei Elefanten, er wohnt überall gleichzeitig und hat nie Zeit für mich, weil er nicht weiß, was das ist. Schließlich finde ich die Figur, die alles zusammenfaßt, sein Innerstes, und ich weiß, daß ich da bleiben muß. Sie ist auch die erste, die ich wiedersehen will, wenn ich je hierher zurückkomme. Nicht den vatikanischen Glanz des Ananda-Tempels, nicht die Blütenpracht der Steinreliefs im Nanpaya-Tempel, nicht das pyramidenförmige Raumschiff – die Shwehsando-Pagode –, nein, als erstes werde ich, noch staubbedeckt von meinem Flug um die halbe Welt, zu der Ziegelsteinskulptur in dem kleinen Tempel gehen, der vielleicht Thandawgya hieß, denn so hieß die Figur. Ist es überhaupt eine Figur? Ich nenne sie den Innen-Buddha, es ist das Innere einer Skulptur. Die Haut aus Stuck oder Gold hat sich abgetragen oder wurde von Kublai Khans Horden abgefressen und geraubt, und so sieht man heute nur die riesige, aus großen, groben Steinen aufgebaute Form, der linke Arm abgebrochen, der rechte noch immer *subduing Mara,* das Böse bezwingend. Der Kopf ragt aus der Öffnung in den Gewölben heraus, als wäre er in all diesen Jahrhunderten gewachsen und hätte das Tonnengewölbe zum Einsturz gebracht, das Gesicht ist kein Gesicht und doch ein Gesicht, ohne daß Augen da sind, sehe ich, wie sie geschaut haben, die Figur ist unaussprechlich geheimnisvoll und verwehrt weitere Worte, ich setze mich einfach hin und bleibe da und lausche dem Wind in den Disteln. Plötzlich weiß ich, daß meine Reise zu Ende ist, daß sich hier ihre Essenz zusammenballt. Aber als ob diese Art absolutistischer Gedanken zum westlichen Unsinn gehört, schleicht sich jetzt aus dem Nichts ein Trupp birmanischer Soldaten in Tarnanzügen, mit Maschinenpistolen und Gewehren durch das Gestrüpp heran. Sie sind ebenso erstaunt, mich hier zu sehen, wie umgekehrt ich. Ein kurzes Kommando, und schon stehen sie, mir zugewandt, die jungen Gesichter hart unter den Helmen. Sie blicken auf meine nackten Füße, ich schaue auf ihre Soldatenstiefel, ihre zielenden Gewehre. Meine Wehrlosigkeit überzeugt, sie winken, lachen, verschwinden und setzen ihren Krieg irgendwoanders fort. Aber es war ein Zeichen, es ist vorbei. Mit einemmal todmüde fahre ich zu Tourist Burma. Ich habe nur noch einen Tag, dann schließen sich die Tore. Das Lächeln bleibt gnadenlos. *No tickets*. Ein Deutscher fängt an zu schreien, Europa gegen Asien, die verwöhnte Generation gegen die Geduld, die so alt ist wie tausend Kriege. In dieser Nacht werde ich auf einen kleinen Lastwagen geladen. Es ist vier Uhr und kalt. Katrien und Sjoerd dürfen vorn sitzen, beim Fahrer. Ich sitze hinten und schaue auf ihre talentierten Köpfe im geheizten Führerhaus. Um mich herum sitzen dreimal soviele Birmanen, wie da hinpassen. Der Mond ist weiß und rennt mit uns mit, mir dringt die Kälte, die plötzlich zu einem Winter zu gehören scheint, durch die dummen dünnen Kleider. Da legen zwei kleine Jungen neben mir ein Handtuch um mich, und von hinten spüre ich noch ein Handtuch. Die Fahrt dauert Stunden, als es hell wird, fängt jemand an zu singen. Um acht Uhr sind wir in Thazi, wo der Zug nach Rangun abfährt. Diesmal keine *reclining seats. Not available.* Wir reisen *ordinary class.* Was das bedeutet, weiß ich, als es dann heißer wird. Die Bänke sind aus Holz und haben einen Winkel von neunzig Grad. Um jeden Platz wird gekämpft. Der Zug hat keine Fensterscheiben, die Wüstenluft weht quer hindurch, wir werden mit Staub zugedeckt, zwei Tage später bin ich noch immer heiser, die Hitze ist unvorstellbar, wir kaufen alles, was vorbeikommt. Als es dunkel ist, kommen wir in Rangun an, aber ich sehe nichts mehr. Im Spiegel sehe ich jemanden mit einem Hundekopf, rissiges altes Papier, ein merkwürdiger Mann. Das Flugzeug geht am nächsten Morgen um sechs, die sieben Tage sind vorbei. Sie haben so lange gedauert wie die Schöpfung, ich warte, bis ich zurückdarf.

*April 1986*

# IN JAPAN

## II

## ZUIHITSU

»Seidenbrokat aus China. Ein Säbel, dessen Scheide verziert ist. Die Holzäderung einer Buddhastatue. Ein verdorrter Kieferbaum, dessen Zweige von Glyzinien umklammert sind. Trotz seines niedrigen Ranges ist ein Kammerherr des sechsten Rangs etwas Prächtiges. Wenn man sich vorstellt, daß es ihm gestattet ist, gelbgrüne Mäntel aus Stoffen mit Darstellungen zu tragen, die noch nicht einmal junge Edelleute tragen dürfen ...«*

Dort war ich stehengeblieben, und das bei Kerzenschein, das Rauschen der Brandung wie eine Beifallsbekundung von fern. Von Singapur aus war ich mit dem Bus nach Malaysia gereist, bis zu einem Ort an der Küste, von wo ich mit einem kleinen Fischerboot nach Pulau Tioman gelangen konnte. Die Fahrt zu der Insel über das glatte Südchinesische Meer dauerte drei Stunden. Das Boot hielt an einem langen Steg im Meer, aber dort wollte ich nicht aussteigen. Jemand hatte mir von einem kleinen, weiter nördlich gelegenen Ort erzählt, wo es sehr ruhig sein sollte. So war es dann auch. Ein Strand, ringsum von Regenwald umgeben. Ein moslemischer Verwalter hatte dort ein paar Hütten hingestellt, und eine davon konnte ich bekommen. Eine Birne mit gelblichem Licht, die mal brannte und mal nicht, eine Matratze auf dem Boden, eine baufällige Veranda mit Blick aufs Meer, eine Gruppe Schulkinder aus Kuala Lumpur, die nach einem Tag wieder verschwand. Ein öffentlicher, mit einem Deutschen geteilter Waschplatz, der am anderen Ende des Strands

* Zitat aus dem berühmten Kopfkissenbuch der Dame Sei Shonagon.

wohnte und den ganzen Tag in einer Hängematte lag und las. Kein Dorf, nur ein paar Hütten bis dorthin, wo der brennende, schnarrende, gellende Wald wieder anfing. Kein Alkohol. Nächte von großer Stille, hitzeerfüllte Tage. Schwimmen mit der Taucherbrille über den Korallenriffen. Kokospalmen wie eine Säulenreihe hinter dem Strand. Nachts das Geräusch des Generators, doch das weiße Neonlicht, das ich in der Ferne am Steg sah, kam nicht bis in meine Hütte. Daher las ich draußen bei einer Kerze, die ich in eine selbstgetauchte Riesenmuschel (*Tridacna*) gestellt hatte, und was ich las, war das Tagebuch von Sei Shonagon, einer japanischen Hofdame aus dem zehnten Jahrhundert. So versuchte ich, Birma langsam aus mir verebben zu lassen und mich auf Japan vorzubereiten. Es waren nur wenige Tage. Ich wurde von einem Insekt gebissen, dessen Zeitbombe ich ein halbes Jahr in mir tragen sollte, aber das wußte ich damals noch nicht. Ich tat nichts, spazierte ein Stück weit in den Wald, bis es nicht mehr weiterging, saß unter Palmen und sah den Gezeiten zu. Vor allem nachts hatte ich das Gefühl, daß der Rest der Welt gar nicht existierte. Mehr Steine als dort kann es nirgends geben, die Kerze erhellte nur die nächste Umgebung, und so konnte ich mich der Vorstellung einer anderen Zeit und eines anderen Orts hingeben. Ich war nicht da, wo ich saß, ich beobachtete als unsichtbarer Gast das japanische Hofleben vor über tausend Jahren, eine Zeitreise. Dann kam der Tag, an dem ich mit dem Boot, das mich abholen kam, wieder abreisen mußte. Ein Boot, ein klappriger Bus, ein Flugzeug. Jetzt (wir einigen uns darauf, daß es jetzt ist) fliege ich hoch über Asien nach Tokio. Langsam wird die braune Landmasse Chinas unter mir weggezogen. Ich finde die Stelle, an der ich stehengeblieben war ... »ein Kammerherr des sechsten Ranges sieht prachtvoll aus, wenn er mit einem Kaiserlichen Befehl kommt oder wenn er die süßen Kastanien für das Bankett des Großen Rates hereinträgt. Wenn man sieht, wie alle sich ihm gegenüber verhalten, könnte man meinen, er sei aus dem Himmel gekommen ...« Ich schaue hinaus und denke, es ist verrückt, was ich tue. Warum soll die Lektüre der Aufzeichnungen Sei Shonagons mich auf ein Japan, tausend Jahre später, vorbereiten? Wenn ich die Augen schließe, weiß ich, was mich erwartet, die vulgäre Hektik Tokios, die mechanischen Mädchenstimmen in endloser Wiederholung im Flughafen und im Bus. Warum suchen, was es nicht mehr gibt? Das hatten wir doch schon mal?

Und dennoch, mit derselben Überzeugung kann man sagen, daß ein Land nicht immer wieder neu entsteht, daß es ein langes zeitliches und geschichtliches Kontinuum seit der Zeit des Kaiserlichen Hofs in Heian bis heute gegeben hat, daß die Geschichte Japans verschiedene Konstanten aufweist und daß das Alte einem hilft, das Neue zu verstehen. Und außerdem will ich auf dieser Reise nur so kurz wie möglich in Tokio bleiben, eher das Ländliche und Alte aufsuchen, einige Dinge wiedersehen, die noch schemenhaft durch meine Erinnerung geistern. In einem glänzenden Buch von Mark Holborn (*The Ocean in the Sand, Japan: From Landscape to Garden*) heißt es: »Die Lektüre von Sei Shonagons Tagebuch zeigt, wie sorgsam sich das Hofleben in Heian auf die Jahreszeiten einstellte und wieviel Bedeutung dem Kalender beigemessen wurde; die heutigen Feste lassen deutlich erkennen, wie stark diese Tradition immer noch ist. Aber es gibt einen weiteren Schlüssel zum Ursprung dieses Gefühls der Einheit mit der Welt der Natur, das seine Wurzeln in archaischem und intuitivem Wissen hat und sowohl den Lauf der Jahreszeiten als auch ihr Gleichmaß sehr deutlich zeigt. Dieser Schlüssel ist der Garten.« Ja, Gärten möchte ich sehen. Gärten und Landschaften. Ich will wandern. Und in dem Tagebuch lesen, das auf japanisch und deutsch »Kopfkissenbuch« heißt, *Makura no soshi,* »eine Art informelles Tagebuch, das Männer und Frauen schrieben, wenn sie sich abends in ihre Gemächer zurückzogen, und das sie in der Nähe ihrer Schlafstätte aufbewahrten, wahrscheinlich in den Schubladen ihrer Holzkissen, so daß sie es sofort zur Hand hatten, um Eindrücke festhalten zu können.« Das Kopfkissenbuch war der Vorläufer eines typisch japanischen Genres, das unter dem Namen *zuihitsu*, Gelegenheitsarbeiten, bekannt ist. Es hat noch immer viele Anhänger. Sobald ich in Tokio bin, werde ich ein Heft kaufen, um mein *zuihitsu* zu schreiben.

Regen und Wind, grauer Himmel, der Norden nach den Tropen. Nichts hat sich verändert. Noch immer die Stimmen, bei denen man sich nicht vorstellen kann, daß sie zu einem echten Körper gehören. Sie erzählen einem Uhrzeit und Ziel, gurgeln Willkommen und Abschied. Vielleicht gehört wirklich niemand dazu. Sie sind in jedem Bus und Zug zu hören, in allen Aufzügen und auf Bahnsteigen, in Flugzeugen und Bussen. Wer weiß, vielleicht haben sie hier eine Frau gebastelt, die sprechen kann und diese Botschaften für ganz Japan auf Band spricht. Eine Frau aus weichem Aluminium, mit Lippen aus Mikrochips und einer Blutbahn aus durchsichtigem Zelluloid. Die Stimme klingt nach Wasserfall und Pfefferminz, es ist eine Stimme, die weder fluchen noch alt werden kann. Während der

Regen an die Fenster peitscht, lasse ich mich von ihr einspinnen. Der Verkehr ist knüppeldick, es dauert gut eineinhalb Stunden, bis wir im Zentrum von Tokio sind. Wir fahren am Kaiserlichen Palast vorbei, ich erkenne die hohen Wälle hinter dem Schloßgraben und die ebenfalls hohen Tore, durch die ich *ein*mal, am Geburtstag des Kaisers, gegangen bin. Die Gebäude hinter den Toren sind schemenhaft, der Regenschleier verbirgt sie. Irgendwo in dieser schwimmenden Arche haust der uralte Abkömmling der gut zweitausend Jahre alten dynastischen Gottesverehrung. Sei Shonagon hätte sich gefreut zu wissen, daß es tausend Jahre später noch immer einen Kaiser gibt, auch wenn er kein Gott mehr ist. Siebenundzwanzig Millionen Menschen leben in einem Umkreis von dreißig Meilen um den Palast, sagt die perlende Mädchenstimme. Als ich aussteige, kommt einer dieser siebenundzwanzig Millionen Menschen mit weit ausgebreiteten Armen auf mich zu und stürzt dann wie ein angeschossener Stier zu Boden. *Saturdaynightfever*.

Das seltsame Leben eines Korrespondenten. Ich selbst bin nur ein flüchtiger Ausländer, ich schwebe und schweife vorbei. Karel van Wolferen*(»Wofurun« in Japan) lebt hier schon seit fast zwanzig Jahren. Er ist Korrespondent des *NRC/Handelsblad*, und ich kann bei ihm wohnen. Irgendwann einmal hat er mein Buch *Das Paradies ist nebenan* gelesen, was ihn dazu veranlaßt hat, wie die

* Autor des inzwischen berühmt gewordenen Buchs *The Enigma of Japanese Power*.

Hauptfigur loszuziehen, nur weiter weg. Was aus der Hauptfigur des Buchs geworden ist, wissen wir nicht, Karel jedenfalls ist nie mehr zurückgekehrt.

Er wohnt in einem Haus mit Garten, was in diesem Land der halben Meter ein großer Luxus ist, und hat eine japanische Liebste und einen vornehmen Hund namens Philo. Nichtsdestotrotz ist Philo eine Dame, und Karel besteht darauf, daß man von *ihr* spricht. Philo ist ein Chow-Chow, steht gut im Futter und ist im Besitz eines prachtvollen Pelzmantels, es ist ein Vergnügen, mit ihr spazierenzugehen. Ich schlafe auf dem Boden auf und unter einem Futon, ich weiß nicht, wie man dazu sagen soll. »Eine transportable Menge Bettzeug«, meint Angela Carter, und dabei will auch ich es belassen. Es ist kalt, also halte ich meine Sei Shonagon so, daß nur die Fingerspitzen aus dem Deckbett lugen – wenn ich überhaupt dazu komme, denn Karel versorgt mich ständig mit allen möglichen Ausschnitten aus englischsprachigen japanischen Zeitungen, oft böse rot unterstrichen, wenn er anderer Meinung ist. Japan ist seine Passion, auch wenn er das vielleicht so leicht nicht zugeben würde. Er ist der Ansicht, daß Japan die Welt nicht versteht und die Welt Japan nicht, und danach sieht es tatsächlich aus. Jeden Morgen, manchmal bereits zu sehr früher Stunde, treffe ich ihn murmelnd und unterstreichend an seinem großen, mit *The Japan Times* und *The Mainichi Daily News* bedeckten Tisch an.

Und trotzdem, *da capo*, ist es ein seltsames Leben. Das Land, für das man arbeitet, wird abstrakt, die einzige Verbindung sind im Grunde die Zeitung und die wenigen Besucher, die nach Tokio kommen. Was man schreibt, verschwindet in einem Loch, und oft ist es wohl schwierig, die Wirklichkeit, die einen so prall umgibt, so weiterzuvermitteln, daß man das Gefühl hat, daheim verstehen sie es. Im Falle Japans ist dafür zudem ein gerüttelt Maß an Exegese erforderlich. Was offiziell gesagt wird, ist oft etwas anderes als das, was gemeint ist, und die Gesellschaft ist so andersartig zusammengesetzt, daß sogar so explizite Begriffe wie »Premierminister« hier eine völlig andere Bedeutung haben. Das alles verdaue ich morgens beim Frühstück und dringe so täglich ein kleines Stück weiter in das Mysterium ein. Oft habe ich das Gefühl, einer Vorlesung über kanonisches Recht oder einen Nebenzweig der Quantentheorie zu lauschen, aber ich gebe mir alle Mühe. Abends nimmt Karel mich manchmal mit, wenn er in der Umgebung japanisch oder mongolisch essen geht, dann brauche ich nicht zu denken, höre nur zu, wie er in sonorem Japanisch mit dem Besitzer die Speisenfolge bespricht, und rutsche vom Hock- in den Hängesitz wie ein richtiger Barbar.

»Im Frühling der Tau.«* So beginnt Sei Shonagons Kopfkissenbuch und damit eine ihrer berühmten »Reihen«. Es ist ein elliptischer Satz**, der gelesen werden muß als »im

* Hier habe ich mir eine kleine Freiheit erlaubt. Wörtlich heißt es im Japanischen »was den Frühling betrifft, die Morgendämmerung«. Im Niederländischen heißt (Morgen-)Dämmerung *dageraad*, ein Wort, das sich wie das englische *dawn* nur auf den Tagesanbruch bezieht und nicht, wie im Deutschen, auch auf den Abend. Von *dawn* zum niederländischen *dauw* und von da zum deutschen *Tau* war es nur ein Schritt, nicht nur, weil eine Dämmerung ohne Tau nicht denkbar ist, sondern auch, weil durch die Verführung des Klangs auch die Suggestion von *Tao* naheliegt.

** In den beiden zugänglichen deutschen Übersetzungen (sowohl in der von Mamoru Watanabé als auch in der von Helmut Bode) wurde auf den elliptischen Satzbau verzichtet. (Anm. d. Ü.)

Frühling ist es der Tau, der am schönsten ist.« Sie fährt fort: »Wenn die Grate der dunklen Bergmasse in rosigem Licht erglühen und purpurne Wolkenschleier gemächlich davontreiben.

Zur Sommerszeit erwähle ich mir die Nacht. Muß ich an den wechselnden Mond erinnern, an den schimmernden Tanz der Leuchtkäfer? Selbst wenn draußen der Regen rauscht, ist das Dunkel einer Sommernacht köstlich.

Im Herbst ziehe ich die Abendstunden vor. Die untergehende Sonne ist eine Pracht und Herrlichkeit ohnegleichen. Die fernen Bergketten sind nahe gerückt. In kleinen Gruppen fliegen die Raben zu ihren Schlafstätten. Unvergeßlich bleibt eine Kette von Wildgänsen am fernen Himmelsrande. Endlich beginnt das leise Wehen des Abendwindes und das unaufhörliche Zirpen der Zikaden.

Winter und fallender Schnee sind eins. Dann liebe ich die sehr frühen Morgenstunden ...«

Nichts daran ist veraltet. Ich habe reichlich Gelegenheit, darüber nachzudenken, während ich auf meiner *tatami* liege. Es ist kalt, das spüre ich. Hinter den Reispapierfenstern sehe ich den Schatten der Bäume im Garten. Wer so tief liegt, muß morgens die Welt von unten her aufbauen, das ist der Vorteil. Für Japaner ist die Natur begeistert, und zwar ganz wörtlich. In Bäumen, Bächen und Hügeln hausen Götter, Geister, Seelen. Dieses Land hat eine mystische Beziehung zur Natur, nirgends besser erkennbar als in den Zen-Gärten. In den Gärten von Versailles oder, in kleinerem Maßstab, von Schloß Belvedere in Wien fällt der Unterschied erst richtig auf. Wir haben die Natur wie einen Feind behandelt, der bezwungen werden muß, der seine Unterwerfung demonstriert wie ein zur

Inspektion angetretenes Regiment in einer vollkommenen und ungemein übersichtlichen Symmetrie, die am besten von der Freitreppe aus wahrzunehmen ist: gestutzte Bäume, in Schlachtordnung getrimmte Sträucher. Hier ist die Symmetrie ein Fluch, und sei es nur deswegen, weil sie in der Natur nicht vorkommt. Etwas, das selbst eine Kraft ist, eine Seele besitzt, kann man nicht zu geometrischen Formen verstümmeln, man kann diese Kraft allenfalls steigern, indem man sie in sehr kleinem Maßstab imitiert. Dann werden Steine zu Hügeln und Bergen, dann wird der geharkte Kies zu einem Meer oder See, dann kann schon ein Kleebüschel wie im ehemaligen Kaiserlichen Palast zu Heian (Kioto) zu dem Symbol werden, das wie kein anderes den ewigen Rhythmus des Wechsels in der Natur darstellt. Diesen Garten gibt es noch immer. Ein Teil des Palastes hier Seiryoden (das Kühle und Heitere Gemach). Ein kleiner Fluß läuft unter ihm hindurch, der Raum ist nach Osten und Westen ausgerichtet, so daß er im Sommer nicht heiß wird. Vor der Westveranda liegt ein kleiner Hof, der mit weißem Sand und Kleebüscheln bedeckt ist. Und so heißt auch der Garten, Hagi Tsubo, die einfachste aller Kompositionen. Die Oberfläche ist völlig eben, keine Steine, kein Moos, kein Wasser. Die Pflanze, Waldklee, ist das gewöhnlichste, was man sich vorstellen kann, ein Understatement. Sie blüht im Herbst, wird dann zurückgeschnitten und bekommt im Frühjahr neue Knospen, und weil in diesem Garten sonst nichts ist, ziehen diese elementaren Veränderungen alle Aufmerksamkeit auf sich. Der einfache Klee im Palastgarten drückt ganz allein den Wechsel der Jahreszeiten aus. Wo wir einen Garten »füllen«, macht ein Japaner ihn leerer, so daß die Essenz der Dinge sichtbar wird. Leer lassen als Kunst.

Nichts davon ist zu sehen, als ich aus dem Haus gehe. Ich will ins Matsuzakaya-Kaufhaus, um Stifte und Papier für meine Gelegenheitsschreibereien, *zuihitsu*, zu kaufen. Nirgends ist es leer, überall voll – auf der Straße, in der U-Bahn, im Kaufhaus, überall bin ich von Menschen umringt und damit auch von ihrer Sprache. Zwar passiert es mir häufiger, daß ich in einem Land bin, dessen Sprache ich nicht verstehe. Aber hier ist es anders, wenngleich sich das nicht so leicht erklären läßt. Es kommt, denke ich, durch all das, was ich in Übersetzung gelesen habe, von Sei Shonagon über Basho bis hin zu Kawabata, Tanizaki, Mishima. Rational läßt sich das nicht begründen, aber das Gelesene vermittelt mir doch das Gefühl, ich wüßte, worüber die Menschen um mich herum sprechen. Nach einem Blick in eine einfache japanische Grammatik habe ich mich gefragt, ob ich wohl in der Lage wäre, die darin errichteten Hürden zu nehmen. Nicht so sehr wegen der Schrift – die allein schon ist ein Atlantikwall, wenn auch ein sehr schöner –, sondern wegen des Konzepts dieser Sprache. Japanische Verben kennen keine unterschiedlichen Formen, um die Anzahl oder die Person oder das Geschlecht des Satzgegenstands zu bezeichnen. Ich gehe, ihr geht, sie geht – dafür gibt es nur eine Form. Die Bedeutung erschließt sich aus dem Zusammenhang. Ferner gibt es auch keine richtige Zukunft: Man verwendet die Gegenwart, um künftige Pläne zu entwickeln. *Tokio e yukimashita* = Tokio nach ging = ich ging nach Tokio, und *Tokio e yukimasu* = Tokio nach gehe = ich gehe nach Tokio oder: ich werde nach Tokio gehen.

Andererseits gibt es eine Vielzahl von Möglichkeiten, um Stimmungen und Überzeugungen des Sprechers wiederzugeben. Das sei sehr kompliziert, sagt die Grammatik selbst, aber eine davon müsse mindestens gelernt werden, und das sei die Wahrscheinlichkeitsform, die aussagt, daß vielleicht etwas geschieht, wahrscheinlich etwas geschehen wird. Beispiel: *kaeru desho* läßt sich übersetzen mit »er kommt vielleicht zurück«, »er wird möglicherweise zurückkommen«, »ich denke, daß er zurückkommt« und so weiter, und daneben gibt es noch ganz andere Verbformen, um Verneinungen von Aussagesätzen zu unterscheiden, und auch dabei gibt es zwei Möglichkeiten: eine abrupte und eine höfliche. Bin ich kurz angebunden, dann sage ich: *hon o katta* = Buch kaufte = ich kaufte ein Buch. Höflich klingt es anders: *hon o kaimashita* = Buch kaufte = ich kaufte ein Buch. Wir können nur durch den Tonfall höflich sein. Will ich nun wieder alles leugnen und das Gegenteil behaupten, dann sage ich abrupt *hon o kawanakatta* = Buch nicht kaufte = ich kaufte kein Buch oder, höflich wie ich bin, *hon o kaimasen deshita* = Buch nicht Kauf war = ich kaufte kein Buch. Einmal mehr bewundere ich die Übersetzer meiner geliebten Bücher, zumal diejenigen, die noch aus dem klassischen und höfischen Japanisch übersetzt haben wie Arthur Waley, Edward G. Seidensticker und Ivan Morris. Mein Leben ist zu kurz, ich versuche gerade, meinen Lukrez aufzufrischen. In einem anderen Leben hätte ich Sei Shonagon in ihrer eigenen Sprache lesen können. Ob es einen Japaner gibt, der die Gedichte Hadewychs* lesen kann, oder stimmt dieser Vergleich nicht? Hadewych ist durch die Art ihrer mystischen Poesie auch für mich oft dunkel. Sei Shonagon ist so klar wie Madame de

* Flämische Dichterin (13. Jahrhundert), deren ekstatische Lyrik den Höhepunkt der niederländischen Mystik bildet.

Sévigné*. Dies alles habe ich mir in der U-Bahn überlegt, in einem Mantel aus Menschenleibern, aus denen Sprache brodelt, bölkt, strömt, schnarrt, fließt. Sprache ist hier außerdem etwas anderes. Während besessene Schulmeister in den Niederlanden sich schon wieder für die nächste Orthographieverstümmelung bereithalten, ist die Sprache in Japan heilig, unantastbar, der Ausdruck der Volksseele, und zwar so, daß ein Ausländer, der sie wirklich spricht, etwas Unvorstellbares ist. Das allein schon macht die Vorstellung von Reinheit zunichte, die der unguten Vorstellung von Rassenreinheit nahe kommt. Schon öfter war zu lesen (zum Beispiel bei Ian Buruma)**: Für einen Japaner ist ein Ausländer, der fließend Japanisch spricht, ein *henna gajin,* ein *verrückter* Ausländer. Er tut etwas Paradoxes: Gerade dadurch, daß er die Sprache spricht, wird sie abgewertet, weniger einzigartig, weniger ihnen gehörend, und sogar dieser merkwürdige Standpunkt kann sich noch in sein eigenes Paradox verkehren, wie bei Suzuki, der sagt, die Japaner müßten eine neue Religion begründen, durch die sie ihren Einfluß auf den Rest der Welt ausdehnen könnten. »Was wir tun müssen, ist, aus *Nihongo* (der japanischen Sprache) eine Religion zu machen – und diese neue Religion müssen wir unter den Völkern der Erde verbreiten.« Und als ob das nicht seltsam genug wäre, existiert auch noch eine Theorie von Tadanobu Tsunoda, einem Mediziner, der alle möglichen neuropsychiatrischen und neurophysiologischen Experi-

* Madame de Sévigné (1626–1696), Autorin von etwa 1500 Briefen an ihre Tochter, die zu den klassischen literarischen Werken des 17. Jahrhunderts zählen.

** Ian Buruma (1951), niederländischer Sinologe, Essayist und Romancier.

mente durchgeführt hat und zu dem Schluß gekommen ist, daß »das Gehirn, das eigentliche physische Organ des einzelnen Japaners, sich im Laufe der Zeit in bezug auf die Funktionen, die mit der Rezeption der Gehöraktivitäten zu tun haben, so stark verändert hat, daß es speziell in der Lage ist, sich an die japanische Sprache anzupassen.« Japaner haben andere Gehirne, ist die Quintessenz. Ich würde das gern verifizieren, doch keiner der anderen Fahrgäste ist bereit, für diese Untersuchung seine Schädeldecke lüften zu lassen.

Ich steige am Bahnhof Yushima aus. Als ich auf die Kasugadori Avenue hinaufkomme, sehe ich die bleiche Wintersonne in den weißen und rosa Kirschblüten. Ätsch, hereingefallen, die Blüten sind aus Plastik, man hat sie in die kahlen, neurotischen Bäume gebunden, eine Perversion. *Sakura,* Kirschblüte, in wenigen Wochen ist es soweit, aber diese Kommerzköppe haben nicht warten können. Die echte Blüte zieht wie eine langsame Welle über ganz Japan, von Süd nach Nord, überall herrscht die gleiche Aufregung, in der die so essentielle Identifizierung mit der Natur ihren alljährlichen Höhepunkt erreicht und dann nach einigen ephemeren Tagen wieder verschwindet, wenn die schneeweißen Blütenblätter zu Füßen der Bäume verschrumpeln. Es lebe die Vergänglichkeit! Wer das in Plastik umsetzt, ist auf dem besten Wege, seine Seele zu verlieren.

Im Kaufhaus verneigt man sich vor mir. Das ist schon allzuoft beschrieben worden, ich will gar nicht erst damit anfangen, aber gewöhnen kann ich mich auch nicht daran, wie ein Voyeur nehme ich immer wieder einen anderen Lift, um zu sehen, wie das geht, wie sich das roboterisierte Mädchen bei jedem Stop verneigt und mit ihrer Kinderstimme die Formeln lispelt. Ich weiß, daß das ganz normal ist, und finde es nicht normal. Da steht sie, ein müder Feuerfalter in Uniform, und verbirgt den einen oder anderen Jemand unter ihrer Person, eine, die einen Jungen liebt oder Schwimmstar werden will, eine, die ihren Unterhalt mit Sichverneigen verdient, die sich jeden anderen Ausdruck hat nehmen lassen im Tausch gegen diesen einen: Dienstfertigkeit. Das Kaufhaus selbst ist so groß wie sechs Harrod's und fünf Bloomingdale's, der Luxus, das Warenangebot ist umwerfend. Gerade hier bekommt man ein Gefühl für den enormen Reichtum dieses Landes. Die Preise für europäische Waren sind skandalös hoch, Wein, Käse, Parmaschinken, sie haben einen eher emblematischen denn konsumptiven Wert, an Kauf ist nicht zu denken. Das ist es wahrscheinlich, was man unter Handelsschranken versteht. Dieses hier ist kein Geschäft mehr, es ist ein Kosmos, das Universum der Begehrenswerten Objekte. Alles kann man hier bekommen, angefangen bei mehreren tausend Gulden teuren Kimonos bis zu Thunfischbäuchen, von antiken *raku*-Schalen bis hin zu frivoler Pariser Unterwäsche. Die Welt der Waren. Natürlich finde ich, was ich suche, wunderschöne Kladden für meine *zuihitsu*, ich kann sofort loslegen. Was bei allem auffällt, ist die Verpackung, die äußerst raffinierte Präsentation. Wie so oft in diesem Land steckt die Schönheit im Kleinen, alles wird so zum Kleinod, schmale Finger machen Kunst daraus, man verläßt das Geschäft ästhetischer, als man es betreten hat. Ich gehe noch ein wenig in der näheren Umgebung spazieren. Ein Markt mit frischen und mit getrockneten Fischen, in Mustern ausgelegt, in Litaneien aufgehängt. Pure Verlokkung, das Auge schwelgt. In einer ruhigeren Straße dahinter Fachgeschäfte. Handarbeiten, Lackschachteln, Kimonos wie eine Gemäldeausstellung. Plötzlich fällt mir die Passage aus *Schönheit und Trauer* von Kawabata ein, als das Mädchen Keiko den älteren Schriftsteller Oki in Kioto zum Bahnhof bringt. »Keiko trug wie am Abend zuvor einen Kimono. Er war aus blauem Satin mit aufgemalten, verschiedengestaltigen Kiebitzen und vielen Schneeflocken. Die Kiebitze gaben ihm Farbe, doch er war für Keikos Alter etwas zu schlicht und als Neujahrskimono ein bißchen zu dunkel.« Kleidung als Sprache, als Zeichen. Kein Wunder, daß Roland Barthes sich hier nicht sattsehen konnte. Hinter Okis Bedenken verbirgt sich der Gedanke, daß gerade an Neujahr, wenn die Heiligtümer aufgesucht werden, die jungen Mädchen ganz bunte Kimonos tragen, am liebsten in sämtlichen Regenbogenfarben. Dies alles hat nichts zu tun mit dem leichten *yukata*, den man in Hotels gereicht bekommt und auch im Westen häufig sieht, meist in Weiß und Blau und aus Baumwolle.

Die Erinnerung funktioniert auf merkwürdige Weise, manchmal hängt sie an einem einzigen Ding. Beim erstenmal, als ich in Tokio ins *Kabuki-za* (Theater) ging, stand vor einem Nebeneingang ein geschlossener Wagen, geeignet für die Beförderung *einer* Person. Das Bild täuscht und schwankt, denn ich weiß inzwischen nicht mehr, ob es eine Sänfte oder ein zweirädriges Fahrzeug war. Woran ich mich erinnere, ist das Geschlossene dieser Ein-Mann-*carozza*, die sich fast wie ein Kleidungsstück um die Person schließen mußte, so schmal war sie. Sie mußte von

Männern zu Fuß gezogen oder getragen werden und beschwor eine Vision von alten Zeiten, von Inkognito herauf; ich konnte mir kaum vorstellen, daß im heutigen Tokio so etwas noch herumfährt. Es gehörte für mich bereits zur Vorstellung. Später las ich bei Sei Shonagon verschiedene Passagen über Fahrten in einem solchen Fahrzeug, wie, wenn man einen Waldweg entlangfährt, manchmal Zweige hereinpeitschen, die man – fast immer vergeblich – zu fassen versucht, wie aber der Geruch eines solchen Zweigs kurze Zeit hängenbleibt, oder wie, wenn man als Passant einen solchen Wagen vorbeikommen sieht, nie mehr zu erkennen ist als ein Schemen hinter der Scheibe und wie einem ganz selten einmal ein Hauch Parfüm von der unbekannten Person da drinnen in die Nase weht. Jetzt gehe ich wieder ins *Kabuki-za* und suche als erstes diesen kleinen Wagen, aber er steht nicht mehr da. Vielleicht ist er jetzt endgültig ausgestorben, hat die letzte Hofdame ihn zum letztenmal ausspannen lassen.

Ich bin vorangekommen in der Welt, heute werde ich die Bühne nicht nur von vorn, sondern auch von der Rückseite sehen, kuriose Vertauschung von Schein und Sein. Ich habe eine Verabredung mit dem Schauspieler Nakamuro Matazo. Er hat in dem Stück dieses Nachmittags (*Sakurahime Azuma Bunsho*) nur eine kleine Rolle und wird den Rest der Zeit in seiner Garderobe darauf verwenden, mit einigen Mädchen ein Stück einzuüben, das diese in ihrer Schule aufführen wollen. Dabei darf ich zuschauen, aber zuerst werde ich den Prolog des Stücks und den ersten Akt im Saal sehen, danach wird er mich abholen und mit mir in einen Coffee-Shop nebenan gehen. Das Stück wurde von Tsuruya Nanboku verfaßt und 1817 uraufgeführt, in einer Zeit, in der das Theater die damals einen Teil der japanischen Gesellschaft charakterisierende Dekadenz widerspiegelte. Groteske Formen, Parodie (häufig ein Zeichen, daß eine Epoche selbst nicht eben viel zu sagen hat, es sei denn, man wollte Manierismus als Ausdrucksform an sich deuten), bizarre Erotik, Sensation. Die Grundlage dieses Stücks ist die homosexuelle Liebe eines Priesters zu einem Schüler, ihr verabredeter *shinju* oder Doppelselbstmord (wie bei Mishima und seinem Freund), der scheitert, weil der Priester, Seigen, im letzten Moment zu feige ist. Dies alles wird im Prolog erzählt. Der Junge, Shiragiku-maru, ist einer der *chigo*, der hübschen Knaben, die in großen Tempelanlagen leben, um den Priestern, die wegen ihres Gelöbnisses nicht mit Frauen verkehren dürfen, zu Diensten zu stehen. Die Liebe zu diesem Jungen bringt Seigen in Schwierigkeiten. Sie beschließen, gemeinsam von einem Felsen ins Wasser zu springen. Der Junge hofft, als Frau wiedergeboren zu werden, damit er in einem späteren Leben Seigen heiraten kann. Der Moment, in dem der Junge springt, ist schaurig: So etwas darf man in Japan Schauspielern, Regie und Beleuchtung getrost überlassen. Ein markerschütternder Schrei, das Verschwinden im endlosen Meer, das grauenvolle Licht, das auf dieser Stelle verharrt und den Priester zurückschrecken läßt, bis er sich schließlich, absoluter Verräter, der er ist, abwendet und ein weißer Reiher auffliegt, die Seele des verstorbenen Jungen. Dann fällt ein blaßblauer Vorhang, der *asagimaku*, und ein Schauspieler erzählt, daß jetzt, während wir zuschauen, siebzehn Jahre verstreichen. Erst danach beginnt das eigentliche Stück, ein Labyrinth von Intrigen, Schuld und Sühne, Strafe und Rache, man bräuchte ein ganzes Buch, um es nachzuerzählen. Ich gebe mich den Stimmen, Bewegungen, Kostümen hin, den verzerrten, so ritualisierten Lauten, Posen, Bewegungen. Der Inhalt spielt keine Rolle mehr, es ist ein Eintauchen in das völlig Andere, Theater, das einen der Welt entrückt.

Es ist idiotisch, danach in einem Coffee-Shop zu sitzen, und noch merkwürdiger, sich anschließend vor sechs Teenagern in einer kleinen, luftigen Garderobe zu verbeugen. Ich sitze im Lotussitz in einer Ecke und versuche unsichtbar zu sein. Was ich sehe, ist – im wahrsten Sinne des Wortes – Meisterschaft. Ein Tonband wird eingeschaltet, die Stimme des Schauspielers spricht den Text in allen von Hoch nach Tief gleitenden, an- und absteigenden Tonschattierungen mit, schnarrend, kehlig, stockend, explodierend. Mich gibt es nicht in meiner Ecke, ich sehe den Mädchen zu, die die Bewegungen des Meisters mit ihren ungelenken vierzehnjährigen Körpern, ihren Jeans, den stämmigen Beinen unter Schottenröcken nachzuahmen versuchen, während hinter ihnen, an der Wand, ihre Körbe mit den Walkmen aufgereiht stehen. Nakamuro Matazo hält den Kopf wie eine balinesische Tänzerin, und nie, das wissen sie, werden sie ihren Kopf in diese Position bekommen, doch allein schon durch den Versuch distanzieren sie sich von ihrem realen Kopf, wird er zu einem Ding, das schief auf ihrem Körper sitzt, das etwas ausdrücken will. Er holt eines der Mädchen nach vorn und schreit. Sie geniert sich, muß den Schrei aber mit ihrer Mädchenstimme nachahmen, ihr hohes Organ versucht, dieselbe wütende, kollernde Erregung hervorzubringen, er schlurft mit äußerst kleinen, unnatürlichen Schritten, denen des *Scheins*, vor ihr her, und sie folgt, so gut sie kann, sein weißer, gespaltener Fuß schwebt in der seit Jahrhunderten vorgeschriebenen Haltung über den *tatami*, still, totenstill, und wir sehen alle, wie ihr Fuß zittert, sich bewegt, die zeitweilige Versteinerung nicht durchhält.

Nach einer Stunde ist es zu Ende, und von der einen unwirklichen Welt falle ich wieder in die andere, Nakamuro Matazo winkt mir, durch Flure, treppauf, treppab, folge ich, bis die Spielgeräusche immer lauter werden und ich die Stimme des Priesters erkenne; siebzehn Jahre später ist es jetzt, wo ich gehe, auf Zehenspitzen an den Kulissen entlang mit einem flüchtigen Blick auf das Spielgeschehen – Gestalten auf der breiten Bühne, ihre Posen vor den Rampenlichtern, dahinter, unsichtbar, das Monster, der Saal. Das Fremdartige der Sprache wird wohl dazu beitragen, aber ich weiß, daß ich mich noch nie in so vielen Schichten des Scheins bewegt habe. Jetzt stehen wir in einem großen Schminkraum, in dem Schauspieler sich in etwas einwickeln, was für mich wie Priesterkleidung aussieht, weiße Untergewänder, Alben, wie früher in der Sakristei, bevor der Priester die Messe zelebrierte, andere Priester.

Matazo ist Spezialist für Männerrollen, und wie alle Kabuki-Schauspieler schminkt er sich selbst. *Kumadori* heißt diese Kunst, »Licht und Schatten anbringen«. Sie gehört speziell zu Helden und Schurken, Rittern und Räubern. Dicke rote und schwarze Striche, damit fängt es an, und ausgedrückt werden sollen Emotionen; es geht nicht um das »täuschend Echte« des naturalistischen Theaters in Europa. Die Linien folgen den Konturen, der Gesichtsmuskulatur, jede Farbe hat ihre eigene Bedeutung, Rot für die Wut des Betrogenen, Blau für böse Geister und übernatürliche Wesen. Ich kann der Verwandlung, die sich vor meinen Augen vollzieht, kaum noch folgen, das macht die Sache so beängstigend. Es ist eine totale Transformation, hier entsteht jemand anders. Erst zieht er sich die *habutae* über den Kopf, ein quadratisches, mit Wachs imprägniertes Stück Seide. Wachs kommt auch auf die Augenbrauen, auf das Gesicht Öl. Darüber *oshiroi*, sein Gesicht wird eine weiße Maske, kalkig, ein Geist, ein schwarzer Strich unter dem Auge, eine gebogene Linie, die von der Stirn über die Braue zum Augenwinkel läuft, Linien zum Mund, Indigo und Schwarz, nein, hier sitzt ein anderer. Der Mann, der mich in den Coffee-Shop mitgenommen hat, und der Mann, der im Kimono den Mädchen Unterricht gab, das sind andere Männer. Diesen hier, dieses Wesen in den weiten, zeremoniellen Kleidern, sehe ich aus der Garderobe gehen, mit den anderen scherzen, die noch mit ihrer Perücke beschäftigt sind, die ihr Gesicht wechseln, ihre frühere Person neben sich auf dem Fußboden zusammenlegen, und dann sehe ich ihn wieder in den matten, laugrauen Tönen des Fernsehers, der in der Garderobe hängt. Jetzt ist endgültig jede Verbindung abgebrochen, kein Weg führt mehr dorthin. Ein anderer Schauspieler zeigt mir, wie ich wieder in den Saal komme. Den Faden der Handlung habe ich schon längst verloren, aber an meinem eigenen Leben wurde auch herumgemurkst, und als ich später inmitten der Scharen das Theater verlasse, ist es Abend geworden; ziellos gehe ich über die breiten Gehwege, als Passant geschminkt, jemand, der sich erst an sein Leben gewöhnen muß.

*Dezember 1986/Januar 1987*

# KALTER BERG

Wenn ich je ein anderes Leben bekommen könnte, dann müßte es eines in einem Land sein mit einer anderen Schrift. Mehrwert, der ästhetische Anblick von etwas, bei dem das Gezeichnete durch die Zeichnung neben der Bedeutung zusätzlich noch etwas bedeutet, behauptet, heraufbeschwört, *sho*, Kalligraphie. Ich wollte, ich könnte es, aber ich bekomme es nicht, dieses andere Leben, ich habe bereits das Alter des »zu spät« erreicht. Kein Grund zur Trauer, das »nie mehr« hat seinen eigenen bitteren Reiz.

Das Zimmer, in dem mir diese Gedanken durch den Kopf gehen, liegt in Tsumago, einem Dorf im südlichen Teil des Bezirks Kiso in der Präfektur Nagano. In diesem Zimmer steht kein Stuhl, es ist kalt, ich schreibe im Knien in mein *High grade Note book*. Der Einband ist hellbraun, ähnlich wie Packpapier. Er weist drei Linien auf, aber ich weiß nicht, was ich auf sie schreiben soll. Also nichts. Innen hat die Kladde andere Linien, die verächtlichen Hilfsmittel für jemanden, der ohne *sho* leben muß und der jetzt, da er weder Stuhl noch Tisch hat, einen etwas lächerlichen Anblick abgibt. Aber niemand sieht mich. Die Linien wollen Worte, auch wenn der Schreiber dieser noch nicht existierenden Worte sich dafür tief bücken muß. Ich überdenke den vorangegangenen Tag.

In Tokio habe ich eine Reise zusammengestellt von einem Gasthof zum nächsten. Für jeden *minshuku* bekommt man ein vervielfältigtes Blatt mit einem Plan, einer Strategie, um dorthin zu kommen. Die Besitzer der *minshuku* sprechen so gut wie nie Englisch, aber sie wissen, in welchen Bereichen wir für gewöhnlich ein törichtes Benehmen an den Tag legen. Die Reise ist nicht immer ganz einfach. Umsteigen, in einer entlegenen Provinzstadt ankommen. Da und da soll der Bus stehen. Man vergleicht die Zeichen mit den erhaltenen Anweisungen. Es sieht ganz ähnlich aus, aber stimmt es wirklich? Ist dies der Bus nach Tsumago? Ja. In Japan verkehrt alles pünktlich, man weiß, wie lange der Bus brauchen wird, die räumliche Ankunft muß sich mit der zeitlichen decken. Man kann sich der Landschaft hingeben.

Schmale Straßen, Regen. Düstere, nasse Wälder, viele Bäume noch kahl. Auf dem Land Wagen, gebückte Menschen bei der Feldarbeit. An jeder Haltestelle die automatische Stimme, in der langen Wortreihe meine ich den Klang des Wortes »Tsumago« zu erkennen, und meine Uhr sagt, daß ich aussteigen muß. Jetzt nach rechts, der Koffer rollt hinter mir her. Wir überqueren die Straße, und zwar an ihrem Ende, und dort muß es liegen, an der Straße nach Magome. Ich vergleiche das Zeichen für Magome mit einem Wegweiser. Dies ist es. Ein flaches Gebäude, davor ein steinerner Fuchs in einer fröhlichen Jacke. Er soll Glück bringen. Ich stehe etwas verloren in einer Art Laden, das *minshuku* liegt viel weiter außerhalb des Dorfes, als ich gedacht hatte, und ich frage mich, was ich tun soll, wenn es so weiterregnet. Der Besitzer erscheint und verbeugt sich, und plötzlich, wie aus dem Nichts aufgetaucht, steht eine sich verneigende Frau neben ihm. Sie lachen und verbeugen sich, ich verbeuge mich und lache. »Oranda«, sagen sie, »Holland«, und so ist es. Ich werde hinaufgeführt. Die Frau bedeutet mir, die Schuhe in der

Diele auszuziehen, mehrere Paare sehr große Pantoffeln stehen schon bereit, Menschen aus Oranda sind unglaublich groß. Sie zeigt mir noch das WC auf dem Flur und streckt einen befehlenden Finger zu den Pantoffeln aus, die dort stehen. Rein, unrein, Schuhe fürs Zimmer trägt man nicht im WC. Der Unterschied ist deutlich, denn die Pantoffeln der Unreinheit sind mit einer Schnur zusammengebunden, damit der Dummkopf, der ich bin, nicht doch mit ihnen auf den Flur tritt. Dann läßt sie mich allein. Es ist sehr still, sie ist plötzlich lautlos verschwunden. Das Zimmer ist klein, mein Koffer sieht aufdringlich aus. Ich ziehe meinen durchnäßten Regenmantel aus, aber auch er wirkt plötzlich obszön, er gehört nicht hierher, ist zu dick, hier ist alles nach Zentimetern eingeteilt. Ich erkenne die *Dinge*: die *shoji*, Fenster aus Reispapier, die man zur Seite schieben kann, sie geben dem Raum ein weißgraues, nichtglänzendes Licht. Die *tatami,* Schilfmatten, die sich unter den Füßen leicht wölben, als befände sich darunter ein besonders stark federndes Moos. Der *kotatsu,* in der Zimmermitte, ein kleiner Tisch, vor dem vier flache Kissen liegen. Darüber ist ein schlichtes Tuch ausgebreitet, auf dem ein glänzendes rundes Tablett steht. Es ist kalt hier im Raum, ich sehe nirgends eine Heizung, weiß aber, daß unter dem *kotatsu* ein kleiner elektrischer Heizofen stehen muß. Ich versuche, möglichst viel von dem, was ich bei mir habe, in den Schiebeschränken unterzubringen, um so das Bild des Zimmers intakt zu lassen, doch da kommt die Frau schon wieder mit Tee und Keksen. Ich möchte wissen, wie lange ich spazierengehen und ob ich danach noch ein Bad nehmen kann, und wir führen ein Mimodram um meine Uhr auf; sie streckt Finger in die Höhe, legt andere quer darüber, ich zeige auf mein Zifferblatt, und sie tut, als habe sie so ein Ding noch nie gesehen, und dabei lachen wir die ganze Zeit. Sie gießt den Tee ein und verneigt sich, und als sie weg ist, bleibe ich auf den Knien hocken und schlürfe das heiße, grüne Getränk, aber dann ist sie plötzlich unter vielen gemurmelten Entschuldigungen wieder da und macht den Ofen unter dem *kotatsu* an und bedeutet mir, die Beine darunter zu strekken. Nach zwanzig Minuten ist mein Rücken eiskalt, und meine Füße sind am Verbrennen. In der *tokonoma*, dem Alkoven mir gegenüber, hängt eine Kalligraphie, und wieder überkommt es mich, dieses Gefühl von Neid. Diesen Kampf von Weiß gegen Schwarz, des Zeichens, das man gegen das umringende, gefräßige Nichts machen will, den würde ich auch gern führen. Aber ich habe nur mein mit vier Wörtern benanntes *High grade Note book*, um darin meine *high grade notes* dieses Tages niederzuschreiben. Ohne Kenntnis der Sprache kommt *sho* mir wie ein leeres, eitles Exerzitium vor, das Nachäffen von Zeichen als pure Form, ihre Bedeutung nicht aus der Sprache heraus empfunden, *nipponnerie*.

Es gibt Augenblicke, in denen man sich hoffnungslos fremd vorkommt. Da sitze ich also, in meinem noch nicht einmal zehn *tatami* großen Zimmerchen. Wo die *shoji* etwas aufgeschoben sind, sehe ich einen griesgrämigen Himmel aus gutgefüllten Wolken, Regentropfen das einzige Geräusch, im Haus sind alle gestorben. Die Matten riechen wirklich noch ein wenig nach Schilf, und ich sitze da und schaue so vor mich hin. Nach dem Millionentanz von Tokio ist dies das absolute Kontrastprogramm, ich weiß noch nicht recht, was ich damit anfangen soll. Fünf Uhr. Wenn ich die Frau richtig verstanden habe, kann ich noch eineinhalb Stunden spazierengehen. In der Diele unten finde ich meine freundlichen Schuhe wieder, und plötzlich steht die Frau auch wieder da wie eine Geisterer-scheinung und gibt mir einen viel zu kleinen orangen Mädchenschirm. Ich beschließe, nicht ins Dorf zu gehen, sondern nach links, Richtung Magome, es muß einen Waldweg geben, der dorthin führt. Bevor ich weiß, wie mir geschieht, habe ich mich verirrt, aber das macht nichts, es ist jetzt besser, kein Ziel zu haben. Der Regen tickt leise auf meinen zu kleinen Schirm. Von alten Bildern kenne ich sie, gebückte Männer im Regen unter einem *karakasa*, einem altmodischen Regenschirm aus geöltem Papier, ähnlich dem, was die buddhistischen Mönche in Birma gegen die Sonne haben. Wie anders klänge das Geräusch des Regens auf dem harten, pergamentartigen Papier. Er würde trommeln, peitschen, ich hätte Gesellschaft. Der Weg zieht sich in einer langsamen Schleife bergan. Die meisten Bäume sind noch kahl, sehr zart und dünn in Regenschleiern. Wie ist es eigentlich, fordert eine bestimmte Landschaft eine besondere Malweise heraus oder wird der Eindruck, den man von einer Landschaft hat, von den Bildern geprägt, die man gesehen hat? Haben die Hügel tatsächlich andere Formen, steigen sie bizarrer und jäher in der nebligen Ferne auf, oder ist es nur so, weil ich dies so oft auf japanischen Bildern gesehen habe? Und umgekehrt, hat die Natur sich hier wirklich mit Tusche in abrupten, plötzlich ganz feinen Strichen aufs Papier bannen lassen?

Ich denke an einige Wandschirme von Hasegawa Tohaku, die ich – gestern erst – im Nationalmuseum in

Tokio gesehen habe. Sie stammen vom Ende des sechzehnten, Anfang des siebzehnten Jahrhunderts, aber als ich um mich blicke, sehe ich auch nur Wandschirme, jemand hat sich die Mühe gemacht, die Schirme eines frühen Abends aufzustellen und darauf die Geister von Bäumen zu malen. Kiefern waren es, und auch von ihnen sehe ich hier einige, dunkel die am nächsten gelegenen, und die entfernteren mit immer hellerer Tusche oder leichteren Bewegungen gemalt, *eine* Farbe vielleicht nur, ein Schwarz, das alles in sich birgt, das grünlich oder grau sein kann, ein Baum, der in der Erde steht, und ein schwebender Baum, immer ein einzelner Baum und zugleich ein Wald.

Meine Füße versinken im nassen Boden, der kleine Regenschirm schützt mich schon lange nicht mehr, ich spüre, wie mir die Kälte bis in die Knochen dringt. An einer Weggabelung steht ein Baumstrunk, in den Zeichen geritzt sind, die man weiß angemalt hat. Sie lachen mich aus mit ihren Schleifen und Rundungen, sie sagen etwas, und ich kann sie nicht verstehen, sie brüllen vor Lachen über diesen albernen Mann mit dem orangefarbigen Ding über dem Kopf. Ich entscheide mich für einen der beiden, den steileren Weg, höre einen Bergbach, aber sehe ihn nicht. Dann ist plötzlich ein Glöckchen zu hören, und ich bereite mich auf Schritte vor, eine menschliche Gestalt in den Regenwolken, doch das Glöckchen wird vom Wind bewegt, gehört nicht an den Hals einer Ziege oder in Menschenhände. Es hängt an der Veranda eines verschlossenen Hauses, niemand zu sehen. Ich setze mich in eine Ecke der Veranda, trocken, mit angezogenen Knien, und schaue auf das Glöckchen, wenn der Wind es berührt, bewegt es sich. Nein, ich brauche hier, später, jetzt, wo ich es aufschreibe, den Klang dieses Glöckchens nicht nachzumachen. Ich suchte ein Wort für diesen Augenblick, und das Wort, das sich anbot, war *poignancy,* als wollte sich alles, eine ganze Reise, in diesem Augenblick ballen, so daß man unbeweglich sitzen bleibt und sich wünscht, er möge ewig dauern. *Furin* heißt so ein Glöckchen, und plötzlich weiß ich, wo ich zuletzt eines gehört habe, bei einem Maler, der in der Wüste New Mexicos in einem Waggon lebt, Bruce Lowney. Er lebte dort allein und hatte seine *furin,* wie er sagte, um die Stille zu akzentuieren. *Poignancy, mono no aware,* das Pathos der Dinge.

Unglücklicherweise bin ich so beschaffen, daß ich immer hinter den nächsten Hügel gucken will und noch immer nicht gelernt habe, daß dahinter wieder ein Hügel liegt. Was erwarte ich denn eigentlich (und schon so lange)? Eine besondere Begegnung, eine Wunderlandschaft, das Meer? Du erwartest etwas, das du dir nicht ausdenken könntest, Trottel. Geh zurück nach Hause (Hause?), du bist klatschnaß, und es wird dunkel, ringsum bilden sich dunkle Löcher, Löcher, die die Darstellungen von Sträuchern und Zweigen aufsaugen, plötzlich sind sie nicht mehr da, der Wald schrumpft und kommt auf dich zu. Aber ich will noch weiter, und dann führt der Weg in einem wilden Schlenker abwärts, und ich gerate in offenes Gelände. Wieder ein Haus, ebenfalls verschlossen. Wohnen in dieser Gegend überhaupt Menschen? Es ist alt, dieses Haus, das Holz ist so dunkel wie die hereinbrechende Nacht. Ein Schild mit einem wie ein Gedicht aussehenden Text hängt da, seitlich vom Haus ein nasses

Feld, über das man Schilf gelegt hat, um es vor dem Regen zu schützen. Verbrannte Holzklötze, ein Büschel geschnittener Bambus. Das Gedicht kann ich nicht lesen, also mache ich selbst eines, japanische Spiele.

> Das verlassene Haus in den Bergen –
> wenn ich es wär, der das Schilf schnitt
> bin ich dann der Mann, der hier wohnt?

und sogleich antwortet die Natur, denn ein Bussard fliegt langsam aus einem Baum hinter dem Haus auf

> der Wipfel streckt die Flügel aus
> und fliegt davon –
> ein Bussard in den Hügeln bei Magome.

Aber ich bin ja nicht in der Nähe von Magome. Schon möglich, aber wo dann? Jetzt kommen Geister, die mich mögen. Der Weg ist breiter geworden und mündet in eine schmale Asphaltstraße. Dort hockt ein kleiner steinerner Mann mit einem roten Lätzchen um den Hals und einem aus Schilf geflochtenen Hut. Das Lätzchen ist naß, der Hut durchweicht, aber das kümmert ihn nicht. Seine steinernen Beine sind völlig waagrecht und gekreuzt, er hat die Augen geschlossen und trägt einen Stab in der rechten Hand, die aus dem weiten Faltenwurf seines Mantels hervorschaut. Ich weiß, daß er Jizo heißt. Die beiden Teile seines Namens bedeuten Erde und Gebärmutter, oder Wiege und Grab, und auf dem Weg dazwischen ist er die kleine kahlköpfige Gottheit, die uns beschützen soll, er sieht aus, als ob er es kann, Gott, Berggeist oder Geist der Landschaft, ich brauche ihn, ich muß nach Hause. Ich zerre ein wenig an seiner unendlichen Ruhe, vor ihm liegen zwei durchweichte Süßigkeiten, und ich stehe hier mit leeren Händen, aber das ist ihm offenbar einerlei, denn nun hält ein Jeep mit einem Bauern vor mir, der mich ansieht und die Hände fragend vom Lenkrad nimmt. Ich lache und verstaue diesen blödsinnigen Regenschirm und sage »*minshuku*, Tsumago«, und er fährt an sechs Hügeln vorbei, und schon sind wir da, ich war nicht weit weg und doch sehr weit.

Als ich das *minshuku* betrete, rieche ich Essensdüfte. Andere Gäste sehe ich immer noch nicht. Es muß jetzt Zeit fürs Bad sein. In meinem Zimmer liegt ein *yukata* bereit, ein leichter Kimono aus blauer Baumwolle. Ich ziehe mich um und gehe hinunter und wollte, es gäbe ein Glöckchen, das mir voranginge. Besonders groß bin ich nicht, aber vor allem, wenn die Behausung so klein ist und man sich selbst noch nicht heimisch fühlt, empfindet man seine eigene Anwesenheit als etwas Plumpes und Täppisches. Womöglich jage ich anderen noch einen Schrecken ein. Aber der Mann steht bereits in dem halbdunklen Raum, in dem ich nachher anscheinend essen soll.

»O-furo?« frage ich zögernd.

»Hai!«

Es gibt genug Geschichten über Japaner, die sich in Europa ausgiebigst außerhalb der Badewanne waschen, bevor sie sich endlich hineinsetzen, und so nach unserem Empfinden eine riesige Schweinerei veranstalten, und andererseits auch genug Geschichten über Europäer, die in Japan das klare Wasser mit ihrem Schmutz und ihrer Seife verunreinigen und damit in den Augen der Japaner eine schreckliche Ferkelei begehen: Diesen Fehler mache ich nicht mehr. Beide Seiten haben Anweisungen erhalten, wie man Scham und Schande vermeidet, und meinen Teil habe ich auswendig gelernt. Man wienert, scheuert, schrubbt und begießt sich so lange mit Wasser, bis kein Fitzelchen Schmutz mehr am nackten Leib ist, erst dann darf man in die Wanne. Wenn Japaner dabei sind, spürt man, daß sie aufpassen, denn unser Ruf ist weit gedrungen. Handelt es sich um ein Gemeinschaftsbad, dann steigen sie manchmal in dem Moment aus, in dem man selber hineinsteigt, selbst wenn man sich noch so gründlich geschrubbt hat, auch das ist mir schon passiert. Hier bin ich jedoch allein, der Raum ist zu klein, man wechselt sich hier offenbar ab, das Bad ist zwar gemeinschaftlich, aber das Gemeinschaftliche spielt sich nicht zur selben Zeit ab. Der Mann zeigt mir, wo ich meinen *yukata* aufhängen soll, deutet auf die Seife, die Bürste, den Wasserhahn, mich, den niedrigen dreibeinigen Holzschemel, auf dem ich sitzen, das runde Holzgefäß, mit dem ich mir Wasser über den Kopf gießen soll. In der Ecke steht, leicht drohend, ein rechteckiger Holzzuber, bis obenhin mit schimmerndem Wasser gefüllt, das durch eine unsichtbare Öffnung nachgefüllt zu werden scheint, denn ich höre leises Gebrodel, ohne etwas zu sehen. Dampf steigt auf, so dicht wie die Nebelschwaden in den Hügeln, das Wasser muß glühend heiß sein. Ich führe die vorgeschriebenen Übungen aus und noch mal und noch mal, das Ritual der Reinigung, die Ablution, ich werde zum saubersten Mann auf Erden. Natürlich haben sie recht, welch blöde Angewohnheit von uns, im eigenen schmutzigen Badewasser zu sitzen, so wird man die Sünde, die Befleckung, den Zeitlauf nie los. Sauberer denn je seit meiner Geburt, nachdem ich Züge und Busse, Schlammspaziergang, Nerven, Druckerschwärze, *Leben* von mir abgespült habe, gehe ich schließlich, immer noch mit einem gewissen Zögern, auf *o-furo* zu, tauche die Hand hinein wie eine Katze und weiß sofort: Hier drin kann ich unmöglich sitzen. Ausgeschlossen. Also strecke ich vorsichtig einen Fuß hinein und, als der gekocht ist, einen Fußknöchel, eine stämmige Wanderwade, die Keule, Menschenfilet, Lende, Rippchen, Bruststück, Dichterschulter, das Schmorfleisch meines Nackens, bis alles, Steiß, Sitzbeinhöcker, Oberarm und Brustspitze, zweite Keule, Hinterknie und Schinken leise zu garen und zu zischen anfängt. Eine Zeitlang versuche ich noch, durch Gedanken in dem als einzigen über Wasser gebliebenen Teil geistige Distanz zu diesem Prozeß zu schaffen, aber es ist schon zu spät, zwischen Kamm, Nasenspiegel und Scheitel befindet sich keine ordnende Instanz mehr, und alles, was sich darunter befindet, zerfließt in der maßlosen Hitze, ich löse mich geistig auf, völlige Zersetzung des Reisenden, des Aufschreibers, der *Person*. Es ist folglich auch fast niemand mehr, der sich eine halbe Stunde später zum Gemeinschaftsmahl niederläßt, das mangels anderer Leute nur an Niemand verabreicht wird. Niemand ist glücklich, fischt die großen Meeresschnecken aus ihren Schalen, zeigt dem ängstlichen Hausherrn, daß er weiß, wie er die so eleganten rohen Makrelenscheiben des *sashimi* in seinen noch übriggebliebenen Mund befördern muß. Wie er die *suimono* schlürfen muß, wie er die Symmetrie der Krabbe brechen, die gerösteten Hühnerstücke mit seinen großen Zähnen von den *yakitori*-Spießen ziehen muß und sogar einzelne Reiskörner zwischen den *hashi* halten kann, ein Wunder. Es ist dann schon halb acht oder so, die Kännchen mit Sake, die auf sein wiederholtes *sumimasen* herbeigebracht wurden, haben die Hitze des Bades erhalten, und als

Jemand in sein Zimmer zurückkommt, ist der *kotatsu* bereits weg, und der Futon liegt, so merkwürdig in der Mitte des Zimmers, auf dem Boden bereit, er braucht sich bloß hinzulegen, und es ist Nacht. Sehr kalt ist es im Zimmer, sein Atem macht Wölkchen, aber das kümmert ihn nicht, und auch nicht die Dunkelheit, die Stille, die leisen Regentropfen darin. Er will sich noch etwas für den morgigen Tag überlegen, aber auch der weigert sich, Form anzunehmen, und so zerfließt er, ohne Konturen, noch einmal im Schleierreich des Schlafes.

Die Landschaft Japans ist von Geistern belebt. Das ist zwar nur Phantasie, doch die wird von den allgegenwärtigen Jizos, Tempelchen, Schreinen, Gedenksteinen angeregt. In der Stadt findet man sie auch, aber hier, in der Natur, sind sie eine Verbindung mit der Landschaft eingegangen, so daß es scheint, als drückten sie deren Steigerung, Vergeistigung aus. Ich bin früh aufgebrochen, diesmal werde ich mich nicht verirren. Jetzt ist es nicht mehr die Dunkelheit, die die Nacht ankündigt, sondern die Dunkelheit, die die Nacht zurückgelassen hat und die sich langsam aus den Wäldern zurückzieht. Zuerst marschiere ich ein Stück weit auf einer ehemaligen Poststraße, an der Tsumago und Magome Raststellen und Kontrollposten waren, später schlage ich einen Wanderweg ein und achte sorgfältig darauf, daß ich auf den hölzernen Wegweisern immer dasselbe Zeichen erkenne und ihm folge. Hin und wieder stoße ich auch auf eine Karte in Stein, aber wenn ich die mit meiner Landkarte zu vergleichen versuche, gerate ich hoffnungslos durcheinander, das einzige, was ich lesen kann, sind die Zahlen für die Entfernungen, nicht die Ortsnamen. Hinter mir schimmert der Berg Nagiso, vor mir der Berg Ena, mal sehe ich sie und mal nicht. Ab und an kreuzt der Weg einen Fluß, der meiner Meinung nach der Kiso ist, und ich frage mich, warum ich das wissen will. Das Wasser strömt, glänzend und durchsichtig, an bemoosten Steinen entlang. Farne und Schilf wedeln an den steilen Ufern leise vor sich hin, ich habe solche Flüßchen überall gesehen, was ändert sich an dem sich ständig verändernden Wasser, wenn ich weiß, daß es nicht »Wasser« heißt, sondern »Kiso«? Streckenweise ist der Weg aus Stein und erinnnert an eine römische Heerstraße, dann wieder steigt er mit Stufen aus Baumstämmen bergan. Einmal begegne ich vier Jungen, gelbe Plastikflekken vor dunklen Zypressen. Ihre Ausrüstung ist vorbildlich, sie sehen martialisch aus, Bergschuhe, Stöcke, eine Landkarte in Plastik, kurze Hosen, Rucksäcke. Japaner machen alles professionell, zu einer Wanderung gehört Wanderausrüstung, sie sind erstaunt über mein ganz normales Aussehen, bleiben aber stehen und sagen, ja, sie seien auf dem Weg nach Tsumago, und ich, ich ginge doch sicher nach Magome? Ja, ich gehe nach Magome, aber dann will ich später auch wieder nach Tsumago zurück, und mit Händen und Füßen erklären sie mir: ein Bus, ein Zug, ein Bus, *goodbye, goodbye, sayonara,* und unsere Stimmen verwehen. Plötzlich wünschte ich, ich hätte jemanden bei mir, einen japanischen Widerpart, genauso jemanden wie mich, nur in japanisch, jemanden, der die kleinen Geheimnisse entschleiern kann. Ich stelle mir vor, wie ich mit ihm durch die südlimburgische Landschaft ziehen würde, er würde auf einem Weg zwischen Kornfeldern stehenbleiben und fragen, was das denn eigentlich bedeute, dieser Mann aus weißgemaltem Eisen, der an den gekreuzten Balken hängt. Und später, bei einer kleinen

Kapelle, wo hinter Glas eine Gipsfigur von Maria steht und vor ihr ein Büschel Kornblumen, würde er vielleicht an seine eigene Göttin Kissho Ten denken, und ich würde ihm erklären, daß dies die Mutter des Mannes am Kreuz sei. Ja, aber er wird doch wohl wissen, wer Christus ist? Natürlich, ich weiß auch, wer Jizo ist, wer Kannon ist, aber empfindet er die »Ver-geister-ung« der Landschaft genausowenig in seinem eigenen Land, wie ich sie in Limburg empfinde? Nutzen sich diese Dinge durch ihre ständige Anwesenheit ab, sieht er sie gar nicht mehr, diese Figuren, die überall stehen und einen nie ansehen, die, in sich versunken, vor sich hin träumen, denken, meditieren? Traumbilder, Suggestionen eines anderen Lebens. Trotzdem bin ich hier empfänglicher dafür, aufgrund des Fremden, des Rätsels. Hin und wieder habe ich die geschriebene Antwort parat, dann weiß ich, daß dieses kleine Tempelhaus aus Holz *Kurashina-soreisha* heißt, ein Schrein für die Seele von Shichirozaemon Kurashina, der 1586 an dieser Stelle ermordet wurde, und ich würde ihm gern einen Gedanken widmen, aber ich weiß nicht, wer er ist. Und dann, beim Aufstieg zum Paß von Magome, 400 Meter höher als Tsumago, sehe ich die Überreste eines Kontrollpostens. Bereits seit 1749 war es verboten, fünf bestimmte Baumarten zu schlagen, da sie sonst aussterben würden, Japaner gingen früher bereits besser mit der Natur um als wir. Auf einer offenen Galerie finde ich ein verwittertes, halb zerstörtes Bild. Zwei Männer, Dichter oder Weise, jedenfalls durchsichtig gewordene männliche Wesen, sitzen unter einem Baum neben blühenden Sträuchern und füttern Kraniche, die Kräuselungen, kleine Wellen im Wasser machen, mit feinverästelten Zweigen. Was aussieht wie ein halber roter Fächer, ist die Sonne.

Sie sind so transparent, diese Männer, daß das Meer oder der See durch sie hindurch gemalt ist, als seien sie bereits drauf und dran, in der Natur zu verschwinden. Durchlaucht in der ursprünglichen Bedeutung des Wortes, das sind sie.

Von hier aus geht es wieder abwärts, der Berg Ena links vor mir, aber zu weit, um mich aufzuhalten, das Geräusch des männlichen und des weiblichen Wasserfalls irgendwo im Wald, die ersten Häuser, Magome, und jetzt habe ich langsam auch das Gefühl, das zu einer solchen Fußwanderung gehört, ein Italiener im Schwarzwald des achtzehnten Jahrhunderts, Stevenson in den Cevennen mit seinem Esel, jetzt werde ich einen Rastplatz suchen, ein anderes Wort gibt es dafür nicht, und dann findet man ihn auch, mit fünf Frauen in Weiß an einem großen Tisch, die alle zusammen eine Mahlzeit für mich zubereiten werden. Inmitten des kleinen Raums ein fauchender Ofen mit einem riesigen Kupferteekessel, in einer Ecke zwei schlürfende Bauern, an der Wand ein paar kleine Holztafeln, auf denen unlesbare Namen von Gerichten stehen. Ich segne den Zufall und zeige auf die mittlere Tafel und bekomme eine Schale dampfender Suppe mit Nudeln und Fischstükken. Fünf Mütter habe ich jetzt, die alle zuschauen, wie ich es aufesse, die mir Tee bringen und Sake und mir zeigen, wo ich in den Bus nach Nakatsugawa einsteigen muß, wo der Zug nach Nagiso abfährt und alles wieder von vorn beginnt, die ewige Wiederkehr.

Nakatsugawa, am glücklichsten ist man an den Orten, von deren Existenz man nichts geahnt hat. Dies war nicht mein Ziel, und trotzdem bin ich jetzt hier. Auf dem Bahnhofsvorplatz machen zwei Taxifahrer ein Feuer in einer Tonne, die Verkehrsampeln flöten wie Amseln bei Grün und rufen »Kuckuck« bei Rot, verschwommene Berge auf allen Seiten, Schulmädchen in langen blauen Röcken, und in einem Fenster ein Bücherstapel, obenauf eine Anthologie englischer Lyrik von Donne bis Johnson; ich werde von Begierde verzehrt, aber traue mich nicht, und trotzdem, *nirgends* sehe ich etwas anderes, das ich lesen könnte, ich spaziere herum, wenn ich richtig verstanden habe, darf ich hier eine Stunde bleiben, und dann sehe ich plötzlich eine Absurdität, zwei Schaufenster, die so, wie sie sind, in eine Vitrine des Gemeentemuseum in Den Haag könnten, die Schaufenster einer Konditorei. Dies muß die Apotheose dessen sein, was man mit Süßigkeiten anstellen kann, ein vergängliches Museum schmelzender Kunst, Shogetsudo in Nakatsugawa, wer hierfür einen Katalog zusammenstellen muß, hat zu tun. Wie nennt man diese Gegenstände? Monochrome, ocker marmorierte Objekte, eine schreckliche Krankheit, die sich plötzlich zum Guten gewendet hat, nichts davon würde man sich zu essen trauen, ihre Vollkommenheit verbietet es. Symbolisch gehe ich hinein und wundere mich über das Fehlen von Wärtern, ich betrachte die ausgestellten Waren, die Geometrien, Farbstellungen, die Mini-Christos, die gesäuberte Palette der Neuen Wilden, die weißen, überschatteten Reihen Schoonhovens. Mit zweihundert Gramm zwanzigstes Jahrhundert gehe ich wieder hinaus, wage es aber erst zu essen, als niemand zuschaut.

Der Zug ist alt, ein Bummelzug, grün gestrichen. Irgendwo rechts von mir muß der Weg liegen, den ich vorhin gegangen bin. In Nagiso besteige ich zum zweitenmal den Bus nach Tsumago, ich bin ein Pendler, tue das jeden Tag. Aber diesmal fahre ich nicht gleich zum *minshuku*, ich gehe noch durch den Tempelhof, an alten Holzhäusern vorbei, die mich an ein Bergdorf in Asturien erinnern, vorbei an den übereinander gestapelten Gräbern der Toten, der Kies beantwortet meine Schritte. Die ersten Lichter sind angegangen, Nebel steigen vom Fluß auf und schlingen sich um die hohe Tafel mit Gesetzen und Verboten, die die Tokugawa hier in vergangenen Zeiten aufgestellt haben, sie winden sich um die Brücke, den Fußweg entlang, spinnen mich ein und bringen mich nach Hause. Ich stelle meine Schuhe neben vier Paar Bergschuhe, die Wanderer haben bereits gebadet, und wir müssen zu Tisch, lachend, verbeugend, kostend, die sprachlose Verbrüderung von Menschen unterwegs. Der Sake bewirkt eine Wohligkeit, das Bad besorgt den Rest, heute abend gehe ich nicht gleich zu Bett, heute abend übersetze ich ein Gedicht. Und während ich im *minshuku* die jungen, gedämpften Stimmen höre, lasse ich mich auf die Worte Han-Shans ein, eines chinesischen Dichters, der zur Zeit der Tang-Dynastie als Eremit an einem Berghang bei T'ien-T'ai lebte.

Sie fragen nach dem Weg zum Kalten Berg.
Kalter Berg: Dort führt kein Weg hin.
Im Sommer wird das Eis nicht schmelzen
Die aufgehende Sonne verschwimmt im tanzenden Nebel.
Wie ich hingekommen bin?
Mein Herz ist nicht das gleiche wie dein Herz.
Wenn dein Herz so wäre wie mein Herz
Würdest du es verstehen, dann wärst du schon hier.

Wenn du den Weg zum Kalten Berg hinaufgehst,
Führt die Spur zum Kalten Berg weiter und weiter:
Die lange Schlucht, verstopft von Disteln und Felsen,
Der breite Flußlauf, das nebelverschleierte Gras.
Das Moos ist glitschig, obwohl kein Regen gefallen ist,
Die Kiefer singt, aber es weht kein Wind.
Wer kann die Verbindung zur Welt abbrechen
Und setzt sich zu mir zwischen die weißen Wolken?

Kalter Berg ist ein Haus
Ohne Balken und Wände.
Die sechs Türen links und rechts sind geöffnet
Die Diele ist der blaue Himmel,
Die Zimmer sind alle leer, ohne Form.
Die Ostwand grenzt an die Westwand
Und in der Mitte ist nichts.

Wenn ich mich auf dem Kalten Berg verstecke
Und von Bergpflanzen und Beeren lebe
Mein Leben lang, warum machst du dir dann Sorgen?
Jeder folgt seinem Schicksal bis zum Ende,
Tage und Monate gleiten wie Wasser dahin,
Zeit ist nur ein Funke, aus dem Feuerstein geschlagen.
Geh du nur weiter in der sich drehenden Welt,
Ich sitze hier glücklich, allein, im Stein.

Von Anfang an war der Kalte Berg meine Wohnung
Zwischen den Hügeln umherwandernd, fern vom Getöse.
Weg, und tausend Dinge hinterlassen keine Spur.
Los, und alles strömt an unendlich vielen Sternen vorbei.
Kein Ding, und doch steht es vor mir.

Jetzt kenne ich die Perle des Buddha-Wesens
Und kenne ihren Gebrauch: grenzenlos vollendet und
so rund wie eine Null.

*Februar 1987*

# ENDLOSE KREISE

Bei weiten Reisen gibt es unweigerlich stets eine zweite Ankunft: die, wenn man wirklich angekommen ist. Die erste, eigentliche Ankunft zählt dann bereits nicht mehr – sie gehört noch zu demjenigen, der man jetzt nicht mehr sein will, den man in jenem anderen Erdteil zurücklassen wollte, der im Flugzeug, im Taxi zum Hotel jedoch an einem hängenblieb, der lästigerweise nicht von einem weichen sollte, während man unterwegs zu jenem erträumten Augenblick war, da der Reisende eins wird mit dem Bild seiner Sehnsucht, dessentwegen er sich auf die Reise begeben hat. Welches dies sein wird, läßt sich im voraus nie genau sagen, doch wenn es soweit ist, erkennt man es zweifelsfrei: Dies ist es.

Dies ist es. Der Fluß, das Mädchen, der Fischer, die Brücke, die japanischen Hügel am anderen Ufer. Damit beginnt es bereits: Weshalb sollte man japanische Hügel japanische Hügel nennen? Ist das nicht Fiktion? Vielleicht, doch ich erkenne sie von Darstellungen auf *kakemonos* und Wandschirmen wieder, sie haben oft etwas Plötzliches an sich, als wären sie eben erst, kurz bevor man sie sah, entstanden, eigenartige, hohe Aufwölbungen in einer ebenen Landschaft und bewachsen mit verschiedensten Bäumen in hundert Grün- und Rottönen. Solche Hügel gibt es nirgendwo sonst. Das Mädchen in seiner Schuluniform sitzt am Ufer und liest, ich wüßte gern, was. Es ist so in sein Buch vertieft, daß man meinen könnte, es sei in der Landschaft festgewachsen, genauso wie auch der Fischer bereits hundert Jahre im Wasser steht, eine Silhouette im schnellfließenden Fluß. Mädchen, Fischer, Hügel,

Fluß, am anderen Ufer ein Feuer und Männer in Weiß, die etwas tun, was ich nicht erkennen kann.

Es war mein erster Tag in Kioto. Etwas hatte mich davon abgehalten, mich gleich in die übermächtige Stadt zu stürzen, die ich von früher her kannte. Erst wollte ich hinaus. Die spärliche Landschaft, die vom Superexpreß aus zu sehen war, hatte mir nicht genügt. Ich hatte von einem Fluß gelesen, von Tempeln, die westlich der Stadt, in einer Gegend, in der ich noch nie gewesen war, irgendwo in den Hügeln liegen mußten, von einem Wasserfall und von einer Brücke, die Togetsu hieß und die alle Großen gezeichnet hatten. Ohne die Brücke vor mir zu haben, hatte ich diese Zeichnungen vor meinem geistigen Auge gesehen, und jetzt war ich da und stand am Wasser des Oi und blickte auf die Hügelkette mit den Kiefern, Ahorn- und Kirschbäumen, die einst, im 13. Jahrhundert, von Kaiser Kameyama nach Arashiyama verpflanzt worden sein sollen. Arashiyama, dieses Wort hatte mir gefallen (Reisende glauben an den Zufall), ich hatte es nachgesprochen und den Bus gefunden, der vom Keihan-Sanjo-Bahnhof aus dorthin fuhr, eine ziellos scheinende, endlose Fahrt mit Schulkindern, die hinein- und wieder hinausfluteten und auf ihren Rüttelsitzen mit dem angespannten Gesicht von Managern einschliefen, die einen harten, arbeitsreichen Tag hinter sich haben.

In Arashiyama angelangt, sah ich, daß es vielleicht nicht mehr als ein ferner Außenbezirk der Stadt war, aber diese lag nun hinter mir, und auf der anderen Seite des Flusses brannte jenes rätselhafte Feuer. Dort zog es mich hin, doch sobald ich die ersten Schritte auf die Brücke getan hatte, geschah etwas Seltsames. Ich vervielfachte mich, ging nicht mehr allein, um mich hatte sich plötzlich eine Menge gebildet, die anschwoll und mich, ohne auf mich zu achten, in ihrer Mitte aufnahm und auf das Feuer zuschob. Ich hatte mich bereits daran gewöhnt, daß man in Japan so gut wie nie ohne andere Menschen ist, doch nun war ich ein Regentropfen in einer Wolke geworden, einer fröhlichen, plappernden, schrumpfenden und wieder anschwellenden Wolke, die sich auf dieses Feuer zubewegte, das von den weißgekleideten Männern, soviel konnte ich jetzt erkennen, angefacht wurde, bis es hoch aufsprang, und dann wieder mit einer neuen Holzkohleschicht beschwichtigt wurde, über die man Roste legte und darauf kleine aufgespießte Fische. Mitten durch ihre silberblauen gekrümmten Leiber gingen die Spieße, so daß es schien, als bewegten sie sich noch immer auf dem Rost. Die Wolke hatte sich jetzt zu Schleifen drapiert, eine lange Menschenschlange, zu der ich nicht mehr gehörte. Ich ging nach vorn, um zu sehen, was da geschah. Dort stand ein überdachter Holztisch, an dem die Fische ausgeteilt wurden. Auf dem Plakat, das da hing, war ein Fisch zu sehen, aber das war, mit Ausnahme des Datums, alles, was ich erkennen konnte. Nacheinander rückten die Leute in der Schlange vor und erhielten jeder einen Fisch und eine Dose Bier im Tausch für eine Marke, aber ich hatte keine Marke, und man konnte auch nirgends eine kaufen, daher blieb ich dort noch ein wenig stehen und sah zu, wie die Wartenden und die Essenden einander filmten und fotografierten. Ich fragte ein Mädchen, was hier eigentlich los sei. Sie kicherte und verbarg ihr Gesicht in den Händen. Dann zeigte sie auf die weißen Männer und den Fluß und sagte: *»First fish, first fish.«* In diesem Augenblick schwang ein alter Fischer mit spitzem Schilfhut, wie ich ihn auf Bildern von Hiroshige und Hokusai gesehen hatte, den glitzernden Blitz eines Fisches aus dem Wasser. Jetzt kam einer der weißgekleideten Männer auf mich zu und drückte mir eine Marke in die Hand. Zahlen durfte ich nicht, und während das Mädchen, das Gesicht noch immer halb in der Hand verborgen, zu seinen Freundinnen lief, stellte ich mich ganz hinten in die Schlange, die langsam, langsam zum Feuer und dem Holztisch vorrückte, an dem ich meinen Fisch bekommen würde. »*Name, name*«, fragte ich, als ich ihn in der Hand hielt, und man antwortete mir: »*Ayu, fish ayu.*« Erst später begriff ich, daß dies der Auftakt der Saison war und daß die Leute aus weitem Umkreis in die *kaiseki*-Restaurants von Arashiyama pilgerten und Unsummen für eine *ayo*-Mahlzeit bezahlten. Was ich miterlebt hatte, war die volkstümlichere Version, eine Firma, die ihrer Belegschaft diesen Ausflug spendiert hatte. Bei jedem Bissen wurde ich fotografiert und gefilmt, auf Hunderten von Videos hockt der Fremde in unbeholfenem Lotussitz zwischen den Firmenangehörigen und genießt seinen *ayo*.

Hokusai, Hiroshige. In was für ein Japan bin ich eigentlich gekommen? Ich gehe zur Brücke zurück und sehe, daß auch Japaner stehenbleiben, um den Fischer mit seinem Hut zu fotografieren. Aus geflochtenem Schilf ist dieser Hut, ich täusche mich nicht, als ich ihn von alten Bildern wiedererkenne, nicht einer der anderen Fischer im Fluß trägt noch einen solchen Hut. Dies ist meine vierte Japanreise, jeder Reisende, denke ich, kennt das Repertoire der Gegensätze zwischen dem, was er sieht, und dem, was er erwartet hat. Er sucht die Bestätigung eines inneren Bildes, selbst wenn er weiß, daß dieses Bild eine Fälschung ist. Wer in Florenz ausschließlich die Renaissance sehen will, weiß, daß er sich selbst betrügt, und gleichzeitig beschäftigt er sich mit Formen von Wahrheit. Verzerrten Formen, entstellter Wahrheit, mit etwas, was es gegeben hat und nicht mehr gibt und doch noch gibt. Kirchen, Statuen, Gemälde. Oder, wie hier, Tempel, Schreine, Gärten. Nach ihnen macht der Reisende sich auf die Suche und begibt sich in den Sumpf der Widersprüche. Zwar befindet er sich nun an dem Ort, an dem die Kunst, die er sucht, entstanden ist, aber er kommt zu spät. Zu dem Punkt in der Zeit, an dem er eigentlich sein wollte, kann er nie mehr gelangen. Das Paradox, in dem er sich befindet, verdoppelt sich, denn da es mit der Zeit nicht mehr stimmt, ist auch mit dem Ort etwas verkehrt. Was er suchte, hat seinen Platz verloren, weil nichts an diesem Ort geblieben ist, was es war, und in dieser doppelten Fälschung hat der Reisende keine Wahl. Er hat bereits gewählt, er kann nichts anderes tun, als die Vergangenheit zu eliminieren, indem er sie mißbraucht: Mit der U-Bahn von heute fährt er zum Tempel von damals, den er sich unverändert vorstellt, während doch alles ringsum verändert oder verschwunden ist. Nur so kann er in dem Früher verweilen, nach dem er gesucht hat.

Dann wird der Fischer von 1992 der Fischer Hiroshiges von 1833, und, dieses Bild noch auf der Netzhaut, gehe ich am Fluß entlang und suche einen Ort zum Essen. Das kleine *minshuku*, das ich finde, liegt an einem schattigen Fleck über dem Wasser. Eine alte Frau öffnet mir, ich stelle meine Schuhe neben die anderen Paare, die dort stehen, und gehe über sanft federnde *tatami* zum offenen Fenster, wo ich mich hinhocke. Hinter mir höre ich das leise gurgelnde Gespräch zweier Frauen, in einer Nische auf der anderen Seite des Raums hängt eine Kalligraphie, eine wilde, in einer Sekunde aufs Papier geworfene schwarze Form, die das Geheimnis ihrer Bedeutung vor mir verborgen hält. Ein Gedicht, ein Name, ein Ausruf – alles ist denkbar, doch ich lasse es gut sein, weil die Zeichnung kraftvoll ist und mich an alles mögliche denken läßt, mein Auge kann sich darin verlieren. Wenn ich hier bin, befinde ich mich in einem Gespinst verschleierter Bedeutungen, was ich nicht verstehe, vermischt sich mit dem, was ich lesen kann. Mein Japan ist ein Japan der Bücher. Zwei sind es, die ich auf diese Reise mitgenommen habe, um sie noch einmal zu lesen, und auch das ist eine Verschleierung, denn diese Bücher wurden vor fast tausend Jahren von adligen Frauen am kaiserlichen Hof von Kioto geschrieben, das damals noch Heian hieß. Das eine ist *Das Kopfkissenbuch der Hofdame Sei Shonagon*. Das andere, *Die Geschichte vom Prinzen Genji* von Murasaki Shikubu, ist der erste geschriebene Roman, ein *roman-fleuve* à la Proust voller Intrigen und Liebesgeschichten rund um die Gestalt Genjis, des strahlenden Prinzen. A la Proust, diese Umschreibung ist natürlich nur ein Hilfsmittel, aber ebenso wie der geniale Roman Marcel Prousts vermittelt die Geschichte Genjis auf mehr als tausend Seiten das Bild einer Welt, die Lichtjahre von uns entfernt ist und uns dabei doch, dank der Charakterisierung der Figuren, ganz nahe scheint. Vieles von dem, was wir heute als »typisch japanisch« betrachten, existierte damals noch nicht, weder *zen* noch *samurai*, weder *geisha* noch *sashimi*, weder *haiku* noch *kabuki*. Das Leben bei Hofe war auf dem Höhepunkt der Heian-Kultur eine unendlich verfeinerte, von einer verblüffenden Etikette regierte, von jahreszeitlichen Veränderungen bestimmte Aufeinanderfolge von

Ritualen, ein hierarchisches Geflecht von Rängen und Positionen (erste Konkubine, dritte Prinzessin, Minister zur Linken, Hauptmann der Mitte, Kammerherr des sechsten Ranges) samt den entsprechenden Nuancen in Kleidung und Auftreten. Selbst beim Lesen hat man noch das Gefühl, auf Glas zu gehen in einem schwebenden Palast voll verborgener Zeichen, geheimer Symbolik, Anspielungen in Namen, Beinamen und Titeln. Das Volk existierte nicht, und das größte Unglück bestand darin, verbannt zu werden oder ein Amt in der Provinz zu erhalten; der kaiserliche Hof war der Kosmos, außerhalb davon war das Leben nichts wert. Die Höflinge kommunizierten in Form von Gedichten miteinander, jede Blume, jede Geste hatte eine bestimmte Bedeutung, auch moderne Japaner können diese Bücher ohne Kommentar und ohne Übersetzung nicht lesen. Und doch: Trotz der doppelten Schicht der Übersetzung und des Alters wird man in jene vergangene Welt gesogen, eingesponnen in die Faszination von Leben, deren Existenz man in der vergangenen Wirklichkeit des 11. Jahrhunderts kaum für möglich hält; eine Insel in der Zeit, zu der keine Rückkehr möglich ist, außer auf den Seiten eines Buchs.

Es sind Menschen, denen man dort begegnet, Wesen der eigenen Art mit Leidenschaften, Ängsten, Eifersüchten – erkennbarer als die emblematischen Gestalten unserer mittelalterlichen Heldenlieder, bei denen man meist nicht mehr zu sehen bekommt als den äußeren Schild ihrer eindimensionalen Seele, nie die Rätselbewegungen der Seele selbst. Bei Murasaki Shikubu ist das anders. Modern ist auch hier wieder ein unbeholfenes Wort, aber wenn eine Frau im Jahr 1000 etwas schreibt, das mich heute noch berührt und rührt, so kommt das daher, weil zwischen der Verfasserin, ihren Gestalten und dem Leser eine psychische Spannung entsteht, die das Jahrtausend, das sie trennt, urplötzlich zunichte macht. Solche Dinge zählen zu den Wundern. Nur Kunst vermag sie zu bewirken, und hier rührt man auf geheimnisvolle Weise an ein Rätsel: Wie macht man mit Hilfe von Fiktion aus einer Wirklichkeit Fiktion? Denn ebendies geschieht hier. Murasaki benutzte wie Proust die sie umgebende Wirklichkeit – das Leben am Hofe von Heian im zehnten Jahrhundert – für ihre Fiktion. Dadurch bewahrte sie für uns, die wir tausend Jahre später leben, eine Wirklichkeit, die so undenkbar geworden ist, daß sie wie reine Fiktion aussieht. Mir kam der Gedanke immer merkwürdig – und gleichzeitig auch wunderbar – vor, daß diese beiden Wirklichkeiten nebeneinander existiert haben, ohne voneinander zu wissen: das Europa der apokalyptischen, endzeitlichen Phantasien, eine Zeit der Finsternis und der Katastrophen, roh und gefährlich, und der weltabgewandte, kaum noch mit der Alltagswirklichkeit in Verbindung stehende Hof in Heian, der nur für sich selbst dazusein schien, eine bis zum äußersten kodierte Welt, in der jeder, der eine Rolle spielte, im Besitz eines unerschöpflichen Schatzes an klassischer chinesischer und japanischer Poesie war, eines Arsenals, das man stets bei sich trug, auswendig kannte und jederzeit einsetzen konnte. Das führt nicht nur zu einer extremen Verfeinerung, sondern auch zu einer indirekten Ausdrucksweise, die das Gefühl der Unwirklichkeit verdoppelt, so daß der moderne Leser in seiner Unwissenheit und vulgären Eile den Faden mitunter fast völlig verliert. Am deutlichsten wird das im Grunde bei der Figur Genjis selbst. Er erlebt eine unendliche Zahl von amourösen Abenteuern und Affären mit sehr unterschiedlichen Frauen, und es gibt praktisch nicht eine dieser Annäherungen, Verführungen, Eroberungen, Abschiedsszenen, die nicht begleitet, gesteigert, verschleiert wäre durch den Austausch kurzer Gedichte aus dem siebten und achten Jahrhundert. Die Kodierung der Empfindungen ist dabei so stark, daß der eine stets weiß, was der andere meint; ein paar Worte, ein Bild, eine Ortsangabe genügen, das Zitat tritt an die Stelle der Darlegung oder Erklärung, es drückt Verlangen aus, Wut, Bitterkeit, Ohnmacht, Trauer, Geilheit – und gleichzeitig ist es ein Schleier und ein Schirm, so daß man den Eindruck hat, ein langsames, lautloses Ballett werde hier aufgeführt. Wenn nicht gesprochen wird, gehen Briefe hin und her, und auch hier bestimmt der Code: welches Papier, welche Farbe und Farbnuance, welches Zitat, wie beantwortet, welcher Duft (auch, oder gerade bei Männern). Das alles kann für den heutigen Leser eigenartige Folgen haben. Was für uns in einer Verführungsszene der Höhepunkt wäre, hat manchmal bereits stattgefunden, ohne daß man es gemerkt hat – etwa so, wie man vor lauter Eile an einem Haus vorbeifährt. Dem damaligen Leser genügte eine Nuance in einem Satz oder das begleitende Zitat: Der Akt selbst brauchte nicht explizit erwähnt zu werden. Das verleiht diesen Szenen etwas sehr Geheimnisvolles: Das, worum es geht, wird nicht gesagt, und für das, was man nicht selbst sagen wollte, standen zwei klassische Anthologien zur Verfügung, das Manyoshu aus dem achten und später das 1111 Gedichte umfassende Kokinshu aus dem zehnten Jahrhundert. Hier nun ein Beispiel für die für uns undeutbaren Verweise, labyrinthischen Anspielungen, Schicht- und Bedeutungsverschiebungen. In William J.

Puettes *Guide to the Tale of Genji by Murasaki Shikibu* gibt es eine Liste der Hauptfiguren dieses über tausend Seiten dicken Buches. Einer dieser Namen ist ... Murasaki, also der Name der Verfasserin ebendieses Buches: »Lady Murasaki, Murasaki-no-ue (wörtlich: Lady Lavendel/Purpur, die Farbe des Blauregens). Sie ist die verlassene Tochter des Prinzen Hyobu, wird als Kind von Genji aufgezogen und wird, noch immer sehr jung, seine zweite Frau. Sie ist die eigentliche romantische Heldin des Romans; die Verfasserin leitet ihren Namen von dieser Figur her« – das also ist so ähnlich, als würde Thomas Mann in der Literaturgeschichte als Hans Castorp, Verfasser des *Zauberbergs*, weiterleben. Proust hat das übrigens selbst geregelt, indem er seine Hauptfigur Marcel nannte. Doch das ist noch nicht alles. In ihrer Studie *The Splendor of Longing in the Tale of Genji* geht Norma Field ausführlich auf die Gedichte sowie die Anspielungen in den Gedichten ein, die Genji und Murasaki deklamieren. Um diese Anspielungen richtig zu verstehen, muß man wissen, daß nur die höchsten Adelsränge Purpur tragen durften, wobei die dunkleren Schattierungen Prinzen des herrschenden Fürstenhauses vom vierten Rang aufwärts und Beamten vom ersten Rang vorbehalten waren, während »normale« Prinzen vom zweiten bis fünften Rang Purpur in einem »Ton« tragen durften, der zwischen hell und dunkel lag, und Purpur im allgemeinen auch noch eine Konnotation von kaiserlicher Regierung, buddhistischem Gesetz und taoistischem Paradies besaß. Das alles schwingt also mit, aber auch die Tatsache, daß ein tieferer oder weniger tiefer Purpurton zusätzlich ein Indikator für größere oder weniger große Intimität in einer Beziehung war. Und damit noch nicht genug – immerhin hatten sie Hunderte von

Jahren Zeit, dieses Bezugssystem zu entwickeln, mit der Außenwelt gab sich der Hof ja nicht ab –, denn *murasaki* ist auch noch der Name einer zum Färben benutzten Pflanze, und zwar einer, deren Wurzeln einen *bestimmten* Purpurton ergeben. Auch damit wird von Anfang an von der Verfasserin gespielt, die selbst Murasaki heißt, und von ihrer Hauptfigur, Genji, der von dem Augenblick an, als er die fiktive Murasaki zum erstenmal erblickt, in sie verliebt ist, weil sie einer anderen Geliebten gleicht, der er sich nicht mehr nähern kann, weil sie die Gemahlin seines Vaters, des Kaisers, ist. Bei jenem ersten Anblick hat er denn auch sogleich ein Gedicht zur Hand, das er für sich murmelt (doch die Verfasserin Murasaki hat es gehört):

> Wie gerne nähm' ich
> sie bald in meine Hand,
> das junge Gras,
> das um die Wurzel sich rankt
> des schönen Purpurgrases.*

Daß es darüber hinaus Gedichte aus dem Manyoshu (Nr. 20 und 21) gibt, aus denen hervorgeht, daß das *Wort* murasaki im Verlauf einer dreihundertjährigen Tradition nach und nach sowohl mit verbotener Liebe als auch mit höchster Schönheit assoziiert wurde, vermittelt einen Eindruck vom Wald der verborgenen Deutungen, in dem der arglose spätere Leser umherirrt.

In dieser Beziehung ist Sei Shonagon direkter, doch sie schrieb auch keinen Roman, sondern ein Tagebuch. Sie

* Übertragen von Oscar Benl.

war für ihre scharfe Zunge bekannt, und an ihren berühmten »Listen« kann man sehen, warum. Jemand, der scharf beobachtet, urteilt auch scharf. Zum Beispiel über Verfall, oder, wie sie es ausdrückt: »Was nur an die schöne Vergangenheit erinnert:

Eine alte Strohmatte, deren besonders schöne, farbig gewobene Umrandung fadenscheinig geworden ist.
Ein Wandschirm, dessen chinesisch bemalte Oberfläche zerrissen ist.
Ein weißer Rock eines offiziellen Kostüms, dessen blaues Muster verblaßt ist.
Ein erblindeter Maler.
Traubenfarbiger Stoff, der verblaßt ist.
Ein alter Mann, der in seiner Jugendzeit als Frauenjäger bekannt war.«
Oder, gleich danach: »Was kein Vertrauen erweckt:
Ein Mann, der leicht seine Liebschaften vergißt.
Ein Kammerherr vom sechsten Rang mit grauem Haar.
Der erste Gewinner beim Würfelspiel.
Ein Boot mit gehißten Segeln, wenn es stürmt.«

Und dennoch kann man auch Sei Shonagon nicht unschuldig lesen. Beide Schriftstellerinnen schöpfen schließlich aus einer wirklichen Welt, mochte sie noch so unwirklich sein. Und in dieser Welt galten Gesetze, die, auch wenn sie ausschließlich protokollarische Ästhetik betrafen, so eng mit den Machtpositionen innerhalb dieser ephemeren Gesellschaft verbunden waren, daß jede Bewegung und Begegnung von ihnen beherrscht wurde. »Siebzehn Hofdamen des Kaisers kamen in die Gemächer der Kaiserin. Die Dame Tachibana vom dritten Rang bediente den jungen Prinzen, den Bruder des Kaisers. Als Platzanweiserinnen traten auf die Damen Kodayu und Genshikubu an den beiden Seiten der Halle und Koshosho in der Mitte. Ihre kaiserlichen Hoheiten befanden sich im *chodai*. Die Strahlen der Morgensonne fielen gerade herein. Es war ein blendender und ehrfurchtgebietender Anblick. Seine Majestät trug einen informellen Kimono (*noshi*) mit langer Schleppe und einen an den Knöcheln zusammengefaßten Hosenrock (*koguchi-bakama*), Ihre Majestät die übliche rote Robe und darunter eine Reihe von Gewändern in ›roter Pflaumenblüte‹, im ›Gelb von Lauchschößlingen‹, in ›Weide‹ und ›Goldröschen‹. Über ihrer Robe trug sie noch ein Übergewand aus in Traubenfarbe geköperter Seide und darüber ein gefüttertes Übergewand in ›Weide‹ mit Weiß im oberen Teil.«

Da stehen sie, und selbst wenn ich nicht genau weiß, was ein *chodai* ist, sehe ich sie doch vor mir, ein ganz klein wenig bin ich dabei, auch wenn es jetzt tausend Jahre später ist. Diese Gewänder kenne ich, nicht nur, weil ich ein schönes Buch besitze, in dem sie abgebildet sind (*Iconography of The Tale of Genji* von Miyeko Murase), sondern auch, weil ich einmal in Brüssel eine Ausstellung mit *takakura*, kaiserlichen Gewändern, gesehen habe. In dem dazugehörigen Katalog erläutert der Verfasser, W. van de Walle, die Symbolik der Kleidung: »Ein und dieselbe Farbe konnte auch je nach Jahreszeit anders bezeichnet werden, oder ein und dieselbe Bezeichnung konnte je nach Kleidungsstück eine andere Farbschattierung meinen. (...) In der oben zitierten Passage war die Rede von in ›Kirschblüte‹ geköperter Seide. In diesem Fall bedeutet das, daß der Kettfaden weiß ist und der Schußfaden dunkelrot. Wenn sich der Ausdruck dagegen auf ein Gewand bezieht, meint man damit: außen weiß und innen dunkelrot. ›Rote Pflaumenblüte‹ bedeutet demnach ›rot‹ (Kette, außen) mit ›dunkelrot‹ (Schuß, innen). ›Gelb von Lauchschößlingen‹ ist innen oder außen gelb oder außen hellgrün und innen hellblau (*hanada*) (...)«

Will ich das alles wissen? Ich war doch kein Semiologe? Was gehen mich die höheren Formen von Wahnsinn aus einer für immer vergangenen Zeit an? Ich blicke auf den Fluß, der dort unter mir liegt, und sehe ein schmales Holzschiff mit ein paar Leuten an Bord, einen Mann mit einer langen Stange, der am Bug steht und das Schiff stakt. Hier war es, hier befand sich einst diese Welt, die Hügel, Berge, der Fluß, sie sind nicht verschwunden, nur die Menschen gibt es nicht mehr. Sie haben ihren Code mitgenommen und in Worten zurückgelassen, und wenn ich die Worte lese, verspüre ich eine unbändige, wollüstige Neugier auf dieses so unendlich mehrdeutige System von Spielregeln, dieses Flimmern von Zeichen, die verstanden werden wollen, und sei es nur deshalb, weil es das einmal tatsächlich gegeben hat, die Bewegung, die Verneigung, die Bedeutung, die Farbe, die Nuance, die Stimmen: greifbar hier und zugleich völlig unzugänglich in der Zeit, ein Planet, auf dem wir nie werden landen können, von dem uns jedoch zwei Bücher Bilder übermitteln, Raumfahrzeuge, bemannt (!) mit Frauen, schon tausend Jahre unterwegs.

Die alte Frau lacht, als erriete sie meine Gedanken; sie hat ein Becken mit glühenden Holzkohlen gebracht und stellt nun einen Topf mit *yudofu* darauf, die weißen Tofu-Stücke schwimmen in der brodelnden Suppe herum, neben meinem Tisch hockend schaut sie zu, wie ich die weichen Würfel mit den Stäbchen einfange und in die Soße tunke. Erst als sie sieht, daß ich die Handhabung beherrsche, läßt sie mich allein und schlurft unter leisem Kimonogeraschel von dannen. Hinter mir gluckert und gurgelt das Gespräch der beiden Frauen, die langen Sätze der Erzählung, die hohen Töne des Staunens. Ich weiß, daß es Worte und Sätze und damit Mitteilungen sind, die dort hin und her gehen, doch für mich sind es Klänge, ein leises Radio, das mich umschwebt und das zum Frieden des Nachmittags gehört. Während ich lausche und nicht lausche, versuche ich mir vorzustellen, wie die Stimme Murasakis in den Intonationen des höfischen Japanisch im 11. Jahrhundert geklungen haben mag, wenn sie mit der Kaiserin sprach oder mit einem Liebhaber, eine Sprache, die vom für sie nicht wirklich existierenden Volk nicht zu verstehen war, und während ich zu den Hügeln am anderen Ufer und auf den Fluß schaue, die sie noch gekannt hat, sehe ich sie in der architektonischen Hülle ihrer Hofkleidung, die manchmal mehr wog als der Mensch, der sie trug. Es ist Sommer, also würde sie die Farben und Symbole des Sommers tragen und in Gedanken an dem Roman weiterspinnen, der zu ihrer Zeit nicht weiter gelangen sollte als bis zum Hof, wo keiner der Höflinge, auch sie selbst nicht, von dem Fremden zehn Jahrhunderte später wußte, der sich wie ein unsichtbarer Voyeur, ein Eindringling aus dem unvorstellbaren Reich der Zukunft in ihr Leben wagen würde.

Und auch Sei Shonagon hätte nicht verstanden, daß Menschen ihr *zuihitsu*, die Tagebuchblätter ihres Kopfkissenbuchs (sie verwahrte die Blätter in dem Holzkissen, auf dem sie schlief) in Sprachen lesen würden, von deren späterer Existenz sie keine Ahnung haben konnte.

Auf dem Umschlag der Penguin-Ausgabe ihres Buches ist eine Abbildung der ältesten erhaltenen Illustration der *Geschichte vom Prinzen Genji* zu sehen, Rollbilder aus dem 12. Jahrhundert, als das Buch schon über hundert Jahre alt war. Ich wußte, daß sich die Originale im Gotho-Museum in Tokio befinden und war voll guten Mutes dorthin gegangen, doch sie werden nur ein einziges Mal im Jahr, im Oktober, eine Woche lang ausgestellt. Und jetzt war Juni. Vielleicht können Sie im Oktober wiederkommen? Nein, dann konnte ich nicht wiederkommen, und so kaufte ich den Katalog, den ich nicht lesen konnte, und blätterte traurig unter den Zedern im Museumsgarten in den goldenen Seiten mit der tropfenden Spinnenschrift und betrachtete die Abbildungen der Höflinge mit ihren seltsam lackierten, hochgeklappten Kopfbedeckungen, ihren runden weißgepuderten Gesichtern (bei Männern wie Frauen ein Schönheitsideal), die Augen so schmal wie Striche unter den viel breiter gepinselten Brauen, all die Szenen aus dem Buch, die ich zu erkennen versuchte, ohne die Bildtexte zu verstehen. Doch die abgebildeten Wesen schienen nun plötzlich unendlich fern. Den flötespielenden Genji erkannte ich gerade noch, wo aber waren Ukifune mit dem Beinamen »Treib-Boot«, wo der wundersam duftende Kaoru, wo Yugao, »Abendgesicht«, die so früh sterben wird? Ich erkenne sie nicht in ihren verhüllenden Kleiderbergen, alles ist unwiderruflich anders in der schrägen Perspektive dieser Zeichnungen. Erst später, wenn man selbst in den Galerien der Tempel und Paläste Kiotos umhergewandert ist, versteht man, wo dieser verquere Zeichenstil herkommt, der dem westlichen Auge so fremd ist. Immer wieder wird man von der Art und Weise überrascht, wie das eigene Sehen gefordert wird, gezwungen, nur einen bestimmten Ausschnitt eines Gartens zu sehen. Ein Stellschirm, ein plötzlicher Blick durch einen erstarrten, sich in absolut geometrischer Ruhe befindlichen Raum auf die scheinbar bizarre Form eines Baumes an der gegenüberliegenden Galerie. Scheinbar, denn alles ist Komposition, Absicht, Symbol, geordnete Natur, die die ungeordnete Natur der »wirklichen« Welt darstellt und steigert.

Eine Woche lang werde ich sie in Kioto durchstreifen, Gärten von bunter Üppigkeit und Gärten von äußerster Kargheit, Gärten, die den Ozean darstellen sollen, und Gärten, die mit einer einzigen Pflanze den Wechsel der Jahreszeiten ausdrücken. Und es ist nicht zu vermeiden: Während jeder Garten für sich in meiner Erinnerung fortbesteht, ist es doch auch, als hätte ich diese Woche in *einer* endlosen Gartenlandschaft verbracht, Azaleenorgien neben kahlen Felsblöcken, die Inseln darstellen sollen, Kiefernschatten auf Seerosen, unstatthafte Bastardformen, die ich später anhand von Büchern und Fotos wieder trennen werde.

Es hätte in dieser Woche regnen sollen, jeder sprach davon, doch es passierte nicht, ich ging von Tempel zu Tempel, anachronistisch wanderte ich zwischen Epochen hin und her, ökumenisch verband ich Shinto-Schreine mit buddhistischen Tempeln, wie die Japaner dies im täglichen Leben selbst tun, lieferte mich dem Durcheinander von Baustilen und Sekten aus, lauschte dem Gemurmel von Springbrunnen, sah das vulgäre und das erhabene Gesicht dessen, was Religion genannt wird, saß fern der Stadt stundenlang allein auf einer Veranda und starrte auf einen bemoosten Stein und ließ mich inmitten einer stumpfen Menschenmenge mit Fähnchen in der Hand an

Wandbildern vorbeischieben, die ich, lange nachdem ich bereits wieder durch die hohen Tore hinausgetrieben worden war, gerne noch einmal betrachtet hätte, und sei es nur, um zu überprüfen, ob tatsächlich keine Schatten auf ihnen zu sehen sind. Auch dafür, was *nicht* da ist, muß man sich Zeit nehmen: Das Fehlen von Schatten war, ohne daß man dies für sich selbst benannt hätte, das, was einen an diesen Darstellungen nicht losließ, dessentwillen man hätte bleiben mögen. In Kioto muß man eine Zeitlang leben, so wie man auch in Florenz leben müßte.

Alles andere ist nur Berührung, Passieren, die Sehnsucht nach Rückkehr noch vor der Abreise, eine Sucht, die an jenem ersten Nachmittag in dem Gasthaus am Fluß begann, eine Woche, so flüchtig wie ein Boot, das im Nebel vorbeifährt, einer jener ephemeren, ungreifbaren Augenblicke im eigenen Leben, die ein Gewicht erlangen, das ihre begrenzte Zeitspanne weit übersteigt, Tage, an denen Gelesenes und Gesehenes ungeahnte Verbindungen eingehen und an denen alles stimmt, weil man es so will. Den kleinen Gasthof hatte ich auf einem dunklen Hügelpfad verlassen. Okochi-Sanso wollte ich besuchen, die Villa eines verstorbenen Schauspielers aus der Stummfilmzeit, und irgendwo mußte auch ein Tempel liegen, Tenriyu-ji, einer der acht Haupttempel der Rinzai-Sekte des Zen-Buddhismus, mit einem Teich von der Form eines chinesischen Schriftzeichens, das die Japaner wie »kokoro« aussprechen, erleuchtetes Herz, »was man erlangt, wenn man zum Buddha-Wesen vordringt«. Ich mußte an die letzten Zeilen eines Gedichts von Han-Shan denken: »Jetzt kenne ich die Perle des Buddha-Wesens und kenne ihren Gebrauch: grenzenlos vollendet und so rund wie eine Null«, doch nichts davon schien mir beschieden zu sein. Die hölzernen Wegweiser gaben das Geheimnis ihrer Zeichen nicht preis, und ich verirrte mich in einen leuchtenden Bambushain, in dem die übermannshohen Stengel sich rauschend neigten, Bambus, den Sei Shonagon einst (unter Verweis auf ein chinesisches Gedicht aus dem 3. Jahrhundert) »Herrn Bambus« genannt hatte, so daß ich mich plötzlich in einem Wald winkender, raschelnder Herren befand, die mir, wie Herren es tun, den Weg zu dem vollkommenen Garten des verstorbenen Filmstars zeigten. In einem Nebengebäude ist dieser noch immer auf Video zu sehen; der Film springt an, sobald man davor steht, in der tödlichen Stille, die zum Stummfilm gehört, rennt der Tote im bläulichen Schein voller Kratzer wie ein eiliger Schemen durch ein *Jenseits ohne Wörter*.

So begann eine Woche der Bilder, ein eigenes, inneres Video, das ich sah, während ich es aufnahm, und das nur dann stoppte, wenn ich schlief, und wahrscheinlich nicht einmal dann. Ich war in der Stadt gefangen, die einst im 8. Jahrhundert nach chinesischem Vorbild angelegt worden war und ihrerseits wieder in dem »Lehnstuhl« der sie umschließenden Hügel und Berge gefangen ist. Die meisten Tempel liegen auf diesen Hügeln oder zu ihren Füßen, man muß seine Besuche wie ein Clausewitz planen. Der Reisende ohne Gruppe oder Führer hat es nicht leicht, infolge der »Unlesbarkeit« der Zeichen auf Karten, Bussen und Wegweisern landet man längst nicht immer, wo man will, und für Fragen muß man eine spezielle Technik entwickeln, doch ist man erst einmal am Ziel, fallen Hetze und Ungeduld von einem ab.

Maß und Dimension einer anderen Zeit regieren hier, das Bild der modernen Stadt weicht. Dafür war man gekommen, Ruhe, die die Welt für eine Weile ausschaltet, bewahrte Schönheit. Und stets verweist das, was man sieht, auf etwas, worüber sich kaum etwas sagen läßt, ohne erhaben oder banal zu werden. Wenn es so etwas wie Transzendenz gibt, so wird sie hier sichtbar, in der asymmetrischen Ausgewogenheit der Gärten, der stillen Majestät des kaiserlichen Palastes, dem goldenen, in sich gekehrten Gesicht des Buddha in den *byodo-in*, den asketischen, geharkten Gärten der Zen-Klöster, den runden, reglosen Formen der gestutzten Sträucher, der Stille der dunklen Teiche, die man solange betrachten kann, bis die äußere Stille die innere geworden ist. Denn was soll man schon über zwei kleine Sandhaufen sagen, spitze, geometrische Formen von äußerster Einfachheit, absolut gleichförmig, die nichts anderes tun als daliegen wie vor einer Sekunde zusammengeharkt, obwohl man an diesem Morgen ein vergilbtes Foto von 1890 gesehen hat, auf dem sie genauso dalagen, genauso still, zu Gedanken herausfordernd. Man möchte etwas darüber sagen und merkt, daß man es nicht kann, der Beginn der Sprachlosigkeit, der ersehnten Leere, in der man ebenso still sitzen bleibt wie die junge Frau, die bereits darin saß, als man die glänzend polierte Galerie betrat. Abends, in der Stadt, trägt man diese Stille noch in sich, man spaziert am Fluß entlang, wo die Verliebten am Wasser sitzen, oder durch die schmalen und belebten Straßen des Geisha-Viertels Pontocho. Einmal folgt man einer weißgeschminkten vorweltlichen Geisha, als wäre es unmöglich, daß sie da einfach so geht, als hätte sie sich genauso verirrt wie man selbst. Unsichtbar ist sie, niemand sieht sie, nur man selbst, bis sie hinter einer Tür verschwindet und man glaubt, alles geträumt zu haben, aber dann, an einem anderen Abend, sieht man sie wieder als weißen Schemen auf dem Rücksitz eines Mercedes, allein, ein Kreidegesicht unter einem manieristisch anmutenden schwarzglänzenden Haaraufbau, jemand aus einer Welt, die nicht bleiben kann, die verschwinden muß, wie die Welt Murasakis und Sei Shonagons verschwunden ist.

Morgens sehe ich hoch oben von meinem Hotelzimmer aus die noch viel höheren Kräne für die neuen Bauten, die das kleine, intime Viertel darunter wegdrücken wollen, und ich weiß, daß unter der Oberfläche von Stille und Schönheit in dieser Stadt ein verbissener Kampf von Intellektuellen und Mönchen gegen die vernichtende Gefräßigkeit der Spekulanten im Gange ist. Die Hauptstadt der Transzendenz ist auf bestimmten Illusionen erbaut: Fünfzigstöckige Hochhäuser, wie sie geplant sind, würden die Perspektive von Tempeln und Gärten unrettbar verderben. Die Gegner tun, was sie können, sie haben eine Anzeige in die *New York Times* gesetzt, um deutlich zu machen, worum es geht: Die Leute, die in den fünfzig Stockwerke hohen Hotels erwartet werden, werden nicht kommen, wenn sie wissen, daß das, dessentwegen sie kommen wollen, durch die Hochhäuser zerstört wird – die Dimensionen, das Spiel visueller Illusionen in vor Jahrhunderten komponierten Gärten, das von einem mächtigen Betonklotz für immer erschlagen wird, Anachronismus als Mord.

Am letzten Tag meines Aufenthalts führt der Zufall, den es nicht gibt, mich zum Chisaku-in, dem Tempel, in dem an diesem Tag der Geburtstag der beiden Begründer des Shingon-Buddhismus gefeiert wird, das Aoba-(Grüne-Blätter-)Fest.

Bereits auf der langen Auffahrt zum Tempel sehe ich Bogenschützen in mittelalterlicher Tracht, und als ich näher komme, höre ich gesungene Sutras. Mönche in Grün und Purpur, ein suggestiver Stakkatogesang, der von Zeit zu Zeit von heftigem Bimmeln oder einem donnernden Schlag auf einen großen Gong unterbrochen wird. Der Priester sitzt mit dem Rücken zu mir da, die Buddhafigur vor ihm ist hinter Stellschirmen mit kostbaren Malereien verschwunden. Auf dem Altar türmen sich Apfelsinen, Grapefruits, Schalen mit Eiern, Kekse. Ich hocke wie die anderen da, kniend, die ungeübten Füße nach hinten gestreckt. Weihrauch zieht durch den Tempel, Beckenschläge ertönen, ich höre die eine, höhere Stimme im Wechsel mit den vielen anderen, dunklen, sehe, wie der Abt in der Hülle seiner Gewänder wie eine alte Puppe in einen Tragesessel gehoben wird, und folge der Prozession ins Freie, lahm vom Knien. Nun passieren verschiedene Dinge, denen ich nicht mehr folgen kann. Während eine Reihe von Mönchen totenstill zuschaut, stoßen die Bogenschützen Kriegsschreie aus, Stimmen, die wie große Messer schneiden. Jemand geht zum Altar, schwingt ein mannshohes silbernes Beil, die anderen schießen Pfeile über die Menge hinweg, die einige zu fangen versuchen, ein hoher Stapel Grünzeug wird angezündet, Schilffächer wirbeln den Rauch auf, das Feuer bringt die Luft zum Flimmern, ein Mann attackiert den Blätterhaufen, ohne ihn berühren zu wollen, und schreit dazu lange Formeln, höher und höher lodert das Feuer auf, während ein auf der Erde sitzender Priester kleine Stöckchen in die Richtung des flammenden Holzstoßes wirft, ich verstehe alles und ich verstehe nichts. Wenn die Menschen mit dem Undeutbaren kommunizieren wollen, verstellen sie ihre Stimme, sie hüllen sich in Seide und Goldbrokat, und Pfeile fliegen durch die Luft, die anders riechen muß als gewöhnlich. Jede dieser Gesten und jedes der Rituale hat eine Logik innerhalb eines jahrhundertealten Systems. Und der Fremde, der es nicht kennt, braucht sich lediglich hinzusetzen und zuzuschauen, und so schaue ich auf den Abt, der aussieht wie eine Schildkröte mit einem Kopf voll heiliger Bücher, nie werde ich wissen, was er denkt, und gleichzeitig weiß ich es aus anderen Klöstern in meinem Teil der Welt mit anderen, den gleichen Riten – das nie endende Gespräch von Menschen mit demjenigen, der nie etwas zurückgibt.

Es ist Abend, als ich nach Tokio fahre. Der Shinkansen hat genau vor meiner Nase gehalten, lautlos wie ein Flugzeug ohne Motoren schleicht er sich weg, die Stadt wird zu einer Lichtbahn hinter den Scheiben. Die Tempel und Gärten, die sich in meinem Kopf zu einer geträumten, unentwirrbaren Reihe formieren werden, liegen unsichtbar in der pechschwarzen Dunkelheit. Irgendwann will ich im Herbst, im Winter wiederkommen, Schnee auf dem Berg Hiei, Schnee auf dem Waldweg entlang dem Fluß bei Arashiyama. Jetzt mache ich es mir in dem sanft schaukelnden Drehstuhl bequem, nehme die Kassette, die ich in einem der Klöster gekauft habe, schiebe sie in meinen Walkman und höre das Lied von Zazen, die eine Stimme und die anderen Stimmen, das Schlagen von Holz auf Holz:

Der Grund, weshalb wir durch die sechs Welten wandern,
Ist, daß wir im Dunkel der Unwissenheit gefangen sind.
Wenn wir uns weiter und weiter in dieses Dunkel wagen,

Wie können wir uns dann je befreien
Aus der ewigen Folge von Geburt und Tod?

Und während all die Bilder dieser Woche ineinanderfließen, schlafe ich zwischen den singenden Mönchen ein, ein Mann im schnellsten Zug der Welt, der einzigen seiner sechs Welten, die er kennt.

*Juli 1992*

# IN MALAYSIA

# SOMERSET MAUGHAMS LETZTER KUNDE, EIN BESUCH IN MALAYSIA

Es ist August, und Spanien. Also heiß. In der heimatlichen Zeitung, die ich am Dorfplatz gekauft habe, stehen in der Rubrik »Vermischtes« vier Meldungen. Ein fünfzehnjähriges türkisches Mädchen erschießt auf einem Markt in Rotterdam den Mann, der sie drei Jahre zuvor in der Türkei vergewaltigt hat und sie, als Zwölfjährige, mit dem Kind sitzenließ. (In der Türkei, wo Niederländer, die Haschisch bei sich haben, Jahre sitzen müssen, bekam er dafür eine Woche Gefängnis.) Ein wütender Marokkaner mit Zahnschmerzen schlägt bei einem Den Haager Zahnarzt mit zwei Backsteinen alles kurz und klein. Zwei Männer aus Surinam sind wegen des Verdachts festgenommen worden, ein ambonesisches Mädchen und ihren portugiesischen Freund ermordet zu haben. Außerdem beschreibt die Zeitung, wie hingebungsvoll an der Bildung des niederländischen Kabinetts gestrickt wird. Ich erwähne all diese Schauergeschichten nicht etwa deshalb, weil ich bittere oder unheilschwangere Schlüsse daraus ziehen wollte, sondern um zu demonstrieren, daß nichts die Veränderungen in einer Gesellschaft so deutlich aufzeigt wie eine x-beliebige Zeitung. Würde man einen 1928 verstorbenen Niederländer aus der Gefriertruhe nehmen und wiederbeleben, er würde sich nicht wundern über die Kabinettsbildung an sich, sondern allenfalls über den Umstand, daß sie an der Abtreibungsfrage scheiterte. Was er dagegen *nicht* verstehen würde, ist das merkwürdige Sammelsurium von *faits divers*, das wir ihm so locker vorzaubern – es handelt sich schließlich um eine ganz normale Zeitung, nicht wahr? Zu seiner Zeit war ein Marokkaner ein Mensch von ganz weit weg, Türken begingen ihre Morde für gewöhnlich daheim, und Surinam lag am anderen Ende der Welt, das *besaßen* wir einfach, und es konnte sich nicht mit der Insulinde*, unserem Öl- und Smaragdgürtel im Malaiischen Archipel, messen. Für uns sind diese Dinge alltäglich geworden, vor allem die Zeitung hat uns damit vertraut gemacht. Wenige von uns kommen mit »diesen Dingen« selbst in Berührung, wir wissen aber, daß es sie gibt: Das gehört von nun an dazu. Ihre Bedeutung für künftige Historiker (das sind die Leute, die hinterher bestimmen, was wir eigentlich getan haben) ist klar – gerade am »Vermischten« können sie das Kolorit der verschiedenen, im damaligen Heute aber noch vor sich hin gärenden Gesellschaft samt allen auftauchenden Farbverschiebungen ablesen. Wir werden – in kleinen Dosen – darüber auf dem Laufenden gehalten, wie sich unsere Gesellschaft verändert; der Historiker lernt, wie er sich verändert hat.

Ich bin – soviel ist jetzt wohl klar – ein Zeitungsfetischist. Ich kann keine Zeitung am Kiosk hängen lassen, nicht einmal dann, wenn ich sie nicht lesen kann. Dumme Zeitungen, brillante Zeitungen, miserable Zeitungen, ultrarechte Zeitungen, unterentwickelte Zeitungen, gefährliche Zeitungen, kommerzielle Zeitungen, sie alle zusammen drucken die Welt ab, und die Welt ist das, was wir zu unseren Lebzeiten sind.

Borges, der Zeitungen verachtet, las während des Zweiten Weltkriegs nicht die Kriegsnachrichten, sondern statt

* Name für das indonesische Inselreich, geprägt von dem niederländischen Schriftsteller Multatuli (1820-1887). (Anm. d. Ü.)

dessen Livius' geschliffenen Bericht von den lange zurückliegenden Punischen Kriegen. Er bezeichnet die Zeitung als »jenes Museum alltäglicher Bagatellen«, er verachtet, was ich liebe, schrieb allerdings selbst auch für Zeitungen.

Zugegeben, es ist ein Elend. Das obsessive Kaufen führt zum obsessiven Aufbewahren, oft genug kehre ich von Reisen zurück mit kiloschwerem Übergepäck an grauem, mit schlechter Druckerschwärze bedrucktem Papier.

Im Mai fuhr ich nach Kuala Lumpur, Singapur, Jakarta, Bandung und Bali. Es war eine ziemlich schnelle, nicht sehr gut verarbeitete Reise, die eigentlich eher als Vorbereitung auf eine spätere, längere Reise durch Indonesien gedacht war, die mehr Zeit erfordert. Aber wie dem auch sei, das Ergebnis waren eine Vielzahl mentaler Fotos (richtige mache ich nie, denn dann *sieht* man nichts, man kann nun einmal nicht gleichzeitig schauen und fotografieren), ein Heft mit Notizen, das mir abhanden kam, als ich diesen ersten Bericht fertig hatte, und kiloweise Zeitungen: *The Gulf Weekly Mirror, The Malay Mail, The Singapore Business Times, The Straits Times, The Indonesian Times, The New Malaysia Straits Times* und *The Indonesian Observer*.

Die Zeitungen in Singapur und Indonesien haben nicht die Freiheit, die wir von unseren Zeitungen gewohnt sind, folglich sind die innenpolitischen Nachrichten mehr oder weniger gefärbt, und um unter diesen Verfärbungen die tatsächliche Farbe zu finden, braucht es eine andere Art von Bericht, als ich ihn hier schreibe. Dafür ist das Zwischen-den-Zeilen-Lesen dort zu einer Kunstform geworden. Jedenfalls ist es wie immer lehrreich festzustellen, wieviel weniger wichtig, als wir meinen, Europa, um von den Niederlanden gar nicht erst zu sprechen, anderswo ist – wenngleich man die Entwicklung bei uns in Indonesien genauer verfolgt als in den übrigen Ländern Asiens. Schließlich verfolgen wir Indonesien ebenfalls aufmerksam. Manche niederländische Journalisten sind dort nicht sehr willkommen, andere, wie zum Beispiel Bob Kroon von *De Telegraaf*, werden auf der Titelseite zitiert, weil sie erklärt haben, die Wahlen in Indonesien seien korrekt vonstatten gegangen.

Der Journalist nimmt eine Regierung in Schutz und wird zitiert, und zwar in dem Sinne, daß seine Worte dazu benutzt werden, die dortigen Leser, die offensichtlich ihre Zweifel haben könnten, davon zu überzeugen, daß ein maßgeblicher *niederländischer* Journalist anderer Meinung ist oder, besser gesagt, *weiß*, daß es anders ist. Auch das kann man dort lernen. Daß sich andererseits ein großes und potentiell außerordentlich reiches Entwicklungsland mit einer (ihm von uns aufgezwungenen) kolonialen Vergangenheit und allen damit verbundenen postkolonialen Problemen nicht mit den Maßstäben einer superreichen westeuropäischen Provinz messen läßt, ist die andere Seite der Medaille.

Aus meinen Notizen und Erinnerungen und aus dem »Vermischten« verschiedener Zeitungen habe ich eine Art Collage aus Alltagsleben, eigenen Überlegungen und Phantasien gemacht, ein wenig chaotisch, wie es eben kommt. Daß mich das Fliegen noch immer nicht unberührt läßt, kann ich nicht ändern. Diese paar äußerlich so faulen Stunden zwischen West und Ost sind die Druckkammer, worin der Reisende auf das noch immer sehr Andere vorbereitet wird. Manche schlafen sich nach Asien hinein, andere trinken sich aus Europa hinaus, bei mir führt das Fliegen zu dieser zaghaften Form der Meditation.

KLM 747. Links unter meinem Fenster liegt gelblich, schmutzigweiß, *rambling*, das ewige Athen. Ich denke an die vielen Erinnerungen, die ich an diese Stadt habe – und gleichzeitig überkommt mich das trübe Gefühl, schon sehr lange zu leben. Wer will, kann sich durch den Flughafen schwemmen lassen, eine winzige Tasse Kaffee für fast einen Dollar trinken, zweimal durchsucht werden, karabinerbewaffnete Polizisten betrachten (die ganze Welt ist derzeit voll von karabinerbewaffneten Polizisten), griechischen Lauten lauschen. Ich habe das Gefühl, ich würde ganz gern hierbleiben, aber dieses Gefühl habe ich immer. Gedanken an eine entschwundene, entfleuchte Liebste, mit der ich hier vor unzähligen Jahren durch die Straßen spazierte. Proust sagt, man könne die Zeit zwar nicht aufheben oder abschaffen (eigentlich schöner), dafür jedoch manchmal ein Wesen (un être) wiederfinden. Vergiß es: Dieses finde ich nie mehr wieder, und wenn ich die gesamte CIA einschalte.

Also Abschied. Mit Athen lasse ich das Bekannte hinter mir. Draußen wird es Nacht. Ich sehe, wie sich die goldenen Buchstaben auf meiner kleinen Kladde im Fenster spiegeln. Worin? In der orientalischen Nacht. Ich lese ein Interview mit Karamanlis in *The Sunday Times*: »Ich schätze die Arbeit der Historiker höher ein als die der Philosophen. Thukydides beispielsweise beschäftigt sich mit den Fakten, die Philosophen lediglich mit Theorien. Oder Sokrates: All seine Schüler waren Versager, wenn es auf Taten ankam.«

Während ich im »Großraum« der 747 sitze, frage ich mich, warum ich keine Angst habe. Es ist Mai, das Unglück mit den 747ern auf Teneriffa liegt erst ganz kurz zurück. Ich kenne den Flughafen und ich kenne das Flugzeug, und als die *Time* und die *Nieuwe Revu* es beide für nötig hielten, die grauenvollen blutübergossenen Fotos vom Unglück zu veröffentlichen, dachte ich, ich würde bei meinem nächsten Flug die brennenden Spanten der runden Form der Kabine durch die runde Form meiner Kabine hindurch sehen. Doch bei mir hat das offensichtlich als Exorzismus gewirkt, ich sehe nichts. Schönes Zitat in den »Sayings of the Week« in *The Observer*: »You may begin the week as a pilgrim in Jerusalem and end it in the brothels of Marrakech.« Vor zwanzig Jahren litt ich an extremer Flugangst und mußte mich manchmal übergeben, bevor ich ein Flugzeug bestieg. Vorbei. Wahrscheinlich durch häufiges Fliegen oder, was viel schlimmer wäre, durch den Verschleiß *aller* extremeren Gefühle. Inzwischen ist es eine Angst geworden, die ich bei anderen *verstehe*. Das Murmeln von Sprüchen, wie buddhistische Priester es tun, ist nicht zu unterschätzen. Ich habe zwei. Der erste ist ein türkisches Sprichwort: »Fear does not extend the span of your life«, der zweite war mit Kreuzstichen im beruhigenden Niederländisch des frühen 19. Jahrhunderts auf ein gerahmtes Stoffstück gestickt, das bei Fritzi ten Harmsen van der Beek* in der Küche hing: »Zyt niet bezorgd om Uw leven.«

* Fritzi ten Harmsen van der Beek (1927), niederländische Autorin. Ihr bekanntestes Werk ist *Geachte Duizendpoot en andere gedichten*. (Anm. d. Ü.)

Die Stimmen der meisten Piloten haben das Timbre eines Cellos. Ein vertrauenerweckender Klang, der den Leuten hintendrin versichert, daß es noch genug Kohlen an Bord gibt, daß die Segel nicht zerrissen sind und daß kein Nordwestwind im Anzug ist. »This is your captain speaking, Captain Orange (fast noch schöner als Bontekoe) ... we are now flying over the island of Cyprus and will continue our route over the desert of Syria, Saudi Arabia ...« Das innere Kino kann nicht anders, als dazu Bilder zu zeigen. *Nie* werde ich bei meinem kindlichen Gemüt aufhören, mich darüber zu wundern, daß Wesen, die eben erst aus dem Meer gekrochen sind, jetzt bereits in zehn Kilometer Höhe zwischen Kalbfleisch und Huhn wählen müssen (»Nehmen Sie das *ajam*«*, sagt die Stewardeß, »das ist schön *pedis***.«) Was tue ich jetzt eigentlich alles zur gleichen Zeit? Ich lebe, ich fliege, ich trinke einen roten Graves, ich lausche Orgelmusik und lese Barracloughs *Introduction to contemporary History*: »The historian should take his stand in the present – his starting point will be the global system of international politics in which we live today and his main concern will be how it arose.«

Lichter von Bohrstationen im Golf, in Bahrain, Dubai, wir landen und legen uns auf der Gangway die warme tropische Nacht wie einen Pelzmantel um. Eine Swissair-Maschine steht mit gelöschten Lichtern schlafend da. Die Spanier sagen, wenn ein Flugzeug irgendwo über Nacht stehenbleibt: es »bleibt schlafen«. Der Autobus, der uns

* »Huhn« auf malaiisch (Anm. d. Ü.)
** »scharf« auf malaiisch (Anm. d. Ü.)

zum Terminal bringt, ist rot. Ich steige durch die Tür mit *Kein Einstieg* ein und setze mich auf den *Platz für Kriegsversehrte*. Solche Dinge sind es, die einen die Welt begreifen lassen. In der großen Halle liegen weißgekleidete Araber und schlafen so völlig selbstvergessen, wie wir es im kühlen Norden nicht kennen. Die Körper sehen aus, als seien sie in einen *zeitlichen* ewigen Schlaf geglitten. Dieses Phänomen beginnt irgendwo auf dem Balkan und endet wahrscheinlich erst wieder in der Nähe des Südpols: menschliche Formen, verstreut auf öffentlichen Plätzen, umgefallene Körper, die aussehen, als sei tatsächlich das Leben aus ihnen gewichen. Ein paar mürrische Pakistani, die wegen des eisigweißen Neonlichts ihrer Verkaufsstände aussehen, als würden sie unablässig fotografiert, warten auf Käufer für ihre Radios, Transistoren, goldene Uhren. Ich trinke ein lauwarmes Etwas und kaufe den *Gulf Weekly Mirror*. Wenn ich auf die liegenden weißen Gestalten schaue, würde ich mich am liebsten auch so hinlegen, und wenn ich dem leisen Schlappen der in Dschellabas gekleideten Gestalten lausche, würde ich meinen kecken nordländischen Schritt gern ablegen und wie sie durch die schwüle, fremdartig duftende Nacht schlappen, aber das geht nicht, denn ich habe keine Schlappen, und folglich bleibe ich vor dem Fenster stehen und schaue auf die mit Karabinern bewaffneten Soldaten und auf den silbernen Halbmond über dem Rollfeld.

Ist es Einbildung oder sind diese Stewardessen *anders*? Die erste Crew, die jetzt in Dubai geblieben ist, kam frisch von zu Hause, diese hat bereits einen Tag oder so im lauen Swimmingpool gelegen, umgeben von der Wüstenhitze Dubais, »wo man nichts unternehmen kann«. Außerdem fliegen sie nicht zurück nach Hause, sondern noch weiter weg, ihr Arbeitstag beginnt spät nachts und wird einige Stunden später in der feuchten tropischen Hitze von Singapur oder Jakarta enden.

Der Film, der an Bord gezeigt wird, heißt *Rocky*, aber Filme haben unter solchen Umständen eine verheerende Wirkung auf mich. Mein Glaube an meine eigene Existenz ist offenbar so kümmerlich, daß energisch auf mich losgelassene Bilder mir rasch den Boden unter den Füßen wegziehen, so daß ich nach einem Film häufig die größte Mühe habe, den Faden meines eigenen Lebens wieder aufzunehmen. Ich halte mich also lieber an den *Gulf Weekly Mirror*. Barraclough hat recht – wir leben in einem »global system of international politics«. Die Schlagzeile auf der ersten Seite: »Global link for Emirate – Ras Al Chaima, das nördlichste der Vereinigten Arabischen Emirate, ist durch die Eröffnung einer gigantischen Satellitenstation in die Welt der internationalen Weltraumtelekommunikation eingetreten.« Daneben ein aufschlußreiches Foto, bei Nacht aufgenommen, so daß alle ziemlich düster aussehen. Und hätte nicht dieses einsame Telefon auf dem niedrigen Tisch gestanden, so hätte es ein Bild aus Tausend-und-einer-Nacht sein können, denn es wird noch eine Ölkrise geben müssen, bevor solche Bilder für alle Zeiten aus unseren Köpfen entfernt sind. Auf langen Fauteuils und einem wüstenbreiten Teppich sitzen, als wären sie gerade von der Falkenjagd zurückgekehrt, etliche in weite Gewänder gehüllte Würdenträger, die wir der Einfachheit halber immer Scheiche nennen, um mittels dieses einen Telefons und eines Satelliten, der 3345 km (für mich also 3335 km) über der Welt schwebt, einem Gespräch zwischen Scheich Said Ibn Sultan und König

Chalid von Saudi-Arabien in London beizuwohnen. Die Stimmung auf dem Foto zeugt von Fez und Gaudi – Männer unter sich, weit und breit keine Frau. Ihre Blicke sind in die Richtung des Fernsehschirms gewandt, der auf dem Foto nicht zu sehen ist. Die an den Fuß der Berge in Dschebel Al Aschkar »geschmiegte« Station kann 972 Kanäle gleichzeitig bedienen, Telefongespräche, Fernschreiben, Datenübertragungen und sogar komplette Live-Fernsehübertragungen zwischen Al Chaima und den entferntesten Winkeln des Globus ermöglichen. Auch der Rest der Zeitung ist lehrreich: Es wäre ein guter Kurs an der Journalistenschule oder bei der Nachwuchsausbildung im Auswärtigen Amt, eine solche, völlig x-beliebige Zeitungsausgabe bis aufs letzte auseinanderzunehmen, inklusive aller Anzeigen und allen Blödsinns. Ein kleiner Junge in kurzer Hose erzählt seiner arabischen Mutter (in langem schwarzen Gewand), er gehe nicht in die Schule, bevor er nicht seine dänische Milch bekommen habe. Die Patienten des Al-Qassimi-Krankenhauses in Schardscha beklagen sich über das englische Management (vier Stunden Wartezeit für einen neuen Verband!), der amerikanische Botschafter in Bahrain hat dem Bildungsminister, Scheich Abdul Asis Ibn Muhammad Al Chalifa, Bücher geschenkt, Kuwait will aufrührerische Elemente am Golf abschrecken, Gulf-Air kündet Non-stop-Flüge nach Amsterdam an, und wenn Sie im Pearl Restaurant auf dem Dach der Jashanmal-Stores tanzen möchten, dann wählen Sie Bahrain 52852 oder 52813. Ferner fällt auf, daß die Einwohner der Emirate unsterblich sind. Zumindest steht in der ganzen Zeitung (48 Seiten) keine einzige Todesanzeige.

Während des Landeanflugs in Malaysia spielt der Reisende ein Spiel mit sich selbst: Welches werden die ersten Leute sein, die er in Südostasien, wo er noch nie gewesen ist, sehen wird? Das Flugzeug geht über einem dichten, wilden Wald von der Sorte Grün tiefer, das an Kriegsfilme aus dem Pazifik erinnert, weil es auch da schon als unecht empfunden wurde. Es ist also echt, eine scheußliche, unfriedliche Farbe. Ich sehe einen vierspurigen Highway mit Autos, niemand ist zu Hause geblieben, alles stimmt, die Welt funktioniert. Kurz bevor wir landen, entdecke ich auf einer Waldlichtung – Hacken oder Besen in der Hand, neben einem kleinen, unscheinbaren Holzhaus oder, besser gesagt, einer Hütte – einen Mann und eine Frau. Das waren sie also. *Sie* sehen mich nicht, sie sehen nur ein großes Flugzeug. Merkwürdig, daß man sich die Temperatur draußen nie vorstellen kann. Es läßt sich auch nie vorhersagen, bei welchem Anblick einem das Leben zur Last werden oder Unbehagen auslösen wird, diesmal ist es der kleine Mann mit den beiden Pfannkuchen, der die Maschine zu ihrem Platz dirigiert. Eine ganze Serie anderer dörflicher Gepflogenheiten folgt: eine Treppe hinunter, hinein in einen Bus, ein Stempel, ein anderer Bus, ein Hotel, eine Dusche, ein Whisky, das Ritual der tausendfach wiederholten Ankunft. Das ist der Moment, in dem eine Reise sich gegen einen kehrt, da dem Reisenden klar wird, daß er nicht reist, um den Umsatz seiner Firma zu steigern oder eine Klausel in einem künftigen Freundschaftsvertrag zu ändern, daß er nicht auf der Suche nach dem Schatz von Al Asraf ist und auch nicht nach der *Lymna esoterica*, jenem fast ausgestorbenen fleischfressenden Nachtschattengewächs, oder den letzten Angehörigen des Tizziz-Stammes, die noch das Lied von Bazoch

Azoch singen können, daß er, kurzum, im Gegensatz zu all den anderen nur um des Reisens willen reist und daß dies keine Form von höherem Dasein ist, wie er früher geglaubt hat, sondern eine Form, um dem eigenen, anekdotischen Leben zu entkommen, weil er einfach nicht da sein will, weil er, während ein großes Flugzeug ihn langsam, auf Rädern, zum Flugsteig seines Bestimmungsortes bringt, seines soundsovielten Bestimmungsortes, plötzlich wie mit schwarzen Buchstaben an denselben Himmel geschrieben sieht, von dem er soeben nach zwanzig Stunden heruntergekommen ist, daß all diese Ortswechsel eine Maskerade sind. Aber da ist er bereits gelandet, Flug (oder Flucht?) Nummer 804, Amsterdam-Kuala Lumpur, und er führt, wie in einer Gavotte oder einem Menuett, die vorgeschriebenen Bewegungen des Reisenden aus, doch während das äußerlich unsichtbar ist, weiß er innerlich, daß er hier nichts zu suchen hat, mit Ausnahme dessen, was er finden wird, daß er aber nur das finden wird, was bereits da war. Was aber ist das Gegenteil vom Kloster des Reisens? Es ist das Kloster des einsamen Zimmers, in dem man in seiner Seele umherreist, ohne Stewardessen und ohne Pomp und Prunk. Zwischen diesen Schrecken muß man wählen, doch wer reist, hat sich bereits entschieden, er geht hinaus in die Hitze, spürt, wie ihn die feuchte Luft in die Arme nimmt, und wird dieses geistige Exerzitium bis zum Ende absolvieren, und folglich geht er schlafen, mitten an diesem tropischen Tag, der irgendwoanders eine Nacht ist, zugedeckt mit Airconditioning, Jetlag und taedium vitae und nicht viel später geweckt von der nie von ihm ablassenden Welt in Form einer Zeitung.

Hausaufgabe: Malaysia ist ein Bundesstaat, bestehend aus dreizehn kleinen Gliedstaaten wie zum Beispiel Malakka, Johore, Penang, die zum großen Teil noch von Sultanen regiert werden. Alle fünf Jahre wird aus ihrer Mitte ein König, der Yang di-Pertuan Agung, gewählt, der seinerseits zweiunddreißig der achtundfünfzig Mitglieder des Senats ernennt – das wäre also geregelt –, gleichzeitig Oberbefehlshaber der Streitkräfte ist und die höchsten Richter des Landes beruft. Ein Teil des Bundesstaates liegt auf dem früheren Borneo, so zum Beispiel Sabah und Sarawak. Die Hauptstadt ist Kuala Lumpur, eine ziemlich nichtssagende, nicht unangenehme, etwas ungepflegte, sich nach allen Seiten hin ausdehnende Stadt, in der die Engländer ihre Backsteinzeichen hinterlassen haben, ein kleines, dünkelhaftes England in einem Gebiet, das hundert Jahre zuvor noch Urwald war. Ich besuche das Nationalmonument, den Bahnhof, von dem die Züge nach Bangkok und Singapur abfahren und der aussieht wie eine Moschee, und danach die Moschee, die nicht aussieht wie eine Moschee, eine endlose, offene, niederschmetternd monumental gedachte, spiegelglatt polierte Ansammlung von großen Räumen und Gängen, in denen ich fast allein auf Strümpfen umhergehe. Nichts von der Majestät Isfahans, der Strenge Ghoms, der Intimität Kairouans, einfach eine Raumstation, von der aus die Gebete keimfrei zur Höchsten Instanz emporgesandt werden. Die Außenluft, die hier freien Zugang hat, wird für einen Augenblick »durchlaucht« über dem schimmernden Marmor und setzt sich dann jenseits der sakralen Barriere über dem dampfenden kurzen Gras fort, zwischen den matten Blumen und den gebändigten Sträuchern mit den aufgesprungenen Blüten, deren Namen ich nicht kenne.

*New Malaysia Straits Times:* »Mädchen getötet in Dreiecksverhältnis.« Die achtzehnjährige Lee Ah Moi (Foto, asiatisches Kindergesicht, Blümchenkleid – wo ist das Kleid jetzt?) starb mit einer klaffenden Stichwunde in der Brust, die ihre sechzehnjährige Rivalin ihr beigebracht hatte, in den Armen ihres Liebhabers, des sechsundzwanzigjährigen How Chac Zay. Die Mutter von Miss Lee, Frau Lee Ah Seow (54) sagte, ihre Tochter sei erst kürzlich Revuegirl geworden.

Auf Seite 6 ein großes Foto vom Besuch des Yang di-Pertuan Agung beim Sultan von Trengganu, einem der nördlichen Gliedstaaten. Die Fotos stammen aus »Vergilbte Porträts eines indischen Familienalbums«, freilich ohne den alles verschönernden Firnis des Toten und endgültig Vergangenen, und beim besten Willen läßt sich darauf nichts anderes erkennen als: ein Karnevalsprinz zu Besuch bei einem anderen. Der Unterschied besteht nur darin, daß diese Prinzen Macht haben. Umringt von vielen Herren, die hohe Sonnenschirme noch höher halten, schreiten sie durch das, was auch auf dem Foto eindeutig *Hitze* ist, in die Zeitung hinein. Der König hat die abfallenden Schultern eines dicken, sanften Mädchens, sein Gesicht unter der merkwürdig gefalteten, leicht in die Höhe gehenden, mit einem Halbmond und einer Sonne aus Diamanten geschmückten Kopfbedeckung wirkt melancholisch, er braucht das alles nicht, den königlichen Kris, die Sterne, Schärpen, Abzeichen, Orden und Ketten, die er mit sich herumschleppt. Der Sultan, dessen Kopfbedeckung spitz zuläuft, hat einen deutlich flotteren Schritt. Zwölftausend Schulkinder mit Fähnchen, die nicht alle aufs Foto paßten, jubelten den Fürsten zu, und das Gespräch drehte sich um Öl, das man vor der Küste Trengganus gefunden hat. Oil makes the world go round. Und nicht weit davon entfernt macht die Armee Jagd auf Guerillas.

Und sonst? Der Detektiv in dem Bordellprozeß hat eine höhere Strafe erhalten, man arbeitet an einer besseren rassischen Verteilung zwischen Chinesen und Malaien, der Kautschukpreis ist gestiegen, die Börse in Kuala Lumpur verzeichnete einen regen Tag, die Roten versuchen, »unsere Soldaten« mit Drogen schlapp zu machen, sagt Generalmajor Mohamed Ghazali bin Haji Che Mat, und der Bauarbeiter Lee Kiat Beng (23) wurde zum Tode am Galgen verurteilt wegen des Besitzes von zwei Handgranaten und 37 Schuß vom Kaliber 7,54 mm. Der Verurteilte blieb ruhig und gefaßt, seine Mutter brach in Tränen aus und mußte weggeführt werden.

Ich werde manchmal (von Freunden wie von Feinden) gefragt, weshalb mich der Tod so fasziniert, weshalb ich immer über Friedhöfe schreibe und sie aufsuche. Keiner kommt auf die Idee, daß ich dorthin *geführt* werden könnte. Abgesehen davon finde ich Friedhöfe nicht so traurig und den Tod eigentlich auch nicht. Der Tod ist da weniger gegenwärtig als, sagen wir mal, im Fernsehen oder auf der Autobahn. Ein Friedhof hat eher etwas Angenehmes, etwa wie wenn man sich Fotoalben mit Menschen ansieht, die man nicht kennt. Nehmen wir mal Kuala Lumpur. Ich komme aus der Moschee, und weil auf der gegenüberliegenden Straßenseite ein Strauch mit Blüten steht, rosa Blüten mit knallgelben Stempeln im Herzen, aber kein gewöhnliches Rosa, sondern eines, das rot war und jetzt verblaßt, verschossen, verblichen ist, darum gehe ich zur anderen Straßenseite und der langsam ansteigenden, frisch gemähten Wiese hinüber. Erst als ich dort angelangt bin, sehe ich einen Namen im Gras, es ist ein niederländischer Name, und daneben liegt eine von der Zeit sanft umgestoßene Alabastervase. Gevatter Hein hat mich wieder einmal an der Hand genommen und fügt meiner großen Sammlung von Friedhöfen in aller Welt einen weiteren hinzu. Die Gräber, denn jetzt sehe ich noch mehr, sind nicht umgrenzt, sie liegen wie achtlos verstreut im hier noch hohen, trockenen Gras, halb verborgen im Schatten von Bäumen, durch unsichtbare Fäden miteinander verbunden und gemeinsam schlummernd im großen Klubhaus des Todes. In loving memory of Samuel Gerald, beloved son of Mr. and Mrs. T. L. van Langenberg, fell asleep in Jesus 11. 2. 1922, aged 22. With Christ which is far better. Ganz in der Nähe finde ich (until the day breaks and shadows flee away) seine Schwester Ruth Alvina van Langenberg, fell asleep in Jesus 26. 11. 1921 – drei Monate vor ihrem Bruder, vierundzwanzig Jahre alt. Vielleicht war das Leben in den Kolonien doch nicht so lustig. Unter anderen Schatten (ich höre jetzt plötzlich, wie die Vögel randalieren) liegen Thomas Cyril van Langenberg 1871-1941 – er überlebte seine Kinder um zwanzig Jahre, ging aber, als die Japaner kamen – und die Mutter, die alles überlebte, Caroline Lydia van Langenberg 1873-1953, tote Kinder, toten Mann, Krieg, japanisches Lager – in fünf Minuten habe ich einen Roman gelesen. Zwei Vögel landen auf einem Kreuz, ich höre Gegurgel und Gelächter in den Laubhöhlen über mir, neben einem Grab (goodnight beloved, not farewell, goodnight) liegen zwei ölgetränkte Socken. And to thy Maker thou hast flown, who early claimed you as his own. Mabel Rose, 20 yrs. Viggo Winther 25 yrs assistent Østasiatisk Kompagni.

Daneben lese ich: In loving memory of ..., aber als ich das Gras beiseite schiebe, um den Namen zu lesen, sehe ich, daß er verschwunden ist. Das nenne ich tot! Sogar die memory an die memory ist verflogen, hier ruht nur noch die Frage danach, wer hier ruht. Ich lasse sie liegen, die toten Kolonialbeamten – so sind sie eingeschrieben im großen Buch der Zeit, Kolonialbeamte, Instrumente der geschichtlichen Evolution, Imperiumerbauer, Ausbeuter – je nachdem, wer das Buch hält. Im Taxi, das mich mitnimmt, bläst ein kleiner Ventilator die dünnen Blätter des Abreißkalenders hoch. Es ist tatsächlich der 10. Mai.*

Das Nationalmuseum von Malaysia hat mit vielen illustren Vorbildern im Westen gemein, daß das Volk eine endlose Treppe hinaufsteigen muß, bevor es zu seinem eigenen Schatz zugelassen wird.

Ich gehe um das Gebäude herum und stehe zwischen leeren Coca-Cola-Kästen plötzlich Auge in Auge mit einem abgeschafften König, Eduard VII., den ich vor kurzem erst so nobel im Fernsehen habe sterben sehen. Er steht da, als warte er auf die Müllabfuhr, und so ist es natürlich auch. Die Geschichte, dieses gierige Monster, an dem man ein zweites Mal stirbt, hat ihn von seinem Sockel, seinem Podest heruntergeholt und zwischen den Müll gestellt. Was für ein Schicksal: *Wir* mußten ja unbedingt in einer verzweifelten Jagd soviel Imperium ergattern, daß wir nie genug Soldaten gegen jene aufbringen konnten, die wir dazu heranzogen, uns zu dienen; und gleichzeitig holten wir die Japaner, die den Anstoß zur

* Am 10. Mai 1940 überfiel Deutschland ohne vorherige Kriegserklärung die Niederlande sowie Belgien und Luxemburg. (Anm. d. Ü.)

großen Demontage geben sollten, aus der Isolation heraus, in der sie selbst viel lieber geblieben wären, und zwangen sie, sich zu der Macht zu entwickeln, die den Kolonien in Asien den Todesstoß versetzen sollte. Drinnen im Museum türmt das Leid sich weiter auf, Orgien einer endgültig vergangenen Zeit. Fotos von Aufständischen, Gouverneuren, Fürsten, Vitrinen mit Krisen, Schwertern, Pfeilen – und derjenige, der all das wie eine Waffenschau abschreitet, hat eine fast göttliche Macht inne: Er weiß, wie es enden wird, wie es endete, die armen Kerle auf den Fotos, die glaubten, sie hätten die Geschichte in der Hand, wußten nicht, daß sie selbst die Geschichte *waren*, aber aus solchen Illusionen und solcher Unwissenheit besteht unser ganzes Leben. Es ist ein schönes Museum. Die Orden der Fürsten, ihre Kopfbedeckungen und Zierwaffen, und auch aus der jüngsten Zeit wieder Totenfotos: Soldaten und Offiziere, die im Kampf gegen die Guerillas fielen, ihre Namen, ihre Taten, Ort und Zeit ihres Todes, die ihnen posthum verliehenen Orden. Das menschliche Treiben hat nun einmal etwas sehr Hoffnungsloses. Zum Glück wird währenddessen gegessen, getrunken und geliebt, auch wenn nicht alle das tun. Das mir liebste Stück steht im Freien. Es ist ein echtes, nicht allzu großes Flugzeug, den Namen oder, besser gesagt, den Typ habe ich vergessen. Es steht da, silberglänzend, bereit, nie mehr aufzusteigen – das erste Flugzeug, das Malaysia nach der Unabhängigkeit gekauft hat. Auf dem Foto daneben steigt der erste König an Bord, Engländer in diesen langen kurzen Hosen, die den unwiderstehlichen Reiz ihres Gebeins enthüllen, stehen daneben und schauen zu. Niemand wird je wissen, was sie denken, ein aus dem kühlen, perfiden Norden mitgebrachter Eisklumpen hat ihre Gefühle eingefroren, wo sie sich angesichts dieses symbolischen Ereignisses doch jammernd und wehklagend am Boden wälzen müßten, denn schließlich sind es diese Dinge – neue Könige auf der neuen Treppe eines neuen Flughafens –, an denen man den großen Reinfall und den unabwendbaren Lauf des Schicksals oder des Verhängnisses erkennen kann. Abends werde ich dahin mitgenommen, was einst der Hof ihres kurzzeitigen Reiches war: zum Selangor Club, der aussieht wie ein großer englischer Provinzpub, weiße Wände, dunkle Balken, und ein mit der Zunge glattgelecktes Cricketfeld. An der Wand wieder diese Fotos, das Rugbyteam von 1904, 1896, 1923, 1946, Gesichter, die nicht wußten, was wir wissen, nämlich daß hier eines Abends alle sitzen würden, die damals hier nicht sitzen durften, und zu den Lauten von *tjitjaks**, dem Knarren von Fröschen, dem Geraschel von Blättern, dem Singsang von Unterhaltungen, die ich nicht verstehe, dem Klirren von Eiswürfeln in den Gläsern, dem schnellen Schlurfschritt der Angestellten an der Long Bar, sitze ich wie der letzte Kunde von Somerset Maugham in meinem weißen Korbsessel unter dem vernichtenden Licht der großen Neonröhren an den weißen Wänden, und schaue über die düstere, ebene Fläche des Cricketfelds bis zur verschatteten, festungsartigen Form des Post Office, wo jetzt andere Briefmarken verkauft werden als früher.

*November 1977*

* »Geckos« auf malaiisch (Anm. d. Ü.)

# IN BORNEO

# VON BRUNEI NACH SARAWAK

Nur, wenn ich irgendwo schon mal gewesen bin, habe ich dieses Gefühl nicht: als ob ich aus dem All käme. Und immer wieder die gleiche Empfindung: Keiner hat mir gesagt, welche Temperatur mich erwartet. Natürlich stimmt das nicht, ich weiß, daß es in Borneo heiß ist. Aber vielleicht ist dieser erste dünne weiße Sandstreifen und das endlose Grün dahinter ja gar nicht Borneo. Etwas in mir, meine Abteilung Mißtrauen, wird immer alle zuvor beschafften Informationen überprüfen wollen. Hier sieht es grün aus, aber vielleicht schneit es ja heute abend. Und vom kühlen Flugzeug aus scheint es viel plausibler, daß es dort unten kühl ist, und nicht etwa heiß. Ich denke diese Dinge (glaube ich), weil ich mir eine Empfindung gönnen will. Ich will aussteigen und von der Hitze angesprungen werden. Mit derselben Anzahl von Flugstunden hätte ich schließlich überall ankommen können. Ich will überrascht sein, daß dort keine Polarhunde mit Schlitten stehen. Eigentlich müßte ich einen Pelzmantel dabeihaben.

Warum das so ist, weiß ich nicht, aber man setzt immer zuerst den rechten Fuß auf den Boden. Und während ich also meinen rechten Fuß auf den heißen Beton des Rollfelds von Brunei setze, sehe ich, über fünfunddreißig Jahre sind es her, die Landkarte von Niederländisch-Ostindien an der Tafel hängen. Borneo war völlig grün (Urwald), der Teil, wo ich jetzt bin, gehörte nicht dazu (sondern zu England), und in *unserem* Teil gab es zwei rote Punkte, die wir lernen mußten: Pontianak und Balikpapan. Heute heißt der indonesische Teil Borneos Kalimantan; der englische ist dreigeteilt, Sabah und Sarawak gehören zu Malaysia, und Brunei wird vom Duli Yang Maha Mulia Panduka Seri Baginda Sultan dan Yang Di-Pertuan Negeri Brunei Sir Muda Hassanal Bolkiah Múizzadin Waddaulah, D.K., P.S.S.U.B., D.P.K.G., D.P.K.T., P.S.P.N.B., P.S.N.B., P.S.L.J., S.P.M.B., P.A.N.B., G.C.M.G., D.K. (Kelantan), D.K. (Johore) regiert, einem etwas untersetzten dunklen jungen Mann, der in makellosem Weiß und behangen mit all den Orden, zu denen diese Abkürzungen gehören, von seinem Staatsporträt am Flughafen auf die Fremden blickt, die sein fernes Königreich besuchen wollen.

Brunei ist nur ein kleiner Teil Borneos, aber es besitzt Öl, ist reich und innenpolitisch unabhängig, jedoch noch immer mit England verbunden, ein Zustand, den England gern beenden würde, Brunei hingegen noch nicht, weil so zwei Bataillone Gurkhas im Land stationiert sind, die die Position des Sultans sichern. Die kleinen kecken Beamten von *Imigeresen* wollen alles wissen: wie lange ich bleibe, warum ich gekommen bin, all meine katholischen Vornamen, all meine guten Absichten. Brunei ist ein anständiges Land. Falls es doch verborgene Leidenschaften gibt, werde ich sie nicht bemerken, denn ich fahre sofort durch die heiße, aber geruhsame Landschaft in den Süden, eine zweistündige Fahrt. Rechts die braune See, Bohrtürme, hie und da ein Tanker, auf den knallgrünen Grasflächen stehen sich träge bewegende Ölpumpen, der Ferne Osten sieht nah aus. Ich verbringe die Nacht in einer niederländischen Enklave, in der die Shell-Leute leben, die in einem Joint-venture mit dem Sultanat Brunei das Öl zu Tage fördern, nach dem es die Welt so dürstet. Alles ganz ruhig und nicht unangenehm. Holzhäuser, nette Leute, tropische Blumen, viele blonde Kinder, Bedienstete. In fünfzig

Jahren wird das auf Fotos zweifellos wie *tempo doeloe** aussehen.

Am Abend spielen die Kröten Tuba und Kontrabaß, vom Südchinesischen Meer zieht eine Brise auf, kurz darauf ein tropischer Sturzregen. Ich sitze auf der Veranda des Boatclubs von Panaga und sehe, wie sich ein kleiner Schlepper mit Hilfe eines Scheinwerfers den Fluß hinauftastet und dabei eine fast unsichtbare schwarze Masse hinter sich her schleppt. Die Gespräche drehen sich um die fernen Niederlande, um Squash und Segeln, und kurzfristig möchte ich auch so jemand sein, Mitglied eines Boatclubs, früh aufstehen, hart arbeiten, abends Tennis spielen, Fotos von den Eltern auf dem Büfett, die Welt weit weg und eine zum Glück schon wieder überholte Zeitung auf dem Nachttisch, jemand, der auf einer Veranda dem Regen lauscht und sich nie mehr in den Niederlanden eingewöhnen könnte.

Am nächsten Morgen ist das Meer aus Blei, der Himmel aus Zink. Im Landrover fahre ich mit einem Freund nach Sarawak, wir überqueren einen breiten Fluß auf einer wackligen Fähre, beantworten denselben Fragenkatalog wie am Tag zuvor, diesmal jedoch für den malaysischen Zoll, und dann wird plötzlich alles wilder und anders. Die Straße verwandelt sich in eine Schlammspur durch bösartig grünen Wald, auf den verrosteten Ölleitungen sitzen Affen, hie und da zu unserer Rechten ein verlassener Strand mit angespülten Baumskeletten. Menschen stehen wie Denkmäler wartend in der Landschaft, die Oberfläche

* Sprich: tempo dulu, aus dem Malaiischen stammender Ausdruck der Niederländer für die gute alte (Kolonial-)Zeit. (Anm. d. Ü.)

der kleinen Flußläufe ist aus glattpoliertem schwarzem Marmor. Zum soundsovielten Mal in meinem Leben merke ich, daß Bewegung alle anderen Aktivitäten ersetzen kann. Der Landrover legt eine Strecke zurück, die ich, egal wie, in umgekehrter Richtung noch einmal werde zurücklegen müssen, es sei denn, ich ersticke unterwegs oder an meinem Zielort an einem Granatapfel. Ich lese nicht, ich schreibe auch nicht, mein Denken besteht aus Schauen, aber als ich eine Stunde lang während des Fahrens auf derselben Straße auf immer wieder andere, aber doch die gleichen Bäume blicke, was denke ich da noch? Das Leben eines Reisenden ist eine eigenartige Manier, etwas zu *tun*, aber was genau tue ich jetzt eigentlich? Das Zwiespältige am Reisen besteht darin, daß es gleichzeitig ein aktives und ein passives Tun umfaßt: Ich mache eine Reise (das tue *ich*), und ich werde irgendwohin befördert, und in der Passivität von letzterem steckt eine heimliche Genußfreude. Ich bin aller Verpflichtungen enthoben und tue trotzdem etwas. Die anstrengendste Reise ist die Apotheose der Faulheit. Ich wette, daß Oblomow am Ende seines Tages viel müder war als ich, aber wir erreichen beide unser geheimes Ziel: das Verstreichen der Zeit.

Im günstigsten Fall bin ich ein Kontrolleur der Wirklichkeit. Landkarten lösen ein Bedürfnis aus: Wer beweist, daß dort, an diesem merkwürdigen Ort auf jener fernen Insel in jenem anderen Teil der Welt, wirklich Menschen wohnen, wer beweist, daß es den Ort überhaupt gibt? Warum sollte der *Time-Life*-Atlas keine von einem Verrückten erdachte geniale Lüge sein?

Dieses merkwürdige, mit Gefühlen und Beobachtungsgabe ausgestattete Ding, das ich mein Selbst nenne und dessen Auflösung in einem etwas größeren Kontext in mehr oder weniger absehbarer Zeit bevorsteht, befindet sich jetzt in Miri, nicht allzuweit vom Äquator entfernt. Der Einfachheit halber nenne ich es *ich*, und *ich* sitze auf einem Poller im Hafen und sehe, wie eine große Ladung von Schweinekörben von einem rostigen Kran aus der *Sin Ching Hin* gehoben wird. Neben mir auf der kleinen Mole liegt Fisch zum Trocknen. Auf dem hier schnellfließenden Fluß herrscht ein großes Hin und Her von Booten. Ein Mann mit einem eisblauen Sonnenschirm geht vorbei. Er hat einen kleinen Schatten bei sich, auf dem er läuft, bis er in der Miri Grocery Company verschwindet. Ich selbst stehe jetzt ebenfalls auf (jemand muß schließlich die Dreckarbeit machen) und gehe am Lover's Bay Hotel und dem Seaview Café (hier habe ich für 1997 eine Verabredung) vorbei zwischen chinesischen Jungen in klassischer Kampfpose zur Hauptstraße mit den Regenbäumen und an den bemalten Markisen der North Pole Cold Storage entlang zur Wong's Clinic. Von dort ist es nur noch ein Schritt zur Borneo Printing Cy., von wo aus die New Zealand Insurance und die Hup Seng Earth Filling Corporation ganz leicht zu erreichen sind.

Einige Tage später sehe ich, wie klein und verloren Miri von oben aussieht, eine armselige Ansammlung menschlicher Gegebenheiten zwischen Urwald und Meer. Die winzige Piper Cup, in der ich sitze, zieht einen langsamen, unregelmäßigen Kreis darum. Man könnte jetzt fast meinen, jemand hätte einen Knoten ins Ende des Flusses gemacht, der wie der wesenlose Weg eines Betrunkenen in der betäubend grünen Landschaft liegt. All diese Umwege! Kein Wunder, daß die Langboote Tage dafür brauchen, ins Landesinnere vorzustoßen. Das Wasser sieht aus wie schwarze Stille, hin und wieder ein Konvoi von Baumstämmen, hin und wieder die giftgrünen Flecke eines Wasserpflanzenfeldes, im Urwald nirgends ein kahler Fleck, sondern *ein* großes, unbezwingbares grünes Gewucher, das sich, auch wenn man es durchflöge, noch über Stunden erstrecken würde. Jemand hat Gott gekämmt, und kleine Büschel seines weißen Haars liegen auf dem gewendeten Tischtuch des Himmels. Es ist niemand zu sehen. Der Pilot spricht mit dem Tower in Marudi, wo wir gleich landen werden, und seine sowie diese andere Stimme flitzen von Zeit zu Zeit über den leeren Himmel. Als wir landen, befinden wir uns wieder in der Welt der Marken: Ein Datsun mit Carlsberg fährt vorbei. Jetzt noch Coca-Cola in China, und Nirgendwo gibt es nicht mehr.

Ein winziger Hafen am Fluß, Morgentau, Hahnengeschrei. Der größte Wunsch eines Reisenden muß wohl sein, in eine Welt ohne Namen zu kommen, so daß er selbst Namen verteilen kann, doch dafür ist es hier schon zu spät. Die *Sungei Bila* wird gerade gelöscht, der Great Wall Dentist operiert hinter einem grünen Vorhang, und beim O'Kay Taylor sitzen Mädchen mit verschlossenen Gesichtern an Nähmaschinen. Ein kleiner *padang*, ein Markt, ein paar Geschäfte, ein paar Landrover, Palmen, eine chinesische Bank, der Fluß, das ist es.

Gerüche von frühen Feuern, von Durianfrüchten und gesalzenem Fisch, gurgelnde chinesische, plätschernde malaiische Stimmen, das rüde Geräusch eines Außenborders und die Sonne, die ihr Schlagholz hebt, um der Welt eins zu verpassen, ein samtiger Schmetterling, so groß wie eine Hand, an den brennenden Blüten der *Faja lobbi*, Borneo im November.

Dies ist, am Batang, der letzte Außenposten. Der Fluß fließt natürlich ins Meer, aber auf der Karte sieht es aus, als würde er sich mit all seinen Verzweigungen einen Weg ins Binnenland graben. Auf ihm legen die Iban, ein Dajakstamm, manchmal mehrtägige Strecken zurück, um hier ihren getrockneten Kautschuk und ihre Urwaldfrüchte an die Chinesen zu verkaufen. Man kann sie unmöglich übersehen, selbst wenn sie europäisch gekleidet sind. Die geheimnisvollen, leicht mongolischen Züge, die durch den geradegeschnittenen Pony noch betont werden, geben ihnen etwas Altertümliches, ihr Gang ist der von freien Menschen, ein Kreis der Ruhe umgibt sie, als hätten sie, besser als die Malaien und Chinesen, die an der Küste leben, ein Geheimnis bewahrt, dessen Ursprung unerreichbar weit zurückliegt. Unabhängig, kämpferisch, Kopfjäger, einstige Untertanen des weißen Radschas von Sarawak, leben sie in Langhäusern am Fluß bis weit hinein ins Landesinnere, Gemeinschaften von dreißig bis sechzig Familien unter einem Dach, Animisten, die sich einen großen Teil ihrer Zeremonien und Bräuche bis in diesen späten Abschnitt des zwanzigsten Jahrhunderts hinein erhalten haben, nun aber dazu verdammt sind, langsam, aber unvermeidlich ins einundzwanzigste hineingezogen zu werden.

Jetzt, da ich dies schreibe, liegt Schnee in den Niederlanden. Trotzdem ist es erst einen Monat her, daß ich über diesen schmalen, matschigen Weg zu dem Langhaus ging – und wenn ich die Augen schließe und ganz ruhig dasitze, ist mir, als fände nach einiger Zeit eine Explosion statt: Irgend etwas platzt, bricht, knallt auseinander in hundert Stücke, und was ich dann wieder sehe, ist die grüne Glut des Lichts, und was ich höre, das Schnalzen, Gurgeln, Lachen der Vögel und dieses metallische, beißende Geräusch, als wäre ein ganzes Grillenvolk ans Stromnetz angeschlossen. Wir gehen im Gänsemarsch auf die Stelle zu, wo hinter dem wilden Baumwuchs das Haus stehen muß, aber bevor *wir* jemanden gesehen haben, haben Kinder uns schon gesehen. Sie schreien und hüpfen herum, denn für gewöhnlich bringen Besucher Geschenke mit. Das Langhaus ist ein langgestrecktes Gebäude auf hohen Pfählen, man betritt es, indem man einen steilen Baumstamm hinaufklettert, in den rohe Stufen gehauen sind. Die Kinder tanzen um uns herum, ein großes Geklapper loser Bambusbrettchen, und wir kommen in einen kirchenartigen langen Raum, den *ruai*. Anfangs sehe ich fast gar nichts, schwaches Licht fällt in fahlen Bahnen herein, dann entdecke ich hier und da kleine Grüppchen von Leuten, die an den Schilfwänden zur Linken sitzen. Eine Mutter mit einem winzigen Kind, ein alter apathischer Mann, tätowiert, mit Bronzegehängen in den langen, ausgereckten Ohren. Später sehe ich, daß die jüngeren Männer das nicht mehr haben. Wir bleiben etwas verloren stehen und harren der Dinge, die da kommen sollen, und währenddessen versuche ich, schauend den Raum für mich zu ordnen. Rechts eine Reihe von etwa dreißig geschlossenen Türen, hinter denen sich die *bilek*, die Räume für die einzelnen Familien, befinden. Wo wir stehen, auf der großen Veranda, ist der öffentliche Raum, so etwas Ähnliches wie ein Dorfplatz, und links davon, draußen, befindet sich eine weitere lange Veranda, nicht überdacht, auf der Wäsche zum Trocknen hängt und Frauen damit beschäftigt sind, Reiskörner in Schilfkörbe zu sieben. Ein mit einem langen Strick neben einem der *bilek* festgebundener Hahn kräht lange und laut, ein paar magere Hunde fangen an zu bellen. Stille, und dann wieder die Stimmen von Menschen, weich, musikalisch. Jemand zeigt nach oben, und ich sehe, fast senkrecht über mir, an einem der Pfähle, die die Konstruktion tragen, ein Netz aus faserigen Stricken, in dem wie eine riesige verdorrte Traube schwärzliche Schädel hängen. Nach einer langen Zeit des Verbots hatte während des Zweiten Weltkriegs eigentlich niemand mehr etwas dagegen, daß die Iban Jagd auf Japaner machten, und so hängen dort schwarze japanische Totenköpfe über den friedlichen Familienszenen.

Wir werden zum Oberhaupt des Langhauses gebeten, dem *tuai rumah*. Als alle bereits eingetreten sind, habe ich den Knoten meiner Turnschuhe noch immer nicht aufgekriegt, aber es verstößt gegen die Etikette, ein Haus mit Schuhen zu betreten. Es ist heiß, der Knoten will nicht, der Hahn kräht, der Hund bellt, die Kinder lachen, die Schädel grinsen, und mit der Miene eines Menschen, der bei der Königin ein Kristallweinglas umgestoßen hat, nehme ich beim Empfang im *bilek* des *tuai rumah* endlich meinen Platz ein. Alle anderen sitzen bereits. Es herrscht freundliches Schweigen. Das Halbdunkel wird von einer Karbidlampe erhellt. Wir sitzen im Halbkreis einem Halbkreis von Iban gegenüber, die das Oberhaupt bei dieser Zeremonie flankieren. Als erstes werden die Geschenke überreicht, ein Karton Tennisbälle für die Kinder. Ich komme mir wie ein Missionar aus den dreißiger Jahren vor, aber die Bälle werden jubelnd in Empfang genommen. Dann werden uns die Polaroidfotos gezeigt, die frühere Besucher dagelassen haben: immer derselbe Häuptling, lächelnd und würdig, immer umringt von denselben grazilen Gestalten und immer anderen käsigen Figuren mit einem Lächeln des guten Willens im Gesicht, die zu großen Körper in mühsamen Haltungen auf dem harten, glänzenden Fußboden drapiert, an demselben unglaublich süßen Getränk nippend, das wir jetzt ebenfalls bekommen, oder mit deutlich zur Schau getragener Genießermiene an einem Bonbon lutschend. Hinter dem Häuptling hängt sein furchtbares Hochzeitsfoto, er in europäischem Anzug, aufgenommen in Marudi; noch deutlicher wird der Vormarsch der Zivilisation auf einem Bild, das seinen Sohn in der barbarischen Teenagerkleidung zeigt, wie sie vor einigen Jahren Mode war, dem Gipfel an *sophistication* aus Singapur: Schuhe mit endlos hohen Absätzen, um die zarte asiatische Gestalt auf europäische Höhe zu hieven, nebst weiterem modernem Gelump aus den billigsten Fabriken Hongkongs oder Taiwans, das den zweifellos schönen, muskulösen Körper verbirgt und das ernste, Iban-Gesicht darüber lächerlich macht. Immer wieder unser Dilemma: erst alles verderben und dann darüber klagen. Die gesamte Rückwand ist bedeckt mit bunten Postern der malaysischen Heart Foundation, auf denen ein feuerrotes Herz an großen Spannungen zu zerreißen droht: »Down with high bloodpressure!« – vermutlich so ungefähr das letzte, woran diese schlanken Urwaldbewohner bei ihrer Ernährungsweise leiden. Aber vielleicht sehe ich Gespenster. Besuche wie diese sind, vor allem im Binnenland, selten, diese Poster sind nichts weiter als ein hübscher Wandschmuck, niemand trägt die idiotische Kleidung wie auf den Fotos – außer uns –, und wir sitzen da wie an einem fernen, fremden Hof und schauen auf diese leise sprechenden, *sirih* kauenden, sich gemächlich bewegenden Gestalten, als wären sie im Besitz eines Geheimnisses, das uns irgendwo, vor langer Zeit, in irgendeinem schrecklichen Kaufhaus der Geschichte abhanden gekommen ist. Die Zeit rinnt hier durch eine andere, langsamere Sanduhr, gleich verschwinden wir wieder mit unserem Raumschiff, sie bleiben da und vergessen die Anekdote, die wir sind, und leben ihr von den Gesetzen der Tradition, des Urwalds und des Flusses bestimmtes Leben. Mit begehrlichen Blicken schielen wir auf die Gegenstände, alle von *Händen* gemacht, aus Schilf geflochten, aus Holz gehauen, Körbe, Netze, Stößel, *parangs*, Decken, Ringe, aber unsere Begehrlichkeit ist die Begehrlichkeit von Menschen, die nie mehr etwas selbst machen, geschweige denn es verzieren, und das schlägt auf uns zurück in Form von Sehnsucht, und Sehnsucht ist es, die uns begleitet, als wir wieder klappernd über die kleinen Bretter des *ruai* hinunterklettern, wobei sich jeder vom anderen absondert, als wolle er eine eigene Erinnerung mitnehmen, ein definitives, bewahrbares Bild, eine junge Frau, die am Fluß Wasser holt und uns nicht ansieht, einen Mann, der ein Messer an einem Stein wetzt, herumwuselnde kleine Schweine unter dem Langhaus, das säuselnde Geräusch von Reis, der in Körbe gesiebt wird, das grelle Außenlicht, das, nach innen hin gefiltert, sanft wird.

In Marudi steigen wir in ein Langboot um. Es wird eine wilde, Stunden dauernde Fahrt. Im Innern des Bootes gibt es schmale Sitzplätze, es ist überdacht, aber schon bald vertreibt uns ein tropischer Regenguß vom engen, offenen Achterdeck. Wie eine graue senkrechte Wasserwand steht der Regen um uns herum und verbirgt die beiden fernen Ufer. Das Tempo ist hoch, wir schneiden wie ein Messer durch das flache Wasser, und der einsame Iban, dem wir in seinem *perahuh* begegnen, wird auf und ab geschleudert wie in einem starken Sturm. Als der Regen wieder aufhört, sehen wir die Ufer: zwei grüne Wehrmauern, Wälle aus Wald, nirgends mehr aufhörende Schlachtordnungen von Bäumen, die einander nach dem Leben trachten. An Deck liegen auch ein paar Säcke mit Durians, große, stachlige Früchte mit ekelerregendem Geruch. Jedesmal, wenn der Regen wieder einsetzt, müssen wir unter den überdachten Teil und stehen dort dicht bei dicht, still, während draußen dieselbe eintönige Unendlichkeit vorbeizieht. Es ist wenig Leben zu sehen. Ab und an ein Langhaus, wo silberne Fische an Leinen zum Trocknen hängen, ein kleiner Anlegesteg, auf den jemand springen muß, während das Boot kaum stoppt. Für einen Moment sieht man die Gestalt noch zwischen dem Grün, dann ist sie schon wieder verschwunden – die Wand hat sich geschlossen, dahinter leben Menschen, die uns sehen, während sie für uns unsichtbar bleiben. Kleine Holzschlepper mit einem langen Schwanz von Baumstämmen aus dem Landesinneren, ein Häuschen auf Pfählen, hohes, feindseliges Schilf, hie und da ein Fischer, die Stille, die eintreten muß, wenn wir wieder vorbei sind, ein kleiner schwarzer Vogel, den ich nicht richtig sehen kann, kreuzt in raschem Flug, such is life on the river.

Auf dem Markt in Miri komme ich mir vor, als liefe ich in einem Buch von Maria Dermoût* herum. Ich lerne die malaiischen Wörter für Früchte, Gewürze, Gemüse – *rebong, lobak merah, bawang puteh, buah palah, kas-kas, limau nipis, gula melaka,* eine Vokalise kolonialer Nostal-

* Niederländische Schriftstellerin (1888-1962), die vor allem in *Die zehntausend Dinge* die exotische Welt des ehemaligen Niederländisch-Indiens heraufbeschwört. (Anm. d. Ü.)

gie. Eine Reihe von Niederländern, die hier für Shell arbeiten, stammen aus dem ehemaligen Niederländisch-Indien und sprechen noch Malaiisch, und so haben die Tage in diesen geräumigen weißen Holzhäusern etwas von der guten alten Zeit, die nicht mehr in Mode ist, eine entfernte Wiederholungsübung dessen, was einmal war und nie mehr so sein wird. Die Rasenflächen sind alle tipptopp gemäht, die Frangipanis, Mussaendas und Flamboyants bewegen sich wie die Fahnen tropischer Königreiche im Meereswind, Eiswürfel klirren in den Gläsern, die Sonne versinkt durch einen Gin-and-lime am Horizont, Tage von Anno dazumal.

Vor dem Hintergrund der Bohrtürme dreht sich das Gespräch an diesem fernen hereinbrechenden Abend um die Macht der Mineralölgesellschaften. Ich höre, daß Shell in Malaysia keinen wirklichen Einfluß hat, in puncto Konzessionen und wichtigen Entscheidungen wie in vielen anderen Ländern ganz von der nationalen Regierung abhängig ist und sich äußerst vorsichtig bewegen muß. »Wir sind vielleicht die letzte Generation, die noch rausgeht, wir bilden Leute aus und liefern das Know-how.« »Aber es läßt sich doch nicht leugnen«, sage ich, »daß diese Gesellschaften, die das Öl beherrschen, die noch immer wesentlichen Einfluß auf die Distribution haben und sie über alle möglichen verschlungenen und häufig unsichtbaren Kanäle steuern können, noch immer eine Art von Macht ausüben.« Sie betrachten es als eine zu Ende gehende Sache; was ihn aber wurme, sagt einer etwas bitter, sei, nach einem Jahr harter Arbeit in den Tropen und der Isolation, die das Leben in Borneo ja noch zusätzlich erschwere, im Urlaub nach Hause zu kommen und von den eigenen Kindern, die in den Niederlanden das Gymnasium besuchen, zu hören, man sei ein Ausbeuter. Es sind die Kinder der Bourgeoisie, die die Revolution predigen, sagt eine spöttische Stimme, und in der darauf folgenden Stille treiben die Worte davon. Die Dunkelheit mauert uns ein, die Fledermäuse beginnen ihren düsteren Veitstanz, und ich erkenne nur noch vage die verschatteten Formen von ein paar leeren Rattanstühlen, die zur Brandung gewandt dastehen, als würden sie jemanden erwarten.

Ich bin mit dem Boot am Urwald entlanggefahren, ich bin über ihn hinweggeflogen, jetzt will ich auch noch ein Stück *in* ihm wandern. Wir waten eine Zeitlang durch einen Bach, Schuhe und Socken quatschnaß, später klettern und kraxeln wir über Felsen, halten uns an Lianen fest, kriechen auf Knien durch modernde Blätter unter Bäumen hindurch. Stille und Düsternis beginnen ihre Wirkung zu zeigen. Wenn ich stehenbleibe, meine ich zu spüren, wie der Urwald lebt, als könnte man den Kampf all dieser drängelnden und schubsenden Bäume und Sträucher um einen Platz an der Sonne hören. Ohne daß etwas Dramatisches passiert, empfinde ich den Wald als eine grausame Umgebung, hier wird lautlos gekämpft; mit einem starken Sender, der vergrößert, wie ein Mikroskop es tut, würde man es auch hören, das Schreien, Stöhnen, Knarren. Zu Boden gefallene vertrocknete Palmwedel liegen wie Skelette eines Riesenfischs auf dem schmalen Pfad, alles zu unseren Füßen riecht nach Moder und Tod. Luftwurzeln winden sich wie außer Rand und Band geratene Leitungen unter-, neben- und übereinander, Schimmel, Schwämme, Moose besetzen die Stämme, hin und wieder schreit ein Vogel, den wir nicht sehen können.

Ich versuche mir vorzustellen, wie es wohl wäre, wenn man sich wirklich monatelang hier durchschlagen müßte oder wenn, wie im Krieg, überall Feinde lauern könnten – wie die Japaner sich wohl gefühlt haben, die wußten, daß jedes Rascheln der Pfeil eines Kopfjägers sein konnte, der den Wald soviel besser kannte als sie –, und während ich die künstliche schmale Schneise entlanggehe, weiß ich, daß sie in wenigen Monaten zugewuchert sein wird. Um zu wissen, wie das ist, braucht man von diesem Pfad nur ein paar Schritte zur Seite zu tun. Hölzerne, zähe Arme packen dich, die Kleider verhaken sich in scharfen Dornen, du findest keinen Platz für die Füße, der Schweiß strömt dir übers Gesicht, und überall steht, hängt, wölbt es sich um dich herum, tausend Schattierungen von Grün, drohend, aggressiv, niedergedrückt, stechend, dahinkümmernd, und in diesem Grün wiederum Gewölbe, Kreuzrippen, piranesiartige Räume, Krypten, hohe Säle. Folterwerkzeuge, Schilde, Netze, Tücher, in einem großen, bedeutungslosen Chaos umgibt es dich, und alles – Pflanzen, Bäume, Moose, Parasiten – hat einen Namen und ist irgendwo beschrieben im Kataster der nicht endenden Welt.

Nach einiger Zeit gelangen wir wieder ans Wasser. Der Fluß ist jetzt breiter, und wo das Wasser über das Felsplateau fließt, ändert sich seine Farbe oder, eigentlich, sein Wesen, es wird ein anderes Element, Wasser, für das man ein anderes Wort finden müßte, eine durchsichtige, glänzende, waagrecht dahingleitende Materie, die, wo sie sich über die Felswand nach unten schiebt, ein silberweißes, schäumendes, senkrecht stehendes Ding aus Wasser wird, der Vorläufer des richtigen, großen Wasserfalls, Ziel unserer Expedition. Aus großer Höhe stürzt das wütende weiße Wasser in einen kleinen See herunter, mit solcher Wucht, daß es weh tut, wenn man beim Schwimmen in seine Nähe kommt. Aber es bleibt ein unvergeßliches Erlebnis, wenn man in dem dunklen, mit einemmal merkwürdig kühlen Wasser umherschwimmt, das neben einem durch die harte Sturzflut aufgerissen wird, und die Sonne in diese Lichtung im Urwald einfällt, der auf allen Seiten ringsum weitergeht, vielleicht bis zum Ende der Welt.

*Juni 1979*

## SABAH, KINABALU, KOTA BELUD

Manche Ortsnamen haben etwas an sich, das die Reiselust entfacht – der Klang des Namens, die Legenden, die sich um ihn gebildet haben, oder eine Mischung aus beidem. Manche Namen haben sich als Legende gehalten, weil ihre Klangassoziation so verlockend ist, und selbst wenn die Legende längst als Lüge entlarvt ist, behält der Name diesen besonderen Klang. Timbuktu ist ein verlassener Fleck in der Wüste, Bragança ein trübsinniges Kaff in einem öden Winkel Portugals, die Demaskierung hat vor langer Zeit stattgefunden, ich bin dagewesen, und trotzdem haben diese Namen ihre geheimnisvolle Kraft behalten. Isfahan, Samarkand, das Tal der Rosen: Der Klang hat bewirkt, daß die Idee des Ortes hängengeblieben ist, und jeder, der gelegentlich an Reisefieber leidet, kennt dieses Phänomen – man spricht die geheimnisvollen Worte laut aus, fast wie eine Beschwörung: Guadalajara, Manaos, Macau, Aranjuez, Titicaca, Brindisi, Tierra del Fuego –, Vokalisen, winzige Musikstücke, Worte, die man auf einem Instrument spielen könnte.

Jetzt bin ich in Kota Kinabalu, sechs Töne auf einem Xylophon, einem Gamelan, sechsmal würde die stoffbespannte Kugel des Stöckchens auf den Holztasten aufkommen und genau diesen Klang erzeugen: Kota Kinabalu, und nie würde es klingen, wie es aussieht, häßlich, kahl, modern, eine Vorstadt, als Hauptstadt verkleidet, irgendwo im Norden von Borneo. Das geht mir durch den Kopf, als ich am Fenster meines Hotels stehe mit Ausblick auf einen ewigen Regen, der ein paar Inseln im Südchinesischen Meer fast ganz verschleiert, so als ob der Maler, mit seinem Bild nicht zufrieden, das Ganze mit grauer Farbe auswischt. Es regnet schon seit Stunden. Gestern hat es auch geregnet, einer dieser Regen, die zwischen Himmel und Erde stehen und die Menschen von der Straße jagen. Kota Kinabalu ist die Hauptstadt von Sabah, dem entlegensten Gliedstaat des Bundesstaates Malaysia, ganz am oberen Rand Borneos, 1800 Kilometer von Kuala Lumpur und 1800 Kilometer von Hongkong entfernt. Dichte Urwälder, hohe Berge, Flüsse, Täler, sumpfige Küstenebenen, weiße Strände, schlechte Verbindungen, 655 000 Einwohner – Kadazan, Bajau und Murut. Es gibt Kupfer und andere Mineralien, aber der Bergbau muß erst noch entwickelt werden. Holz ist der wichtigste Exportartikel, gefolgt von Kokos, Garnelen, Palmöl, Kautschuk und Kopra. Fünf Prozent des Landes werden landwirtschaftlich genutzt. Es kommen wenig Fremde. Die Gelder fließen über die Bundesregierung, und die ist weit. Touristen in größeren Scharen anzulocken ist bisher nicht gelungen, und das hat seine Vorteile, sowohl für die Besucher als auch für die Bevölkerung.

Sabah. Durch meinen Kopf geisterte eine Assoziation mit Sheba. Als ich vor einem Jahr die ersten Fotos sah, wurde sie bestätigt – ein fremder, ferner Zauber, Strände mit hohen Palmen, Menschen in prachtvollen Trachten, undurchdringlicher Wald, Bilder von sehr hohen blauen Bergen unter dem Mond, buchstäblich und im übertragenen Sinne die Klischees, mit denen der Bürger aus dem Haus gescheucht wird – und so bin ich hier, unterwegs zum höchsten Berg Südostasiens, und sehe, wie sich ein Jahrhundert Regen ins Meer entleert. Meine Reise zum Berg muß abgeblasen werden, weil der Nordostmonsun den einzigen Weg unpassierbar gemacht hat, die beiden

Mädchen im Verkehrsbüro haben jeden Morgen Tränen in den Augen, wenn sie mich kommen sehen. Sorry, Sir, today impossible. Die Autos fahren sich auf dieser Strecke im Schlamm fest, selbst ein Landrover schafft es nicht. Also lese ich alle Bücher, die ich dabeihabe, studiere die *Kinabalu Sabah Times*, schaue auf die grauen Flecken des Fernsehers. Dann, mit einemmal, liegen echte Inseln in der Bucht, die Sonne rollt mit einem Ruck in den Zenit, von wo sie den ganzen Tag über Hitze austeilt, der Mann mit dem Landrover meldet sich, morgen geht's los.

Um sechs Uhr fahren wir ab. Die Schale von Kota Kinabalu lassen wir rasch hinter uns und bewegen uns auf einer schmalen Asphaltstraße nach Norden. Die Welt ist grau, die Farbigkeit der Kleider der Frauen unterwegs mutet merkwürdig an, und obwohl es bereits heiß ist, hängt doch noch eine Ahnung von Kälte zwischen dem Grün, die vom Licht langsam zerfasert wird. Am Himmel sind wieder Wolken, der Fahrer ist schweigsam, und ich gebe mich sinnlosen Überlegungen hin. Eine Stunde später biegen wir nach rechts ab. Ich kann nichts notieren, da der Wagen so schaukelt, wir fahren von links nach rechts wie betrunkene Matrosen, um den Schlaglöchern auszuweichen. Langsam geht es bergauf, langsam wird es wilder. Hier und da stehen Personenwagen halb erstickt im Schlamm, von ihren Besitzern verlassen. In Hütten am Wegesrand wird das erste Feuer des Tages entzündet, Hähne brüllen dem Tageslicht entgegen, Menschen fügen sich in die Landschaft ein, die zu ihrem Leben gehört, und ich fahre rüttelnd und schüttelnd durch dieselbe Landschaft, die nicht die meine ist, auf dem Weg zu einem Berg, mit dem ich keine Verabredung habe.

In einer Kurve sitzt ein Lastwagen fest. Quer, so daß wir nicht weiterkönnen. Männer mit gelben Helmen waten mit Seilen und Winden durch den Schlamm, aber jedesmal machen die Räder die gleiche unsinnige Umdrehung, wodurch der Wagen noch etwas tiefer versinkt. Es fängt wieder an zu regnen. Unser Fahrer schaut wie ein geschnitztes Götzenbild auf das, was da vor sich geht, und sagt nichts. Ich studiere die Karte von Malaysia. Was für ein Unsinn eigentlich, einen Teil seines Landes auf eine andere, ferne Insel zu legen! Das Merkwürdige am Unsinn der Geschichte ist, daß es für alles eine Erklärung gibt. Selbst die größte Verrücktheit des Balkans ist historisch erklärbar, all diese sich verschiebenden, hin und her tanzenden Grenzen lassen sich auf Bestrebungen, Nationalismen, Interessen, Idiotien von Fürsten, Bedarf an Rohstoffen zurückführen – nichts ist so idiotisch, als daß es sich nicht erklären ließe. Raffles entdeckte Singapur, die Engländer verwalteten von Penang aus die Straits Settlements, der ferne Westen teilte und beherrschte den fernen Osten, und bei der großen Abrechnung schmiß jemand den Tisch um, woraufhin die Teile in anderer Reihenfolge wieder aufgelesen wurden. Die ehemaligen Sultanate der Settlements, die nie etwas gegen die Kolonialherren hatten, wurden zusammengeschlossen, Singapur kam dazu und löste sich wieder, und so grenzen heute zwei endlose Urwaldgebiete auf Borneo sozusagen an Thailand und werden von Kuala Lumpur aus regiert. Die Chinesen sind in diesem Staatsgebilde einflußreich, aber trotzdem Bürger zweiter Klasse, genauso wie die Asiaten im Uganda Idi Amins, und es ist ein erschreckender Anblick, wenn man, wie gestern im Fernsehen, sieht, wie Boote, vollgestopft mit aus Vietnam geflüchteten Chinesen, von der malaysischen Küste vertrieben, mit Steinen beworfen, aufs feindselige Meer zurückgeschickt werden, wo die Flüchtlinge dann sterben, ertrinken, verhungern oder, falls das alles nicht klappt, einem erbärmlichen Leben entgegengehen.

Ich nehme an, daß diese Probleme auch in den Niederlanden große Beachtung finden, aber hier, wo täglich ein neues Boot, ein neues Drama in den Zeitungen steht, bekommen sie eine schreckliche Aktualität. Das Dilemma für diese Länder ist so groß, daß es, paradoxerweise, schon kein Dilemma mehr ist. Sie können einfach nicht noch mehr Menschen aufnehmen, sie fürchten eine Fünfte Kolonne und sind der Ansicht, es gebe schon genug Chinesen. Zur rassischen Balance in einem Land wie Malaysia gibt es viel zu sagen, es drängt sich einem der hinkende Vergleich mit den Juden im früheren Westeuropa auf, aber auch mit der Situation der Hindus und Kreolen in Surinam und Guyana. Probleme in bezug auf Schulen, Universitäten, Sprache gibt es in Hülle und Fülle. Singapur wird mit straffer Hand regiert von einem Chinesen, Lee Kuan Yew, der keine Opposition duldet, weitestgehende Rassengleichheit – auch im Sprachunterricht – anstrebt und seinen Stadtstaat dank des großen Geschäftstalents der Chinesen – und ihres unvorstellbaren Fleißes – zur zweitgrößten Wirtschaftsmacht Asiens gemacht hat. Aber: ein Stadtstaat ist überschaubar, und bei seinen malaysischen Nachbarn ist die Situation sehr viel komplizierter. Malaysia ist potentiell reich, aber noch lange nicht ausreichend entwickelt. Ein erfolgreicher chinesischer Geschäftsmann muß einen stillen malaiischen Teilhaber haben, aber unter den Politikern und in der Armeespitze findet man wenig chinesische Namen. Nimmt man dann noch die Angst vor dem Kommunismus hinzu – sowohl in

Thailand als auch in Malaysia operieren noch immer kommunistische Guerillas – und die exponiertere Rolle des Islam (Indonesien, die Aufstände im Süden der Philippinen und den Auftrieb, den die Ereignisse im Iran und in Pakistan den orthodoxen Muslimen gegeben haben), den Fall Kambodschas, die Macht Vietnams, die als große Bedrohung empfunden wird, die bettelarmen Flüchtlingshorden, die ebendieses Vietnam auf seine Nachbarn losläßt, sowie den Niederschlag all dessen, den man wegen der Fangnetze der Zensur in den Zeitungen findet oder auch nicht findet, so hat man ein ganzes Kaleidoskop in düsteren Farben, das die verschiedensten Variationen tragischer Möglichkeiten sichtbar macht. Das Bild vom Balkan oder von *einem* Balkan ist ein verführerisch simples Bild, an dem sich alle möglichen Schicksalsgefühle aufhängen lassen und das sich mit Sicherheit nicht bestätigt, wenn man durch Malaysia oder Thailand reist, doch unter all diesen grünen Farben und freundlichen, leise sprechenden Menschen schwelen Kräfte und Wünsche, die in fataler Weise zum Ausbruch kommen könnten.

Wir können weiterfahren, man hat den Lastwagen aus dem Matsch gezogen. Aber das Bild wird für den Rest des Tages so bleiben: Der Weg zu Sabahs größter Attraktion ist vom Schlamm blockiert. Den Berg selbst haben wir noch nicht zu Gesicht bekommen – Mount Kinabalu, höher als der Mont Blanc, den Fotos zufolge jedoch weniger schroff und gotisch und entschieden weniger weiß, denn auf ihm liegt kein Schnee. Die Welt fällt immer weiter von uns ab, dünne Hexenwölkchen jagen an den Berghängen vorbei, und dann reißt plötzlich der große graue Vorhang, und wir sehen die kahle Stirn des alten Mimen, flach, etwas barbarisch, eine grobschlächtige Majestät, die ein stilles Spiel mit den Wolken spielt, mal sehen wir ihn, mal nicht, und jedesmal ist er anders. Nach einigen Stunden sind wir am Mount Kinabalu National Park angelangt. Von dort ist er relativ einfach zu ersteigen, aber das hat bei diesem Wetter wenig Sinn. Jetzt, von unserem höheren Standort aus, ist der Berg weiter entfernt, doch das sind Rätsel, die ich noch nie habe lösen können. Für die Allgemeine Buchführung des Alls schreibe ich meinen Namen in das Gästebuch. Einst wird es, zusammen mit meiner Geburtsurkunde, der Grabinschrift, der Visitenkarte, die ich schon vor Jahren am Geburtstag des japanischen Kaisers in dessen Garten hinterlassen habe, allen Einreiseformularen, die ich an den Grenzen irrsinniger Republiken und zwischenzeitlich untergegangener Königreiche ausgefüllt habe, begleitet von Strafzetteln, Bewerbungsschreiben, Seefahrtsbüchern, Flugtickets, Mitgliedsausweisen von Kasinos und Bibliotheken an dem großen, schicksalsschweren Schalter abgegeben werden, an dem die Endabrechnung erfolgt. Vielleicht ist das ja die Hölle: daß all diese Tausende und Abertausende von Formularen, auf die man im Laufe seines Lebens seinen Namen geschrieben hat, an einem festgebunden werden, so daß man mit einem kilometerlangen gelochten, vervielfältigten, gedruckten, vollgeschriebenen Schwanz hinter sich durch das Reich des Satans geht wie der Dorftrottel aus dem Jahrhundert des Formulars.

Menschen bekommen Namen, Pflanzen haben bereits welche. Alles heißt irgendwie, auch wenn man den Namen nicht kennt. Zahllose benannte Mikroorganismen befinden sich in unserem Körper, und wenn ich hier zwei Meter in den Wald hineingehe, habe ich innerhalb weniger Minuten fünfzig oder noch mehr Moose, Schwämme, Pflanzen, Sträucher und Bäume gesehen, die alle einen Namen haben. Das ist natürlich sehr nützlich, aber es hat auch etwas Kurioses. Der Nutzen steckt in der allgemeinen Inventarisierung des Existierenden und das Kuriose in der Tatsache, daß sie bereits existierten, auch als sie noch nicht so hießen. Im Aquarium von Brunei habe ich ein merkwürdiges krabbenähnliches Schalentier mit furchterregendem Rapier gesehen. Eine Tafel tat kund, daß dies der *Tachypleus gigas* sei und daß er bereits seit 175 000 000 Jahren im Südchinesischen Meer vorkomme (all his relatives are extinct, der Arme), aber das Eigenartige ist, daß unsere Namensgebung sogar rückwirkende Kraft hat. Tachypleus und das Südchinesische Meer hat es lange vor uns gegeben, aber da wir noch nicht existierten, um dem Krebs und dem Meer ihre Namen zu geben, konnten sie doch auch noch nicht so heißen? Größere Geister als der meine haben sich hiermit befaßt. Wann existiert etwas eigentlich? Hier, auf diesem Berg, wachsen viele Exemplare der Gattung Nephentes, einer kannenförmigen, fleischfressenden Pflanze (das Wort nephentes bedeutet bei Homer »Kummer stillend«); Kummer stillende Gebräue wandern in Arzneifläschchen, und mit denen hat die Blume von der Form her etwas Ähnlichkeit, daher der Name, auch wenn die Insekten, die in diesen Fläschchen verschwinden, diese Manier, ihren Kummer zu stillen, wohl nicht so recht zu schätzen wissen. Wie alle grausamen Frauen ist die Nephentes sehr schön. Manche werden außerordentlich groß, haben grelle Farben, eigenartig sinnliche und/oder obszöne Formen, merkwürdig glänzende, gerippte Münder. Nun aber zum Namen. Wäre das Herbarium Amboinense des berühmten Rumphius nicht bei einem Brand vernichtet worden, dann hätten die Nephentes *Cantharifera* geheißen (»großer Trinkbecher mit Henkeln«) – so aber erschien Rumphius' Buch erst im Jahre 1747 anstatt 1687; 1689 schlug jedoch J. P. Breyne auf Ceylon zu und veröffentlichte eine Studie über verschiedene exotische Pflanzen, die er *Nephentes zeylanicum flore minore* nannte. Linné übernahm Nephentes als Gattungsnamen, und seitdem heißen alle Nephentes Nephentes, auch diese eine, einsame, von Menschenaugen nie erblickte, irgendwo am Rande eines nie betretenen, da vor Beginn unserer Geschichte bereits vermoderten Urwalds. Es läßt mich nicht los. Hat etwas, das nie gesehen wurde, trotzdem existiert? Für den Fall, daß es nicht so ist, gehe ich jetzt schnell los und versuche möglichst viele Nephentes wahrzunehmen, damit diese wenigstens nicht umsonst gelebt haben.

Der Parkwächter hat mir einen düsteren Winkel im Wald gezeigt, wo ich meinen Botanisiergelüsten frönen kann, doch andere Entdeckungsreisende sind mir zuvorgekommen. Überall im feuchten, schwarzen Boden stehen kleine bemalte Schilder *Nephentes lowii, Nephentes villosa*, die Blumen indes sind verreist und haben keine Nachricht hinterlassen. So streife ich eben eine Weile umher, nahe am richtigen Urwald, aber doch noch im Ersatz, und stelle mir die Ekstase des echten Botanikers vor, der nach einer monatelangen Reise in der falschen Kleidung durch den erstickenden Urwald gerobbt ist, um eine Pflanze zu finden, die noch keiner gefunden hat, und ihr dann wie der liebe Gott einen Namen zu geben.

Zurück fahren wir in einem endlosen Konvoi gelber Tankwagen. Die Straße nach Norden ist besser, aber ich habe mich müde gesehen und nehme nichts mehr auf,

Gesichter, Palmen, Berghänge, Palmen, Hunde, wie ein Gedopter lasse ich alles an mir vorbeirauschen, der Fotoapparat, der ich immer so freudig bin, hat einen kleinen Defekt. Gegen Anbruch der Dunkelheit fallen wir in Kota Belud ein. Morgen, am Sonntag, soll hier ein großer Regionalmarkt stattfinden. Jetzt ist der Ort still und verlassen. Ein paar Holzgebäude an einem Platz, eine Moschee mit einer glänzenden Goldkuppel auf einem Hügel, ein verfallenes Hotel am Ende eines Schlammtümpels. Als wir aussteigen, ziehen die hohen, drängenden Blöklaute des Muezzins durch die Abendstille, und plötzlich, während ich im Schlamm vor dem Hotel Hai Tsen stehe und den arabischen Mäandern lausche, denke ich an das Lied, das ich am Tag vor meiner Abreise in einer Espressobar in Amsterdam hörte ... »por todas esas cosas tan absurdas de la vida ...«, doch um seine volle Ausdruckskraft zu kosten, müßte man die langgedehnten, schmerzlichen argentinischen Töne dazu hören.

Das Hotel kostet nichts und ist schmutzig. Seit der letzte Bewohner meines Zimmers Selbstmord begangen hat, hat es keiner mehr betreten. Ich nehme den Telefonhörer ab und werde mit dem allumfassenden Nichts verbunden. Im Badezimmer sitzt ein *tjitjak*, der meinen Besuch nicht zu schätzen weiß. Die beigen Wände des Zimmers zieren erschlagene Mücken, und die Laken sehen aus wie grundiert. Über all das legt eine gelbe Glühbirne einen unwirklichen Glanz, und es wird Zeit, essen zu gehen, denn um sieben Uhr abends schließt alles. Dann steht die schwarze Finsternis zwischen den Wasserbüffeln auf dem Platz, und wer bis dahin nicht gegessen hat, muß hungrig zu Bett. Wir essen in einem der geöffneten Lokale am Platz. Neonlicht versilbert die Gesichtszüge der Pakistani, die diesen

Laden betreiben, wir zeigen auf ein paar undefinierbare Schalen in einem Schrank, der Curry brennt die Melancholie weg, eine bräunliche Fledermaus tollt auf der Veranda herum und wirft ihren winzigen Schatten auf große Blechdosen Planta und Pearl river baking powder. Kinder stellen sich an unseren Tisch und zählen uns, eins zwei, eins zwei, die Rolläden des Bilorhauses fallen unter gnadenlosem Gerassel herunter, der Chef backt einen *roti* für sich selbst, als niemand es sieht, bekommen wir ein Guinness, und dann schleckt die Nacht uns alle mit ihrer klebrigen Zunge auf und verbannt uns in unsere Zimmer wie in eine Falle.

Ich werde wach von Kindergeschrei. Als ich aufstehe und ans Fenster trete, sehe ich eine Hütte dicht neben dem Hotel. Die Hütte steht dort für sich, hat offensichtlich nichts mit dem Hotel zu tun und ähnelt aufgrund ihrer merkwürdigen Lage ein wenig einem Ausstellungsmodell in irgendeinem Tropenmuseum: »Alltagsleben in der Dritten Welt.« Hinter der Hütte fängt ein ziemlich großes Reisfeld an, voller grüner Pflanzen im brackigen Wasser. Kleine Kinder, bis zur Taille im Wasser, sind damit beschäftigt, Entengrütze zu den niedrigen Erdwällen zu schieben. Das Haus steht auf Pfählen, ein Autoreifen ist die Eingangsstufe. Die Wände sind aus Schilf, das Dach ebenfalls, doch der First ist aus Eisenblech und mit ein paar Steinen festgehalten. Ganz links steht ein kleiner, mit Wellblech gedeckter Verschlag, in dem der Hahn wohnt, der mich um fünf Uhr gemeinsam mit dem Muezzin zum erstenmal geweckt hat. Von diesem Verschlag läuft ein Seil über einen wackligen Bambusstock zu der Hütte. Daran hängt Wäsche, Kinderkleidung, ein Sarong. Neben der Hütte wedeln sechs Zuckerrohrstengel im Wind. Eine schlammbespritzte Schubkarre, ein Hauklotz, ein verrosteter Gepäckträger, zwei rote Plastikbenzinkanister, ein Kasten mit leeren Flaschen, ein oranges Plastiksieb, ein paar farblose viereckige Blechbehälter, ein an zwei Tragstöcken zusammengebundenes Reisigbündel. Eine alte und eine junge Frau schleppen sich mit Wassereimern ab. Das kleinste Kind weint unaufhörlich. Der Eingang zu der kleinen Hütte ist ein schwarzes Loch, ich kann nicht hineinschauen. Licht gibt es nicht, und es wohnen sieben Menschen darin. This concludes the report of the Dutch Jury.

Als ich aus dem Hotel trete, fahren die kleinen, für zehn *penumpang* gedachten Pickups mit mindestens zwanzig *penumpang* zum Markt. Am Eingang stehen brüllende, an Bäumen angebundene Wasserbüffel, dahinter hockt eine unübersehbare Menge von Männern und Frauen, durch die ich mich langsam vorwärtsschiebe. Dies ist der Markt für die gesamte Umgebung, kleine Tüten, Blätter, Gewürze, selbstgedrehte Zigaretten, Tabak, getrocknete Fische, kleine Bündel Pfefferschoten, Auberginen, Okra, *sirih*, Schachteln, Pulver, Pasten, wie gemeißelt wirkende Büschel grüne Bananen, schwarze Haarstränge, Reis in Blättern, jeder kauft von jedem, eigentlich ist es noch ein Tauschen. Die Frauen sehen phantastisch aus im Morgenlicht, eine große, schwirrende Voliere, eine geschlossene Welt, und ich der einzige Fremde.

Wer von Sabah nach Brunei will, ohne zu fliegen, steht vor Problemen. Der kleinste Zug der Welt geht bis Beaufort. Von dort muß man über Land nach Meropok, dann mit dem Boot, dem Bus und wieder einem Boot den Fluß hinunter, so hat man uns erklärt. Vielleicht sei es an einem Tag zu schaffen. Weil hier keine Detailkarte von Sabah erhältlich ist, habe ich keine Ahnung, worauf wir uns einlassen, aber da steht der rührende kleine Zug in der Morgendämmerung. Fünfzehn Personen passen hinein und müssen sich einen Platz zwischen hohen Stapeln frischer, warmer, knuspriger malaiischer Zeitungen suchen. Ein schrecklicher Pfiff stürzt sich auf die Welt, und dann geht es los, auf die Minute pünktlich. Der Fahrer sitzt auf der vordersten Bank neben drei Fahrgästen. In Tücher gewickelte Frauengestalten stehen, ohne sich zu bewegen, wartend in der Landschaft. An jedem Bahnhof und jedem Bahnübergang stößt der Zug einen hohen, schrillen Schrei aus, Büffel flüchten von den Schienen, Kinder bieten Nüsse, hartgekochte Eier, Klebreis in Palmblättern und lauwarme Cola an. Rechts sehe ich noch, allerdings bereits zurückweichend, das Meer, und dann geht es ab in Richtung des blauen Schattens der Berge.

In Beaufort finden wir zu unserem großen Glück ein Auto, das bereit ist, uns nach Meropok zu bringen, aber es wird eine Todesfahrt durch den Schlamm. Die Landschaft völlig öde, Wälder und hie und da ein paar Holzhütten, kein Mensch zu sehen.

Meropok, ein paar chinesische Geschäfte an einer abblätternden Veranda. Am Steg liegt *ein* Boot, ein langer, schmaler Einbaum mit Außenbordmotor, der dazugehörige Mann sagt, daß wir nach Limbang müssen und dort nach Bandar in Brunei umsteigen können. Wir machen uns mit Händen und Füßen verständlich, wissen nicht, wie weit es ist, es ist nicht die Strecke, die man uns erklärt hat, aber hier ist sonst niemand außer diesem Mann, die Sonne brennt auf den Fluß und auf das grelle Grün am anderen

Ufer. Die Fahrt dauert Stunden. In höllischem Tempo zeichnet der Einbaum seinen gnadenlosen Strich ins stille Wasser, Menschen sehen wir nicht, auf zwei Seiten die schweigende grüne Wand, das Wasser spritzt hoch auf, der Fluß wird immer breiter, und dann schießen wir plötzlich wie eine Rakete aus der Mündung hinaus und befinden uns auf offener See. Jetzt verstehe ich gar nichts mehr, aber jede Unterhaltung ist unmöglich, der Fahrer hat sich mit seinem Helfer ganz nach hinten gesetzt, nur ihre Köpfe sind noch über dem Segeltuch zu sehen, mit dem sie sich gegen das harte, beißende Wasser schützen. Meinem Freund und mir hat er einen *parong* gegeben, eine Art mit Haut bespannten Sonnenschirm, der wenigstens etwas vom Salzwasser abhält. Der Bug hat sich hoch aufgerichtet, wie die Irren rasen wir übers Meer, allmählich wird das Land ein ferner, schwacher Strich, ich habe keine Ahnung mehr, wo wir sind, und auch später verstehe ich es nicht, doch nach einer Stunde fahren wir wieder einen anderen Fluß hinauf und kommen in einen kleinen Hafen. Sein Name lautet Limbang. Und dort werden wir zusammen mit zehn weiteren Sardinen in ein kleines Boot gestopft und nach Bandar Seri Begawan befördert, das mit seinen fernen goldenen Kuppeln wie eine Weltstadt wirkt, die im von Hunderten gondelartiger Boote bewegten dunklen Wasser schaukelt.

Was tut man in Bandar? Nichts. Man schlendert herum, besucht das Churchill-Museum, das Aquarium, die cremige Moschee mit ihren zahllosen Minaretten, den Wasserkampong auf hohen Pfählen im Fluß, aber mit dem Kopf ist man nicht mehr bei der Sache. Dies ist schon wieder die bekannte Welt, die Welt der Marken, der Autos, des Fernsehers im Hotelzimmer, der Geschäfte mit

Tonbandgeräten und Fotoapparaten, die Welt der Welt. Ich bin noch nicht da, meine Sehnsucht lungert noch irgendwo an einem Strand herum und sucht Muscheln, meine Erinnerung schlendert faul über einen Markt, meine Gedanken wandern in einem Wald und lauschen den Zikaden, das Puzzle, das ich bin, ist aus seiner Schachtel gefallen, ein paar Teile fehlen, heute abend, morgen, übermorgen werde ich sie suchen und zusammenfügen, ich werde meine Gedanken zu meiner Erinnerung legen und meine Erinnerung zu meiner Sehnsucht, und gemeinsam werden wir nach Singapur reisen und unsere kolonialen Spuren entlang der Reede von Malakka, dem alten roten Rathaus und dem Friedhof der Vereinigten Ostindischen Companie bis zum von den Engländern erbauten arabischen Bahnhof von Kuala Lumpur und den unversehrten viktorianischen Plätzen Penangs zurückverfolgen.

*Juli 1979*

# IN JAPAN

## III

# DAS ATELIER DES NORDENS, HOKUSAI IN PARIS

1843, als Japan für die Europäer noch ein Fabelreich ist, wohl genauso fern wie das fernste Thule, beginnt in Tokio, das damals noch Edo hieß, ein alter, dreiundachtzigjähriger Mann jeden Tag damit, eine Tuschzeichnung anzufertigen. Er tut das als Beschwörung: Er hofft, daß der kommende Tag, wenn das Dunkel weggewälzt ist, ein »friedlicher« werde. Der Gegenstand der Zeichnung ist jeden Tag derselbe – ein Löwe. Oder besser gesagt, das abgebildete Tier gleicht einem Löwen, aber es ist ein *karashishi*, ein heiliges Fabeltier, das das Aussehen eines Löwen angenommen hat.

Der Mann, der die Löwen zeichnete, hieß Hokusai, ein Name, den er wie viele andere Namen – mehr als zwanzig insgesamt – im Laufe seines Lebens an- und auszog wie ein Kleidungsstück. Jetzt, 1980, und in Paris, das für Japaner 1843 ebenso weit entfernt lag wie das imaginäre Grönland und das versunkene Ägypten, beuge ich mich über diese Löwen und betrachte sie, alle 219, einen nach dem anderen. Ich vermute, daß ich dabei den Gesichtsausdruck eines Menschen zeige, der ein Heilkraut zu sich nimmt. Das ist jedenfalls der Ausdruck auf den Gesichtern einiger Leute, die sich hier zusammen mit mir drängen, um möglichst viel von den Gemälden, Plakaten, Drucken, Zeichnungen und Holzschnitten zu sehen.

Von jedem dieser zigtausend Betrachter geht eine direkte Linie aus, die sekundenschnell die Distanz zwischen dem Jetzt des Betrachtens und dem Augenblick vor 137 Jahren überbrückt, da die Hand des alten Meisters diese

Löwen aufs Papier warf. Warf? Ich könnte es nicht anders ausdrücken, denn selbst wenn das Zeichnen noch so langsam vonstatten gegangen sein sollte, so vermitteln die kauernden, springenden, stillsitzenden, bösen, angreifenden, zurückweichenden, in menschenähnlicher Gestalt einem heftigen Regenguß ausgesetzten Löwen allesamt dieses Bild elektrischer, geballter Schnelligkeit, als ob sie explosionsartig entstanden seien. Und während das Blatt völlig still in der Vitrine liegt, sieht der Betrachter einen Löwen, der meist in einer heftigen Bewegung befangen ist, als befände er sich in einem Windkanal, ein Stehbild aus einem Gewaltfilm.

Hokusai: Der Name bedeutet »Atelier des Nordens«. Der Maler war als Mitglied der buddhistischen Nichiren-Sekte ein glühender Verehrer des Bodhisattwa Myoken, einer Inkarnation des Polarsterns (Stern des Nordens). Der Name taucht zum erstenmal 1799 auf, als er neununddreißig Jahre alt ist. Er behält ihn, manchmal in Kombination mit anderen Namen, eine Zeitlang bei und legt ihn 1810 wieder ab.

In jenem Jahr wird er heftig kritisiert wegen der »Magerkeit und Häßlichkeit« einiger Figuren auf einem Theaterplakat, und er gibt seinen selbstgewählten Namen an einen unbedeutenden Schüler weiter. Wie Japanologen und Kunsthistoriker aus einem solchen Namensverhau schlau werden, ist mir ein Rätsel, das an diesem Nachmittag nicht gelöst werden wird. Hier heißt er ausschließlich Hokusai, und dieser magische Klang hat Zehntausende angelockt.

Eigentlich ist es dieses Phänomen, das mich noch am meisten beschäftigt. Was bedeuten dieses andächtige Interesse, dieses fast devote »Absorbieren« um mich herum?

An einer anderen Stelle in Paris hat man eine Ausstellung eingerichtet, die den Einfluß Japans auf das Werk Claude Monets zeigt. Doch das Interesse, das damals für alles, was japanisch war, bestand, läßt sich auf reine Ästhetik zurückführen – wer ein Detail in einem Hokusai-Druck abdeckt, kann die Art-Nouveau-Elemente sofort herausfinden –, während unser Interesse viel gespaltener ist.

Mit dem Japan des zwanzigsten Jahrhunderts haben wir einen Weltkrieg ausgetragen, den wir mit den einzigen Atombomben entschieden haben, die je auf die Erde fielen. Wir haben es nicht nur mit dem Japan des *bunraku, ukiyo-e, kabuki* und *ikebana* zu tun, sondern auch mit dem von Honda, Toyota und Mitsubishi. Unser Interesse – einerseits die Angst vor einem gefährlichen, konkurrierenden Wirtschaftsriesen und gleichzeitig die Sucht nach den geistigen Werten, die Japan in seiner jahrhundertelangen selbstauferlegten Isolation angeblich soviel besser bewahrt hat als wir – ist gespalten, weil Japan selbst gespalten ist.

Diejenigen, die hier zusammen mit mir wie auf einer Wallfahrt eine Stunde lang in der Winternachmittagskälte gestanden haben, um zu Hokusai eingelassen zu werden, treten in einen Tempel, in dem die Hondas fehlen. Ich bin gerade zurück von einer Reise nach Japan, wo ich mit dem Radierer Sjoerd Bakker eine Wanderung durch die Herbstwälder des Nordens gemacht habe. Es war meine zweite Reise durch dieses Land, und sie verlief nicht ganz glücklich. Irgendwie konnte ich die Euphorie meines ersten Besuchs nicht wieder empfinden, und jetzt, hier bei Hokusai, weiß ich, glaube ich, warum.

Was wir in Japan suchen, ist ein Japan, das ausschließlich in der Zeit existiert, aber nicht im Raum. Beim erstenmal ist man so begeistert, daß man auch im großen Häßlichen weiterhin das kleine Schöne zu sehen gewillt ist, man labt sich an der Ästhetik, man läßt sich nach Kioto und Nara befördern, man schlendert an den Vitrinen des Keramikmuseums vorbei, sitzt ganze Nachmittage lang im *kabuki*-Theater, hüllt sich in Tempel und geht auf in der Vollkommenheit der Gärten. Alles, was man bei Lafcadio Hearn und anderen gelesen hat, bestätigt sich, alles, das Essen eingeschlossen, hat einen spirituellen Unterton, und was man nicht sehen will, das sieht man nicht.

So ist es mir wenigstens beim erstenmal ergangen. Aber im Grunde ist das eine Illusion, man hat eine Reihe von kulturellen Klischees, angefangen bei Zen bis hin zur *Geschichte vom Prinzen Genji*, zusammengepackt, und was man nun im Prinzip will, ist, daß die japanische Gesellschaft ihnen entspricht. Doch das ist dasselbe, als fragte man einen Ajax-Fan, wo das nächste Benediktinerkloster liegt, oder dächte, daß alle Pariser *concierges* den *Roman de la Rose* in ihrem Bücherschrank haben, oder verlangte vom Aufseher im Rijksmuseum, er solle einem die Symbolik in einem Gemälde von van der Goes erläutern.

Beim zweitenmal bin ich mit voller Wucht auf die Undurchdringbarkeit der japanischen Gesellschaft gestoßen. Ich habe erkannt, daß man wirklich Japanisch lesen und sprechen muß, um im Japan von heute das Japan von einst zu finden, daß es dafür zu spät ist und daß ich mich künftig auf die Teile des »reinen« Japan werde beschränken müssen, die mir wie hier bei dieser Ausstellung zugeschoben werden, auf das, was ich in Übersetzung lesen kann. Ich brauche, mit anderen Worten, nicht mehr dorthin. Was ich sehen will, ist hier oder kommt her.

Und so trotte ich nun herum, ein Gläubiger unter Mitgläubigen, freilich einer von der Sorte, der seine Unschuld zum Teil verloren hat, weil er weiß, welch schändliche Dinge sich im Pfarrhaus abspielen.

Die Ausstellung ist vorzüglich eingerichtet, wenngleich niederländische Museen wohl nicht ungeteilten Geschmack daran fänden. Zuerst wird man durch eine Reihe finsterer Katakomben geschleust, in denen verschiedene Gegenstände und Kleidungsstücke aus Hokusais Zeit in einer Art heiligem Dämmer aufschimmern, was ihnen gleich diesen geheimnisvollen Glanz verleiht, dessentwegen wir kommen – sehr geschickt. Der Saal, in dem die bedeutendsten Drucke ausgestellt sind, ist eigentlich ziemlich klein und mit beleuchteten Vitrinen vollgestellt, die eine gewisse Ähnlichkeit mit Pulten haben, weil vor ihnen Bänke stehen. In jeder Vitrine befinden sich meist zwei Blätter, aber nur eine große, reichlich betatschte Lupe, was Anlaß zu jenen dezenten Scharmützeln zwischen zwei ehrbaren Menschen gibt, die Dritten immer ein köstliches Schauspiel bieten.

Kunstliebhaber sind keine Militärs, jeder bewegt sich in eine andere Richtung, und wo sich ein ungebührlicher Stau bildet, vermuten die anderen die schönsten Bilder. Sanft drängeln, böse murmeln, die Lupe einen Tick zu lange behalten, wo doch der Wicht neben einem gerade die Entdeckung seines Lebens machen will, das ist der wahre Kunstgenuß. Ein Hauch von Erotik fehlt auch nicht, denn was will die mit den langen blonden Haaren eigentlich so lange vor Nummer 223, *Gedicht von Sanji*

*Hitoshi: Ein Gutsherr meditiert über seine verlorene Liebe?*

Wir müssen wohl etwas gemein haben, denn es ist auch mein Lieblingsbild. Der Herr steht, den Rücken der Welt zugewandt wie eine Figur in einem Gemälde von Caspar David Friedrich, für ebendiese Welt verloren da und starrt zu Boden, auf den Schilfgürtel am Ufer oder auf die ruhige, unbewegte Fläche des Meeres. Am Horizont schleicht sich eine lange, flache Landzunge ins Meer, doch am Ende von alldem steht, direkt unter der dünnen Linie, die Himmel und Wasser trennt, in dem, was dort in der Ferne ein riesengroßes Viereck sein muß, das Gedicht. Das muß der Traum jedes Dichters sein: sein Gedicht geschrieben auf einem steinernen Blatt, und dieses Blatt senkrecht in der Landschaft, höher als die Hügel. Die einzige Bewegung in diesem Bild ist die des Schilfs und der erniedrigten und geknechteten namenlosen Bauern, die mit ihren Schilfkörben voll Grün aus dem Bild ziehen, den versteinerten Herrn mit seinem Kummer allein lassend. Dieser Farbholzschnitt ist Teil einer Serie, *Hyakunin Isshu Uba Ga – Hundert Gedichte, von einer Amme erklärt* –, und entstand in derselben Zeit wie die *Hundert Ansichten des Berges Fuji.*

Auch diese Meisterwerke sind da, und je weiter der Nachmittag fortschreitet, desto mehr erschlägt einen die Vielseitigkeit, die Fülle und, paradoxerweise, vor allem das Gewicht des Details. Gerade das Kleine – die Blume an der Bergwand, die Finger um die Frauenbrust, der Mund des Schauspielers, die Schuppen des Fischs, die Mähne des rötlichen Pferdes – erschöpft einen, während man durch das fettige Glas dieser Kinderlupen schaut, so sehr, man fühlt sich von allen Seiten von Darstellungen beschlichen, will aus nicht ganz erfindlichen Gründen immer wieder zu diesem einen Bild zurück, kauft einen ein Kilo schweren, wunderbaren Katalog, hält die Reproduktion neben das Original und sieht das Wunder verkleinert: *Wasserfall von Amida auf dem Weg von Kisokaido.*

Dieses Bild hat etwas unendlich Mysteriöses. Das heranströmende Wasser hat sich in einer Art rundem Schlüsselloch direkt oberhalb der Kaskade gesammelt, aber um die Bewegung dieses Wassers auszudrücken, hat Hokusai den Fluß gleichsam aufgeklappt, etwas, das horizontal hätte sein müssen, steht jetzt als vertikaler blaugeäderter Marmorblock aufgerichtet über dem Wasserfall da, in den es weiß herabstürzen wird. Unberührt von alledem, der Vision, der Gewalt, sitzen drei Herren auf einer vorragenden Felsspitze und essen.

Das Schreckliche ist, daß man sie reden *hört*, obwohl das infolge der Gewalt des herabdonnernden Wasserfalls natürlich nicht möglich ist. Sie sitzen friedlich da, und ich bin neidisch. Ich möchte weg aus dieser Überfülle von Meisterwerken und der erstickenden Anwesenheit so vieler Gleichgesinnter, ich möchte von links in diese *sansui*, diese Landschaft aus »Berg und Wasser« hineingehen, vom Meister gegenüber dem dritten Mann hingesetzt werden, der das Feuer bewacht, möchte wissen, was sich in dem kleinen, an drei Stöcken hängenden Topf befindet, und möchte mitessen.

Doch das – ich weiß es – ist nicht möglich. Ich werde den Katalog mit nach Hause nehmen und später, wenn ich alt bin, all diese Bilder in meinem Pensionszimmer am Rand der Veluwe noch einmal betrachten, und einige werde ich im Rijksmuseum voor Volkenkunde in Leiden wiedersehen. Im Katalog steht übrigens ein kurzer, aber sehr lehrreicher Aufsatz von Willem van Gulik* über die japanische Malerei, und auch der ist für daheim.

Jeder kennt, denke ich, in einer großen Ausstellung den Moment der Sättigung – wenn man nichts mehr aufnehmen kann. Fast versehentlich stoße ich noch auf die hinter einem blauen Schamtuch versteckte kleine Abteilung mit erotischen Zeichnungen. Sie sind von einer wunderbaren manierierten Kompliziertheit, man muß tatsächlich hie und da den Kopf ganz zur Seite legen oder neigen, um sehen zu können, wer und was worin steckt; ein junges japanisches Pärchen neben mir gibt leise, einigermaßen zufriedene Glucks- und Brummlaute des Erkennens von sich und, im Wissen, daß sie wahrscheinlich doch keiner versteht, mit ziemlich erregender, unterdrückter Heiterkeit auch halb geflüsterte Bemerkungen, also auch diese Reaktion vermag der alte Meister, der »Narr des Zeichnens«, wie er sich Edmond de Goncourt zufolge manchmal selbst nannte, eineinhalb Jahrhunderte später noch auszulösen.

Draußen überfällt mich der französische Sonntagnachmittag, ein gräßlicher Hochzeitszug laut hupender Autos jagt über die Place des Vosges, ich bin definitiv aus Japan vertrieben.

Wenn Franzosen etwas wirklich organisieren wollen, gelingt ihnen das oft sehr gut. Das Haus Le Véel hat in einem brillanten Versuch, Sotheby's und alle anderen auszustechen, im Oktober 1980 im Rahmen mehrerer gemeinsam

* Willem Robert van Gulik (1944), ehemaliger Direktor des *Rijksmuseum voor Volkenkunde* in Leiden.

mit der japanischen Botschaft organisierter Ausstellungen eine Auktion japanischer Drucke veranstaltet – so daß die »Japanitis« neuen Auftrieb erhielt. Die Folgen blieben nicht aus: Eine Rekordzahl an Käufern strömte nach Paris (der Bietverlauf war auf japanisch auf einem Computerschirm zu verfolgen), und die Preise waren astronomisch.

Eine der glückseligen Begleiterscheinungen für den Liebhaber war, daß es am Rande dieses Massenandrangs eine kleine Ausstellung der Schauspielerporträts von Sharaku gab, die als Ensemble hierzulande seit 1912 nicht mehr zu sehen waren. Wer traurig ist, weil er diese Ausstellung verpaßt hat, kann sich ins Rijksmuseum begeben, das etliche der Porträts besitzt.

Sharaku ist eine mysteriöse Gestalt. Sein Erscheinen und sein Verschwinden haben etwas Kometenhaftes, sein Ruhm beruht auf einer Reihe von Schauspielerporträts, die er 1794 schuf – um genau zu sein: im fünften Monat dieses Jahres. Die Schauspieler sind wie üblich in ihren Rollen dargestellt. Das ist für uns noch verständlich, aber daß das Publikum so stilversessen war, daß es am Gesichtsausdruck eines Schauspielers ablesen konnte, welches Stück gemeint war, ist uns doch einigermaßen fremd. Die Intrige, die Geschichte, deswegen kam man nicht, es ging um die Perfektion der Aufführung. Vielleicht kann man es noch am ehesten mit der Oper vergleichen: Callas mit dem und dem Gesichtsausdruck singt *folglich* die Wahnsinnsarie aus *Lucia di Lammermoor*.

Wer Sharaku eigentlich war, weiß man nicht. Aus der Zeit vor oder nach dieser Theatersaison sind keine Werke von ihm bekannt. Es gibt Spekulationen, er sei selbst Schauspieler gewesen, seine neue Art des Plakatemalens –

der Kopf des Schauspielers, sehr groß in seinem *mie* (Gesichtsausdruck), auf einem fast frostig wirkenden glimmerfarbenen Grund eingefroren – habe dem Publikum nicht gefallen, er sei vorzeitig gestorben, und jeder dieser Behauptungen wird auch widersprochen – kurzum: genug Material für einen historischen Krimi. Schade, daß der große van Gulik sich nicht daran gewagt hat! Die Ausstellung fand statt in einer kleinen Galerie (Huguette Berès) am Quai Voltaire, genau gegenüber dem Louvre, und einen Augenblick lang scheinen die vierundsechzig Farbholzschnitte und Zeichnungen des so geheimnisvollen verschwundenen japanischen Meisters dem ganzen Louvre Paroli zu bieten. Ein eigenartiges Erlebnis, fast so etwas wie die Zeitmaschine: *ein* Monat *einer* Theatersaison, die untergegangenen Stücke, die vergessenen Schauspieler, die verflogenen und dennoch bewahrten, geronnenen Momente, nebeneinander gehängt in dem kleinen, etwas umflorten Raum, vor den Augen irgendeiner, für die Abgebildeten unvorstellbaren Nachwelt – in solchen Augenblicken gefällt mir das Leben am besten. Daß die Ausdrücke auf diesen merkwürdig stilisierten Gesichtern mir eigentlich wesensfremd sind, erhöht die Spannung nur noch.

Der Katalog führt uns noch einmal vor Augen, auf welch extremer Spezialisierung solche Ausstellungen basieren. Bis zu der Monographie, die Julius Kurth ihm 1910 widmete, ist Sharaku im Grunde ein Unbekannter, auch in Japan. Danach geht es schnell: Am besten illustriert dies die Beschreibung eines dieser Farbholzschnitte aus dem Jahr 1980. Nummer 20. Osagawa Tsuneyo II. (japanische Schauspieler haben, wie die Könige bei uns, ihre eigenen Dynastien) in der Rolle des Shizuka.

Exquisite Detektive waren hier am Werk. Sie wissen, daß das Stück vom 5. Mai 1794 an von der Truppe des Kawarazaki-za gespielt und im Februar 1751 bereits in anderer Form aufgeführt wurde, aber *eigentlich* auf einem bereits 1708 in Osaka gespielten Stück basiert. Der Schauspieler, ein *onna-gata* (Mann, der eine Frauenrolle spielt), hält die Hand graziös am Schwert, »die zarten Farben seiner Kleidung, ein sehr eng gegürteter rosa Kimono, zeigen den rosig-weißen, leicht glimmerisierten Halsausschnitt des inneren Kimonos«. Das Format ist *oban*, Höhe 381, Breite 251 Millimeter. Stempel der Zensur: *kiwame*. Signum des Verlegers: Tsutaya Jusaburo. Vierzehn Exemplare bekannt in öffentlichen Sammlungen (darunter im Rijksmuseum), neun in Privatsammlungen, sieben sind verschwunden oder liegen irgendwo auf einem staubigen Dachboden. Wer eines findet, ist reich.

Dann aber fängt die eigentliche Detektivarbeit erst an. War es wirklich *diese* Rolle in *dem* Stück? Oder war es eine andere Rolle in einem anderen Stück? Das ist wie Schachspielen in der Vergangenheit, und dazu mit einem unsichtbaren Gegner. Als ich die Galerie verlasse, bemalt die untergehende Sonne den Sandstein des Louvre mit der Farbe verwelkenden Klatschmohns. Der Gedanke, daß irgendwo da drinnen ein japanischer Kunsthistoriker damit beschäftigt ist, sein Handbuch der christlichen Ikonographie bei der Entschlüsselung einer mittelalterlichen Miniatur anzuwenden, bereitet mir ein diebisches Vergnügen.

*Dezember 1980*

# DER SCHEMEN NYOGOS

Manchmal macht man die merkwürdigsten Dinge. Bei meiner ersten Reise nach England fuhr ich mit dem Schiff. Es schien mir passend, sich einer Insel so zu nähern. Erst im letzten Augenblick kam das Land in Sicht, und derselbe Nebel, der es verhüllt hatte, hing auch um den Zug, der mich nach London brachte. Ich kam an Victoria Station an und konnte die Hand vor meinen Augen nicht sehen. Es wird fast dreißig Jahre her sein, und es stimmte mit dem überein, was ich erwartet hatte. England erschloß sich mir nur sehr langsam, und ganz ist es nie geglückt. Vielleicht ist es diese Erinnerung, die mich jetzt veranlaßt, wieder mit dem Schiff nach England zu fahren, obgleich mein Ziel diesmal die große Japan-Ausstellung ist. Das Aufbrechen der japanischen Muschel war ein magischer Akt, sowohl für diejenigen, die es taten, als auch für die, die es erlitten, und trotz vieler Anzeichen des Gegenteils ist die Muschel noch immer nicht richtig offen, die unglaublich zähe Kraft des Schließmuskels noch immer nicht wirklich entschlüsselt.

Jeder weitere Schritt bringt mehr Aufschluß und mehr Geheimnisse, und so ist es auch bei dieser Ausstellung, die selbst schon zu einem Monument geworden ist, freilich zu einem, das wieder zerfallen wird, vergänglich, bewahrt nur im Katalog und in den Köpfen derer, die sie gesehen haben. Hier werden Dinge gezeigt, die kaum einem größeren Publikum zugänglich waren, und ein Teil davon wird um Weihnachten wieder in seine ferne Schatzkammer zurückreisen und zeit unseres Lebens nicht mehr daraus auftauchen. Daß diese verschwundenen Exponate am

27. Dezember durch andere ersetzt werden, bedeutet für den echten Liebhaber eine zweite Reise nach London.

Monument – seit ich die Ausstellung gesehen habe, finde ich das Wort nicht schlecht gewählt. Alle Exponate zusammengenommen – Wandschirme, Schwerter, *kakemonos*, Holzschnitte, *netsuke*, Teeschalen – bilden ein Monument. Sie sind fast zurückhaltend und dadurch subtil und klar zur Schau gestellt, alles scheint Luft um sich zu haben. Die Auswahl ist raffiniert, und trotz der Fülle ist kein Stück zuviel. Aber dadurch behalten die gezeigten Gegenstände auch etwas Ätherisches und Sakrales, als müßten sie eines wie das andere mehr zeigen als nur sich selbst, und so ist es natürlich auch. Die Wirkung ist die großer Stille, und dieses Stillwerden wiederum hat etwas von einer toten Kultur. Das stimmt, denn das Aufbrechen der japanischen Muschel im Jahr 1853 durch Kommodore Perry bedeutete das *endgültige Ende* der Tokugawa-Periode, in der Japan sich bewußt die völlige Isolation der Reinkultur auferlegt hatte, in der diese Kultur sich auf dem Nährboden des Bisherigen entwickeln konnte. Und gleichzeitig stimmt es nicht, weil Japan in dieser abgeschlossenen Periode eine Entwicklung durchmachte, an die sich die verblüffenden Erfolge des modernen Japan nahtlos anschließen. Dieser Erfolg ist in gewisser Weise mysteriös, so sehr, daß Gewerkschaftsführer wie Lech Walesa und amerikanische Topmanager glauben, der goldene Schlüssel zum Erfolg werde irgendwo an einem geheimen Ort in Japan versteckt gehalten. Doch um diesen Schlüssel in die Finger zu bekommen, müßte ein anderes Volk die Geschichte Japans noch einmal durchleben, und das ist natürlich nicht möglich, denn dazu müßte es erst eingesperrt werden. Ein Land zweihundert Jahre lang *dichten*, das klingt nach poetischer Freiheit. Aber genau das ist es, was die Erbdiktatur der Tokugawa-Shogune mit Japan gemacht hat.

Die Ausstellung fängt mit der kurzen, aber wichtigen Momoyama-Periode (1568-1600) an. Nach einem Jahrhundert bitteren Bürgerkriegs, in dem die großen Feudalherren einander gnadenlos bekämpften, gelingt es Oda Nobunaga, den Anfang zur Einigung des Landes zu machen. Nach seiner Ermordung 1582 wird Toyotomi Hideyoshi (1536-1598) sein Nachfolger. Er baut Burgen und Schlösser, wodurch die neue Kunst des bemalten Stellschirms entsteht, die Teezeremonie und alles, was an »angewandten« Künsten dazugehört, entwickelt sich während seiner Herrschaft zu hoher Blüte; seine Invasionen in Korea scheitern zwar, haben aber zur Folge, daß Japan durch Korea neue Formen von Keramik- und Lackarbeiten kennenlernt. Sein Nachfolger, Tokugawa Ieyasu (1542-1616) ist der erste Tokugawa-Shogun. Shogun läßt sich vielleicht am besten mit Generalissimus übersetzen, da seine Machtbefugnisse sich durchaus mit der absoluten Macht von Diktatoren wie Stalin oder Franco vergleichen lassen. Daß daneben der göttliche Schemen des Kaisers – wie ein seltener Vogel in seinem Palast und dem Hofstaat in Heian (dem heutigen Kioto) eingesperrt – weiterbestand, ist eines jener Geheimnisse Japans, das nie ganz enträtselt werden wird. Dieser Kaiser besaß keinerlei Macht mehr, und trotzdem lassen die Tokugawa ihn an seinem fernen Hof überwacht und in seiner Bewegungsfreiheit eingeschränkt weiterexistieren, bis nach einer langen Reihe von Shogunen und Kaisern der letzte Tokugawa die Macht wieder an den Kaiser zurückgibt. Doch da schreiben wir bereits das Jahr 1868, und Japan hat rund 250 Jahre Polizeistaat hinter sich. Es hat etwas Unbeholfenes, so große Worte zu benutzen, aber dem Fremden kann man sich nun einmal am besten mit den eigenen Begriffen nähern. Das schafft zwar wieder neue Verwirrung, doch in dieser Verwirrung wird zumindest etwas deutlich.

Nachdem Ieyasu seine letzten bedeutenden Widersacher 1600 bei Sekigahara (für Japaner so wichtig wie für uns die Schlacht bei Nieuwpoort) endgültig besiegt hat, gründet er seine Hauptstadt in Edo, dem heutigen Tokio. Seine militärische Macht ist mittlerweile so groß, daß selbst die mächtigsten Feudalherren nicht mehr an Aufstand denken. Er verpflichtet sie dazu, sich während festgelegter, längerer Zeiträume in Edo aufzuhalten. Dadurch hat er sie nicht nur besser unter Kontrolle, sondern er bindet sie auch finanziell. Um weiterhin soviel Staat machen zu können – wie der englische Adel, der für *the season* nach London zog –, müssen sie sich in hohe Unkosten stürzen, was wiederum den Bürgern des aufblühenden Edo zugute kommt. Die Grundlage der Wirtschaft Japans waren die Reis produzierenden ländlichen Gebiete; der Reichtum hier wurde in *koku* gemessen (ein *koku* sind fünf Scheffel, sagt mein Wörterbuch), und von der zur Verfügung stehenden *koku*-Menge (26 Millionen) erhielt die Tokugawa-Familie 17 Millionen. Die *daimyos* (Feudalherren) mußten – gemeinsam mit den von ihnen Abhängigen – mit 9 Millionen *koku* auskommen. Neben und mit diesem gigantischen Reichtum sorgten eine Reihe eiserner Gesetze und ein unerbittliches System der Kontrolle und Gegenkontrolle dafür, daß die Machtstellung der Regierung unangefochten blieb. Die Gesellschaft war rigoros in

Stände aufgeteilt, und ebensowenig wie man das Land verlassen durfte, konnte man die Grenzen seiner Kaste überspringen. An der Spitze der Gesellschaft standen die Samurai-Krieger, danach folgten die Bauern, die Handwerker und erst zum Schluß die Kaufleute, aber auch durch die merkwürdige Umwertung aller Werte, die in der Edo-Zeit erfolgt, wird nun gerade der geringgeschätzte Kaufmann reich, und der adlige Samurai, für den es immer weniger zu tun gibt, bleibt vornehm, wird aber immer ärmer. Der Niederschlag all dessen ist für den, der die Geschichte kennt, auf dieser Ausstellung deutlich zu erkennen.

Das aufsteigende Bürgertum ist zwar an all diese strengen Regeln gebunden – jegliches Zurschaustellen von Überschwang ist von Übel, und was Überschwang in Kleidung, Häuserbau und Kunst war, wurde von oben bestimmt –, aber sie greifen nicht. Der neue Reichtum ist unaufhaltbar, und so entsteht eine ungekünstelte Kunst des neuen Standes für den neuen Stand, während sich parallel dazu eine schlichte, verhaltene aristokratische Kunst nach eigenen Gesetzen entwickelt. Wenn ich sage, daß dies gut zu erkennen ist, soll das nicht heißen, daß das Abwägen zwischen beiden Strömungen ganz gelingt.

Das liegt nicht immer an den thematischen Präferenzen, sondern auch an der Präsentationsweise. Die phantastische Kleidung, die bei so etwas Lebendigem und zur »fließenden, flüchtigen Welt« *(ukiyo)* gehörenden Theaterformen wie *kabuki* und *kyogen* getragen wurde, bekommt, wenn sie in einer Vitrine ausgestellt wird, etwas Sakrales und Statisches: Genausogut könnten es Meßgewänder in einem spanischen Museum für kirchliche Kunst sein. Prachtvoll, keine Frage, aber erstarrt, jede Vorstellung eines darin steckenden »fließenden« Schauspielerkörpers ist daraus verbannt, der Klang des Pathos und der Komödie daraus vertrieben. Das gleiche gilt natürlich für eine Reihe von Gebrauchsgegenständen. Allein schon dadurch, daß sie so solitär und autonom ausgelegt sind, schaffen sie eine nichtweltliche Distanz und nehmen einen Kunstwert an, der jeden Gedanken an einstige Alltagswirklichkeit weit von sich weist. Das alles muß zweifellos eine Rolle in der Kontroverse gespielt haben, die es im Vorfeld zwischen den japanischen Förder- und Regierungsinstanzen sowie der englischen Ausstellungsleitung gegeben hat.

Was ist Kunst? so könnte man diesen Konflikt zusammenfassen. Die Japaner wollten ihre klassische, aristokratische Kunst zeigen, Malerei, Kalligraphie, auch aus früheren Epochen. Kunstgewerbeerzeugnisse waren und sind für Japaner keine Kunst. Es sind Gebrauchsgegenstände, und daß wir sie so schön finden, macht sie noch nicht zu Kunst im klassischen Sinne des Wortes. Die für die Ausstellung Verantwortlichen dagegen wollten gerade die Edo-Zeit in ihrem Gesamtzusammenhang zeigen. Der Einfluß Chinas war in dieser Zeit im Vergleich zu früheren Zeiten spürbar zurückgegangen, und nachdem die Portugiesen und Spanier des Landes verwiesen waren, konnten alle Zweige dessen, was *wir* als Kunst bezeichnen, sich völlig selbständig entwickeln. Wenn wir noch einen Augenblick bei unserer eigenen Definition von Kunst bleiben (und damit Kimonos, Lackdosen und Bordellszenen mit einbeziehen), so stellte sich das Problem folgendermaßen dar: Das rigide Kastensystem – über dem noch ein kaiserlicher Hof mit eigenen künstlerischen Traditionen und Normen thronte – führte zwangsläufig zu einer Kastenkunst. Vielleicht kann man sogar besser von einer Ständekunst sprechen. Die Japaner wollten von einer solchen Einteilung, die nach unserem Verständnis essentiell für die Edo-Zeit ist – und für die Liebhaber von Theater- und Geishabildern deren Reiz ausmacht –, nichts wissen. Die Gestalter der Ausstellung wollten jedoch ausdrücklich auch zeigen, daß die in den Jahrhunderten des Tokugawa-Shogunats entstandene Volkskunst die unmittelbare Grundlage des Geschicks, des fachlichen Könnens und der Erfindungsgabe bildet, die Japan in unserem Jahrhundert so groß gemacht haben. Das, sowie die für uns immer noch etwas rätselhafte Opferbereitschaft und der Gehorsam des *samurai* (der Dienende), diese eigentümliche Kombination hat während der langen und ebenfalls so außergewöhnlichen Isolation dem japanischen Wunder den Boden bereitet. Bei allem visuellen Genuß hat diese Ausstellung einen stark didaktischen Unterton: Demjenigen, der sein Schauen durch Denken unterstützen will, wird hier zumindest ein Teil des spröden Geheimnisses entschlüsselt.

Aber es ist schwierig. Asiatische Kunst in gehäufter Form bringt mich immer leicht aus dem Gleichgewicht. Der Mangel an linearer Perspektive destabilisiert, das Fehlen von Psychologie verfremdet, das Nichtvorhandensein von Kenntnissen über Emblematik, Mythologie, Symbolik, Literatur macht unbedarft, fast schon blind. Längst nicht immer *weiß* ich, was ich sehe: Genausowenig wie ein Bewohner Nepals ein romanisches Tympanon mit der Apokalypse *lesen* kann, kann ich hier bei manchen Darstellungen sehen, was da steht. Ich sehe die Darstellung und genieße sie als solche, weiß aber bei weitem nicht immer, was sie *bedeutet*. Die Hälfte dessen, was sie ausstrahlt, kommt nicht bei mir an. Es bleibt noch genug, sagt der unverfälschte Genußmensch in mir, aber diese sich entziehende Bedeutung verunsichert mich doch. Porträts sind ein Vorwand für den Großeinsatz von Linien, Farben, Plastizität, aber Seelen finde ich nicht, ich blicke auf Figuren, nicht *in* sie. Das gesamte Sehsystem erhält einen sanften, aber treffsicheren Schlag unter die Gürtellinie, wodurch es ins Wanken gerät. Mit einer gewissen Dreistigkeit könnte man sagen, daß japanische Kunst unnatürlich und unmenschlich ist, und dann im Wegrennen, bevor das Bambusrohr der Kenner und Meister herabsaust, von weitem noch rufen, daß man es so nicht gemeint hat. Wie aber dann? Unmenschlich, weil keine erkennbaren Porträts, keine Ich-heiten gezeigt werden. Unnatürlich, weil die Natur derart stilisiert ist, daß sie über sich selbst hinausgehoben wird. Es ist fast immer eine Idee der Natur, die ich sehe, nicht die Natur selbst. Ist das schlimm? Nein, schlimm ist das nicht. Man muß sich nur daran gewöhnen. Ideen treffen einen manchmal härter als die Wirklichkeit. Ein Beispiel dafür sind zwei Wandschirme – mit jeweils sechs Flächen – von Watanebe Shiko (1683-1755). Diese *byobu* mit ihrem emblematischen Gold stellten Dekorationen für die Palasträume der prachtliebenden Shogune dar, aber unabhängig von dieser Bedeutung sehe ich sie nun als Fortsetzungsbilder. Es ist nicht so sehr die wollüstige, wiederholte weibliche Rundung dieser Hügel, die unnatürlich ist, denn es gibt solche Hügel in Japan, ich habe sie gesehen, seltsame, jähe Wölbungen, Herzensergüsse der Landschaft. Diese Hügel liegen bei Yoshinoyama, und seit dem siebten Jahrhundert ziehen Japaner im Frühjahr dorthin, um die Kirschblüte zu bewundern. Was seltsam ist, ist das Fehlen *anekdoti-*

*scher* Natur. Keine Wolken, Wege, Zäune – keine Erde und auch kein Himmel. Die dunkel- und hellgrünen Rundungen und der weißrosa Schnee der Blüten sind in einem tiefen goldenen All von einer derartigen Intensität gefangen, daß die Darstellung dadurch überhöht wird. Hier hält jeder den Atem an, auch die Natur.

Noch stiller ist es auf einem anderen Wandschirmpaar von Kano Tan'yu, das um 1650 gemalt worden sein muß. Auch hier herrscht Gold vor, ich merke, daß ich vor soviel Gewalt einen Schritt zurücktrete. Auf beiden Schirmen sind nur zwei Kiefern abgebildet. Was auffällt, ist, wie gnadenlos viel der Künstler sich leer zu lassen getraut hat. Nähme man die Schirme auseinander, so wäre auf einigen der Tafeln nur noch das Ende eines Astes sichtbar, der Rest ist goldene Leere. Der Gedanke, daß es hier mehr um die *Idee* dieser Bäume geht als um Bäume, die der Maler irgendwann irgendwo wahrgenommen hat, ist gar nicht so abwegig. Ändern oder Übermalen ist auf Seide nicht möglich: Was steht, das steht und kann nicht abgewandelt werden. Der Künstler muß das, was er abbilden will, genau im Kopf haben, er muß treffsicher sein wie ein Schwertkämpfer (unter den *samurai* befanden sich große Maler und Kalligraphen). Er benutzt Handgelenk *und* Ellbogen, schlägt mit einem einzigen Pinselstrich zu, was, wenn man durch die Stille der Darstellung hindurchschaut, eine merkwürdig eruptive Wirkung haben kann.

Viele Menschen genieren sich, auf einer solchen Ausstellung mit einer Tonbandkassette herumzulaufen. Man kommt sich lächerlich vor mit einer ins Ohr gestöpselten Schnur, durch die Weisheit einsickert. Ich habe es auf dieser Ausstellung trotzdem getan, und eine ruhige englische Stimme begleitet mich von Momoyama zur Frühen Edo-Kunst, von der Hohen zur Mittleren Edo-Kunst, von einem Saal zum nächsten, von einem Gegenstand zum nächsten. Man kann die Stimme anhalten und zurückstellen, und zum Schluß merke ich, daß ich mich mehr als viereinhalb Stunden in der Ausstellung aufgehalten habe. So wandere ich von *kakemonos* zu Schwertern, von Stellschirmen zu Kimonos, von der ätherischen Atmosphäre der Hofkunst zum immer fröhlicher werdenden Straßenlärm. Ich staune, bewundere und schaue, ich verspüre den Neid des Ausgeschlossenen manchmal gleichzeitig mit dem Genuß des Eingeweihten, die Stimme und die Gegenstände spinnen mich ein, einige werde ich, glaube ich, nie vergessen, wie zum Beispiel diese Samurai-Rüstung mit dem goldenen Schwert asymmetrisch auf dem Helm wie der Panzer eines verrückt gewordenen Tiers, das in eine aussichtslose Seitenstraße der Evolution abgebogen ist, wo es vernichtet werden wird. Was ich bestimmt nicht werde vergessen können, ist die Azuma genannte *raku*-Schale aus dem frühen 17. Jahrhundert. Ich bin nicht für das Vermischen meiner Kompetenzen (einer, der ersinnt und beschreibt), aber jemand, der meinen Roman *Rituale* gelesen hat, wird vielleicht nicht glauben wollen, daß ich noch nie eine klassische *raku*-Schale in natura gesehen hatte. Gut, da stand sie also, *meine* Schale, wie ich sie mir vorgestellt hatte, in Reichweite, aber unberührbar, schwarz und glänzend mit einer weißaschigen Wolke, die langsam auf die rauhe Oberfläche herabschwebt und in der verführerischen, unsichtbaren Tiefe des Sumpfes versinkt.

Während ich in dieser Ausstellung umhergegangen bin, habe ich mehr als fünfzig Seiten meiner Kladde mit Notizen gefüllt. Die meisten haben keinen Eingang in diesen Text gefunden, weil es nun einmal nicht möglich ist, einen Kosmos zu beschreiben. Und doch war es das: eine nicht nur geographisch-räumlich, sondern auch zeitlich abgeschlossene Welt, als ob auch in diesem alles durchdringenden Element, das die Zeit ist, ein hoher und undurchdringbarer Schirm aufgestellt gewesen wäre, hinter dem diese Kultur in ihrer eigenen Luft blühen konnte. Die letzte Notiz in meiner Kladde bezieht sich auf die Sänfte (*norimono*) des fünften Tokugawa-Shoguns Tsunavoshi. »Geschlossener Käfig« habe ich dazu geschrieben, und genau das ist es auch, ein Käfig für einen Mann, und das war der Mächtigste von allen. *»Its formality and impractability symbolize the inwardlooking and rigid attitude of the shogun government and its lavish craftsmanship, the skills which were to help Japan to its successes in the modern world.«*

Ich reise ab, wie ich gekommen bin, mit dem Schiff. Es stürmt und regnet, vom Land ist nichts zu sehen, so daß es scheint, als führen wir in die Unendlichkeit hinein. Und weil sich im Leben nun mal alles reimt, lese ich in diesem Moment das Ende eines Romans von Saikaku Ihara (1642-93). Das Buch heißt *Yonosuke, der dreitausendfache Liebhaber* und vermittelt, stärker als viele der berühmten Holzschnitte, ein Bild vom flotten, fröhlichen Leben, wie es sich jenseits der diktatorialen Sänfte abgespielt hat. Der Held, Yonosuke, führt ein ausgelassenes, wollüstiges Leben. Vielleicht erreicht man beim Schreiben doch mehr als beim Radieren, denn die eingeengte Förmlichkeit des *ukiyo-e* verschwimmt und macht einem Japan lebendiger, stinkender, sich paarender Menschen Platz, oder, um dieselbe, bereits zitierte Hyperbel noch einmal zu verwenden: Die Stilisierung, die Unmenschlichkeit verschwindet daraus, dieses Japan lebt und braust, und sogar die Vorstellung von einem Polizeistaat kommt kurz ins Wanken, denn die Kritik an der »Tyrannei« ist so freimütig und unverblümt, daß eine Veröffentlichung unter zeitgenössischen diktatorischen Regimen undenkbar wäre. Das Ende ist fröhlich und erinnert unwiderstehlich an Fellini. Nach einem Leben voller Liebschaften, Intrigen, Abenteuer und Affären mit Tänzerinnen, Witwen, Kurtisanen ist Yonosuke am Ende seiner Lüste angelangt. Er ruft seine alten Freunde zusammen, die sein vergnügungsreiches Leben mit ihm geteilt haben. Er läßt ein Schiff bauen, takelt es mit Segeln aus Damenunterwäsche auf, richtet es ein mit Andenken früherer Freundinnen. Als alles fertig ist, hissen sie die libidinösen Segel. »Wohin fahren wir?« fragen die Freunde, und Yonosuke erzählt ihnen, daß sie nach Nyogo führen, einer nicht existierenden, ausschließlich von Frauen bewohnten Insel, »die uns alle lieben werden, bis wir vor Erschöpfung sterben«. »Und dann«, so endet das Buch, »an einem klaren Tag am Ende des zehnten Monats des Jahres Tenwa 2 (1682), lief das Schiff mit seiner Besatzung ewig frohgemuter Abenteurer aus dem Hafen aus und segelte auf den grenzenlosen Horizont zu, von wo es nie mehr zurückkehren konnte.«

Und mit dem Gefühl, daß mit diesem Bild *mein* Bild der Edo-Zeit erst komplett ist, gehe ich an Deck und halte in dem wilden, grauen Tanz der Wogen vor mir Ausschau nach dem Schemen Nyogos.

*Dezember 1981*

# IN THAILAND

# AYUTTHAYA, DER ZERSTÖRTE DIAMANT

Da, wo ich jetzt stehe, auf der sonnenversengten Fläche, die einst Ayutthaya gewesen ist, muß er zwischen den Tempeln und Palästen geschritten sein, die jetzt Ruinen sind: le Chevalier de Chaumont, Gesandter Ludwigs des Vierzehnten. Er ist gekommen, um König Narai seine Aufwartung zu machen. Man schreibt das Jahr 1685. Der Brief von König an König, den er auf seiner mehr als zweihundert Tage dauernden Reise wie ein Kind gehütet hat, wird auf einer goldenen Schale unter einem Palankin vor ihm hergetragen, um ihn vor der Sonne zu schützen. Dem Brief wird eine Ehrerbietung entgegengebracht, als handele es sich um den Sonnenkönig höchstpersönlich, ein Ding als Symbol des Verhältnisses zwischen zwei Fürsten, die sich nie sehen sollten. Mit diesem Brief setzte das französische Imperium den Fuß in die Tür des reichen Südostasiens, aus dem es erst durch die vernichtende Niederlage bei Dien Bien Phu, fast dreihundert Jahre später, gedemütigt verjagt werden sollte. Zwischen dem Chevalier de Chaumont und Jean de Lattre de Tassigny, dem Mann, der sich im Kampf gegen die Vietnamesen geschlagen geben mußte, liegt die Französische Revolution – aber die Kaste, die Briefe überbringen und Niederlagen hinnehmen mußte, war all die Zeit die gleiche geblieben.

Als ich so zwischen den Buddhafiguren und Tempelresten dieses Ruinenfelds umherwandere, überkommt mich ein Gefühl der Ohnmacht. Die Vorstellung, alles wäre zu begreifen und zu wissen, entpuppt sich als romantisch.

Daß ich mich in die Einzelheiten des Thai-Buddhismus vertiefe, daß ich mich in die Geschichte dieser Königshäuser, ihrer Rivalitäten und Schlachten, ihrer Verträge mit Holländern und Portugiesen, ihrer Kriege mit den Birmanen und der Gründung, Blüte und gnadenlosen Zerstörung Ayutthayas, des Diamanten des Ostens, versenke, einst eine größere Metropole als London oder Paris, ist nur noch theoretisch möglich. Geschichte, ein Patient, der nicht mehr zu heilen ist, weil er nie Zeit hat, sich mit seinen Seelenkrankheiten, Ängsten, Neurosen und Aggressionen, mit all seinen pathetischen Territoriumstrieben auf die Couch zu legen. Wessen Couch auch? Sobald man festgestellt hat, woran der Patient leidet, ist er schon wieder ein anderer geworden, und an anderen Orten, zwischen anderen Staaten, Fürsten, Völkern wiederholen sich die gleichen Katastrophen und Konflikte. Das hat etwas Entmutigendes: Es sind andere Kontinente, Jahrhunderte und Rassen, und doch ähneln sich all diese Konflikte. Angst von Völkern, Habgier von Machthabern, Thronintrigen, Fremdenhaß, Glaubenskämpfe, Hin- und Hergezerre von Grenzen – selbst dort, so weit weg, so lange her, kommt es einem bekannt vor.

Ayutthaya wurde 1350 von König Rama Thibodi I. gegründet. Es stellte bereits ein Handelszentrum dar, und durch seine Lage auf einer Insel am Zusammenfluß dreier Flüsse (Chao Phraya, Lopburi und Pasak) war es so gut wie uneinnehmbar. Ein Ort, vom Himmel bestimmt, die neue Hauptstadt Siams zu werden. Bis 1569 regieren zwei Dynastien in Ayutthaya, U Thong und Suphannaphum. Was es für einen späteren, westlichen Zuschauer – mehr als ein Zuschauer aus der Ferne kann man nie werden –

kompliziert macht, ist die langsame, zähe Verflechtung der Kulturen und die Verflechtung all dieser Kulturen mit dem Buddhismus. Die Thai hatten bereits jahrhundertelang in einer kulturellen Symbiose mit ihren kambodschanischen Nachbarn, den Khmer, gelebt. Von ihnen hatten sie die Vorstellung von einem Gottkönigtum bezogen. Königliches Zeremoniell, Khmer-Worte und -Ideen wurden Gemeingut. Der König regierte als absoluter Monarch, doch seine Autokratie wurde durch die zehn buddhistischen Königspflichten gemildert: Liberalität, Frömmigkeit, Wohltätigkeit, Gnade, Geduld, Rechtschaffenheit, Mildtätigkeit, Gottesfurcht, Freisein von Feindseligkeit, Freisein von Zorn.

Rama Thibodi I. etablierte seinen Staat, erließ Gesetze, eroberte Kambodscha und schuf damit das Fundament für die lange Reihe seiner Nachfolger in Ayutthaya, das 417 Jahre lang die Hauptstadt Siams bleiben sollte. 1569 wurden die Thai (Thai bedeutet: frei) erstmals von den Birmanen besiegt. Ayutthaya wurde zerstört, aber nicht ganz zerschlagen. Das geschah erst rund zweihundert Jahre später (wie einfach es ist, in einem solchen Bericht zweihundert Jahre verstreichen zu lassen, während 1780 in der eigenen Geschichte eine unerreichbar ferne Jahreszahl ist!), als die Thai, die das birmanische Joch bereits 1587 wieder abgeschüttelt hatten, zum zweitenmal und jetzt endgültig von ihren Feinden unterworfen wurden. Diesmal wurde die Stadt vollständig zerstört. Dreißigtausend Bewohner, Adlige, Soldaten, Mönche, wurden als Gefangene abgeführt. Mit dem meteorartigen Funkeln Ayutthayas war es vorbei – ein Loch wurde in die Erde gebrannt.

Von alldem wußte ich wenig, als ich an einem heißen Dezembernachmittag des Jahres 1978 Ayutthaya besuchte. Nach der fröhlichen Hölle von Bangkok war die ländliche Stille eine Wohltat. Ich wußte, daß ich eine Ruinenstadt besuchen würde, nicht aber, was ich mir darunter vorzustellen hatte. Es waren kaum Touristen da, ich bin einen Tag lang fast allein umhergestreift, ein Gottesgeschenk für den Fotografen, der im Gegensatz zum Forum Romanum oder Persepolis nicht jedesmal zu warten brauchte, bis wieder eine Busladung verschwunden war. Das Forum Romanum, daran erinnerte mich das hier noch am meisten. Der arme Geist muß wohl einen Anknüpfungspunkt haben, sonst streikt er. Im vergangenen Sommer sah ich eine Gruppe Japaner in der Kathedrale von Toledo. Sie saßen still und eifrig in einem Seitenschiff, gelehrte Bücher auf dem Schoß, lasen und schauten. Sie wissen, wer der Christus am Kreuz ist, dieses zehntausendmal reproduzierte, in verschiedenen Materialien und Stilen ausgeführte Bildnis aus unterschiedlichen Epochen, dem sie zwischen Sizilien und München begegnen. Doch was sehen sie, und was sehe ich? Vom ästhetischen Genuß abgesehen, bleibt einem vieles fremd, und der schlichte Mangel an Wissen macht die Zuordnung nicht leichter. Die Geschichte Ayutthayas erstreckt sich über rund vierhundert Jahre. Sehe ich die Stilunterschiede? Jede Haltung der Buddhahände hat ihren eigenen Namen und ihre eigene Bedeutung; was, wenn ich sie nicht kenne? Dann kann ich immer noch schauen, und so gehe ich, wie ein Japaner in Toledo, ein Nigerianer auf dem Parthenon umher. Es ist neun Uhr morgens, die Sonne brennt, das Grün hat eine giftigere Farbe als in Ländern, in denen es Winter wird, ich gehe über endlose

Grasflächen, Vögel singen, und es hängt etwas Träges in der Luft, das mich langsamer gehen läßt, etwas, an dem man hängenbleibt – die endgültig vergangene Zeit.

Hitler, das muß man ihm lassen, hat den Begriff »Ruinenwert« geprägt. Sein Architekt Speer berichtet in seinen Memoiren, Hitler habe verlangt, daß die Bauwerke, die er errichten lassen wollte, diesen »Ruinenwert« besitzen müßten, um auch in ferner Zukunft, wenn denn irgendwann das mythische Ende des tausendjährigen Reichs nahen würde, selbst als Ruinen noch das Bild seiner Größe heraufzubeschwören. Ob den Baumeistern von Ayutthaya etwas ähnlich Apartes vorgeschwebt hat, weiß ich nicht, aber in der Praxis läuft es auf das gleiche hinaus. Ruinen haben etwas an sich, das sie schöner macht als die meisten Restaurierungen.

Hier herrscht völlige Stille, so daß man den Eindruck hat, als wären die in der Ferne wiegenden Bäume das einzige Zeichen von Leben. Ein wenig frivol wedeln sie an den toten Mauern herum, wie um sie aus ihrem ewigen Schlaf zu holen. Eine echte Ruine, denke ich, ist auf idiotische Weise nie verfallen, sondern *existiert* vielmehr als Ruine. Überall Buddhas. Sie umringen mich, umgeben mich, allein oder in geschlossener Phalanx, eine sitzende Schar. Hier und da ist einer ganz verschwunden, weggeschlagen im birmanischen Furor, ausgelaugt von Wind und Wetter – nur die Idee ist geblieben und schwebt über dem leeren Sockel –, es scheint, als wäre in der mit nichts gefüllten Luft darüber die Figur des Meditierenden doch noch sichtbar. Der an anderem Ort, in anderem Kontext nicht einmal mehr erkennbare verstümmelte Steinbrocken strömt immer noch Ruhe aus. Das ist sehr geheimnisvoll.

Mauerbrocken, ein Stück eines fast korinthischen Kapitells, Backsteine, geometrische Ornamentik, Ecken, Steinstapel, Reliefs, mathematisches Schwellen und Schrumpfen. In spitz zulaufenden Nischen wird das Wiederholte selbst zur Wiederholung, hundert-, tausendmal die gleiche Figur, wie ein Rosenkranz vor den Augen, eine Schnur, die man träge durch seine Seele fließen läßt, dieselbe Note so oft wiederholt, daß es *ein* langer Ton wird.

Mauern zeichnen ihre zackigen Schatten auf das Gras wie eine Graphik: So sind wir vergangen. Ein geborstener rechteckiger Pfeiler, der angefressene Zylinder eines *chedi*. Ein Quadrat aus Ziegelstein, von der Farbe lebenden, sonnenbeschienenen Bluts, von der Farbe der Asche eines verlöschenden Feuers, darüber acht kreisförmige Schichten, ebenfalls Ziegelstein, dann eine hohe glockenartige Form, mit Mörtel verputzt, darauf wieder ein Quadrat, das sich nach oben hin weitet, und darauf ein Zylinder, der sich immer mehr verjüngt bis zu der abgestumpften Spitze, auf der der Himmel ruht, träge und unendlich. So einfach ist das, Unkraut oder Kraut auf den Mauern, hellgrün auf all diesem wechselnden Rot.

Stücke, Scherben, Brocken Buddha, nichts kann diese Ruhe stören, auch nicht der Beweis der Vergänglichkeit, jede Scherbe ist erhaben; in einem Detail des *antaravasaka* ist die Hand des Künstlers noch sichtbar, eine entschwundene, zu Nichts gewordene Hand, eine Hand, die es nicht gibt, an die ich aber doch denke, und dann, nach den Trümmern, wie ein Schock, doch plötzlich ein *ganzer* Buddha, umhangen von einem weißgelben Tuch, das im lauen Wind flattert. Die Augen niedergeschlagen, der Mund etwas ausdrückend, was sich nicht aufschreiben läßt, denn was bedeutet das, wenn man es ausspricht:

völlige Ruhe? Die eine Hand fließt über das rechte Bein, die andere liegt, von einer unendlichen Schwerkraft, die nichts wiegen kann, niedergedrückt, auf dem linken Schenkel. Davor ein paar vertrocknete Blumen. Ich, der ich vor ihnen stehe, bin natürlich viel vergänglicher, ich werde keine Abbilder hinterlassen. Und doch hat es einer ganzen Kultur bedurft, um mich hervorzubringen – bis ich hier stehen konnte, so hinfällig und vergänglich ich auch bin. Aber er! Was hat er getan, um hier und in ganz Asien und schon so lange und auch künftig noch so lange zu stehen, zu liegen, zu sitzen mit diesem von allem erfüllten, vollkommen unnahbaren Gesicht?

Als Ausdruck des Erstaunens ist dieser Augenblick denkbar geeignet, denn nochmals: Was ist nicht alles nötig, damit dieser eine kleine Moment, da ich schaue, stattfinden kann? Ich bin nötig, ebenso die Geschichte, die mich hervorgebracht hat, die Tradition, die mich hat sehen lassen, wie ich sehe, doch auch dieser Buddha mußte geboren werden, seine Gedanken mußten sich, schon vor Jahrhunderten, bis hierher verbreiten. Thaikönige mußten diese Stadt gründen, seine Statue tausendfach erschaffen lassen, Birmanen mußten dies alles zerstören, damit wir einander nicht in einem Tempel, sondern zwischen Tempelruinen, auf freiem Feld, begegnen konnten.

Die so oft erzählte Geschichte, die hunderttausend Bücher hinter sich herschleppt, ist wie jede große Geschichte schnell erzählt. Buddha, der zur wahren Erkenntnis Gelangte, der Erleuchtete, wurde um 560 v. Chr. als Prinz Siddharta in Kapilavastu, der Hauptstadt eines Königreichs am Fuße des Himalaya, geboren. Sein Vater, König Suddhodana, versuchte, alles Unheil dieser Welt von ihm fernzuhalten. Der Prinz heiratete und bekam einen Sohn, aber er war nicht glücklich, da er eines Tages mit den vielfältigen Formen menschlichen Leidens in Berührung gekommen war, Alter, Krankheit, Hunger, Tod. Ein Mönch zeigte ihm den Weg zu Meditation und Askese. Er gab Position, Paläste, Frau und Sohn auf, suchte die bedeutendsten Philosophen seiner Zeit auf, fand nicht, was er suchte.

Daraufhin zog er in den Wald, und nach langer Meditation unter dem »Baum der Erkenntnis« kamen ihm die Ideen, auf die er seine Lehre gründete: Das Übel der Menschheit liegt im Menschen selbst. Die Schwierigkeiten, die er auf sich zieht, weil er immer mehr will, kann er beenden, indem er immer weniger will und nichts tut, worunter andere zu leiden haben. Nachdem Buddha seine Lehre für sich selbst konzipiert hatte, zog er von Ort zu Ort, um sie zu verkünden. Unterwegs liefen ihm Schüler zu, die ihm halfen, und die Lehre verbreitete sich bald im gesamten Gangestal und von Afghanistan bis nach Kaschmir. Er starb, ein Detail, das mir gefällt, wie ein normaler Mensch, nach einem herrlichen Austernessen. Schriften hinterließ er nicht.

Mit viel Mühe habe ich in einem kleinen Häuschen irgendwo auf dem Gelände eine Frau gefunden, die den Wat (Tempel) Rat Burana aufschließen kann. Irgendwo in dieser hoch aufragenden Ruine muß sich eine Gruft mit Resten von Wandmalereien befinden. König Boromaraja II. erbaute diesen Tempel im Jahr 1423 an der Stelle, an der die Leichen seiner beiden älteren Brüder verbrannt worden waren, die sich gegenseitig in einem Zweikampf um die Thronfolge getötet hatten. Wir steigen mühsam die sehr hohen, steilen Treppen hinauf. Was jetzt wie geometrische Verzierung aussieht, hat wahrscheinlich als Hintergrund für Ornamente und Statuen gedient, von denen einige, tierförmig, vielflügelig, noch dastehen. Hoch oben auf der blutroten, unerreichbaren Spitze dieses Geschichtsbergs weht Strandhaferähnliches, seltsames weißliches Altmännerhaar, das dem Monument etwas Menschliches verleiht. Von oben blicke ich hinunter auf das, was wahrscheinlich ein Tempel gewesen ist, mit geschlossenen Mauern und einem offenen Vestibül oder Vorhof. Achtkantige Säulen und Sockel, aber mit hohen, verzierten Kapitellen. Dazwischen saß der verschwundene Buddha auf einem hohen Sockel. Vergangen, auch dies. Drinnen ist es fast kalt, staubig, still. Die Welt schließt sich hinter der kleinen Holztür, die Frau reißt eine Eintrittskarte ab und zeigt mir auf dem Geld, das ich ihr gebe, das königliche Emblem, das hie und da auch an den Ruinen zu sehen ist. Was von den Wandmalereien übrig ist, sieht wie sehr alte romanische Fresken aus, Formen, mehr nicht, nur halb erkennbare, hieratische Figuren in Gold und Rosa. Sie sind kaum noch da, als *wollten* sie auch nicht mehr sein, als wollten sie zurück in die vergangene Zeit, zurück ins Königreich des Unsichtbaren. Ich erkenne den Buddha auf einem Elefanten – bis hierher ist er geritten, bis in diesen jahrhundertealten verborgenen, lautlosen Stillstand. Je weiter wir hinabsteigen, desto stickiger wird die Luft, als gingen wir selbst in das Totenreich ein über diese schmalen, hohen, steilen Stufen, und als wir unten stehen, in der Gruft, sieht das, was über uns ist, aus wie eine schwarze, ausgehauene Straße nach oben, eng zulaufend, ein Trichter, ein umgekehrter Brunnen.

Fünf-, sechsmal geschieht es an diesem langen Tag, das Eintauchen in das Vergangene, das Fremde. Die Tempel, heilige Stätten, Ruinen, liegen überall verstreut, immer wieder ein paar Kilometer hierhin oder dorthin durch die Landschaften der Lebenden, stille Löcher an verborgenen Stellen, um die herum das Leben, soviel später, einfach weitergeht. Mitunter ähneln sie italienischen, romantischen Ruinen, kleine Treppen nirgendwohin, bewachsen mit hohen, zarten Farnen, das Hauptgebäude seufzend schräg abgesackt, als wäre es nicht aus Stein, aber immer noch aufwärtsstrebend, als wüßte es, daß es einmal dazu bestimmt war, die Welt im Gleichgewicht zu halten, diesen Anspruch jedoch ohnmächtig aufgegeben hat, nur noch ein vage melancholisches Memento sein will, das sich zerbröckelt in einem trüben Lotusteich spiegelt, zwischen dem Zirpen, Rascheln und Summen unsichtbarer Tiere.

Froh über diesen Ausgang sitzen ein paar sehr zufriedene Buddhas da, die geschwungenen Lippen von Spinnweben versiegelt. Ein schwüler Zephir bauscht ihre fahlen Schärpen, ihre Ohren sind langgezogen wie die der Dajak. In der Ferne leuchtet das Grün niedriger Reisfelder, ein einsamer Ruderer zieht eine Furche durchs schwarze Wasser.

Der Fahrer, der auch mein Führer ist, findet, es sei nun Zeit für lebende Buddhas und der Wiharn Phra Monkol Bopit beherberge den größten Bronzebuddha der Welt. Ich bin nicht besonders empfänglich für Superlative. Das Tempelgebäude kommt mir klein vor, und ich kann mir nicht vorstellen, daß der Allergrößte hineinpaßt, aber es ist so. Anheimelnd ist es im Innern. Wir schlurfen auf Socken durch Weihrauchschwaden und Blumenopfer. Der Buddha, kohlschwarz mit riesigen, gebieterischen Perlmuttaugen, ragt wie eine massive Gewitterwolke über uns auf, aber seine Rückseite, die man sich ebenfalls ansehen darf, hat durch ihre idiotische Größe etwas Indezentes, und das, zusammen mit der uns umgebenden Frömmigkeit und der von alters her bekannten klerikalen Geldgier, die in religiösem Tinnef und Opferstöcken zum Ausdruck kommt, versetzt mich in eine kicherige, fast teenagerhafte Stimmung. Dann doch lieber die Ruinen. Der Fahrer entscheidet anders. Es gibt noch einen großen Buddha, und der ist aus Gold und für seine alles übertreffende Größe (er reicht buchstäblich bis *in* die Decke hinein) ebenfalls zu klein behaust.

Aber hier, warum, weiß ich nicht, wirkt es. Die Statue wird von Scheinwerfern angestrahlt, und wo man sich in dem kleinen Tempel auch hinsetzt, überall sieht man eines seiner riesigen Knie, einen Arm, einen Ellbogen. Von einer der gigantischen dicken schwarzen Säulen aus starre ich auf die massive Brustpartie mit der wollüstigen Warze, die große Girlande um den Daumennagel seiner linken Hand. Selten hat man so und von so hoch oben auf mich herabgeschaut, und als ob das noch nicht genug wäre, wiederholt sich sein Bildnis auch noch hundertmal im kleinen, er ist nirgendwo nicht, dieser mit kleinen Goldplättchen überzogene Prediger, über den polierten schwarzweißen Marmorboden sehen seine größeren und kleineren Bildnisse einander erhaben lächelnd an, als würden sie sich selbst nicht erkennen und als spielte auch das keine Rolle mehr. Jemand klimpert auf einer *ranad-ek*, Bauern hantieren eifrig mit Stöckchen, die Glück oder Unglück vorhersagen sollen. Chinesen kleben noch etwas Gold auf den Sockel, die Ehrfurcht in ihren Rücken wird durch die neunzehn Meter Gold über ihren gesenkten Scheiteln noch gesteigert, der

Duft tropischer Blüten vermischt sich mit dem des Räucherwerks. Ich habe das Gefühl, in Lourdes zu sein, und flüchte.

Auch Thailand hatte einst seinen Schwarzen Prinzen. Der spätere König Naresuan wurde 1569, beim ersten Fall Ayutthayas, von den Birmanen gefangengenommen und nach Pagan in Birma gebracht, wo er am Hofe des Siegers erzogen wurde, um später als Marionette der Birmanen über Ayutthaya zu regieren. Naresuan spielte das Spiel musterhaft mit, ließ sich als Gouverneur in seine ehemalige, verwüstete Hauptstadt entsenden, rief dort unverzüglich die Unabhängigkeit aus und schlug die birmanischen Besatzungstruppen. Es folgte ein Angriff der birmanischen Armee, bei dem König Naresuan in einem Zweikampf Birmas Kronprinzen Upracha tötete. Bei diesem tödlichen Kampf saßen beide auf Elefanten, und das ist etwas anderes als ein Pistolenduell im Bois de Boulogne. Als Symbol der neuen Unabhängigkeit und seiner wiedergewonnenen Macht ließ Naresuan den höchsten *chedi* seiner Zeit auf dem damals schon zweihundert Jahre alten, von König U Thong erbauten Wat Yai Chai Mongkol errichten. Der *chedi* steht heute noch, schwarz, zerbröckelt, verfallen. Es ist spätnachmittags. Es weht kein Wind mehr und es ist sehr heiß. Ein alter Hund, die x-te Reinkarnation eines bösartigen Wesens, geht mit niedergeschlagenen Augen die Stufen zum *chedi* hinauf. Weiche Wölkchen aus Staub und Sand brauen sich hinter seinen abgelaufenen Hundepfoten zusammen. Zwei bewaffnete Offiziere trinken ein Glas Eistee aus einer Thermosflasche, sonst ist kein Mensch da, aber während der Sägende unsichtbar bleibt, höre ich die erregte Stimme einer Säge, die behauptet, das Holz habe unrecht. Erst als das Holz nicht mehr widerspricht, wird es still. In diesem Hof bin ich gefangen zwischen anderen, strengeren Buddhas. In langen Reihen, die ein Karree bilden, sitzen sie um mich herum. Sie sind weiß, sie haben jeder ein anderes Gesicht, und es sind mehr als hundert. Ich gehe an ihnen entlang, als inspizierte ich eine Ehrengarde, aber nach einiger Zeit ist nicht mehr sicher, wer wen inspiziert. Dieses hundertfache steinerne Starren beginnt zu wirken, und das erste, was wie immer an solchen Orten zu schmelzen beginnt, ist die Zeit. Sie verdickt sich zu einem zähen, dickflüssigen Element, meine Uhr zerfließt wie auf dem Bild von Dali, der Taubenschwarm, der vorüberfliegt, braucht Stunden. All diese starrenden, jahrhundertealten Blicke und meine flüchtige Anwesenheit dazwischen geben dem Augenblick eine geballte, ausgelassene Intensität. Ich lasse mich dort zurück und gehe.

Der Japaner in Toledo, der niederländische Schriftsteller in Ayutthaya, das Bild läßt mich noch nicht los. Schließlich muß es möglich sein, mehr oder weniger ähnlich denkenden Menschen Dinge aus der jüdisch-christlichen Kultur zu erklären. Die Randerscheinungen, Rosenkranz, Flagellanten, Votivmessen, Wallfahrten, einfache Bräuche, sind kein Problem. Aber auch zum Mystizismus einer Theresia von Avila, zu den Lebensregeln eines Bernhard von Clairvaux und den Versuchungen eines heiligen Antonius lassen sich im Osten Parallelen finden, die den Zugang erleichtern. So sehe ich mir im Museum von Ayutthaya die verschiedenen Buddhas an. Ist es denn wirklich so kompliziert? Zwei Hände im Schoß übereinandergelegt: meditierend. Eine Hand mir zugewandt, erhoben (ich nenne es abwehrend): Schutz gewährend. Die Linke im Schoß, die rechte herabhängend: Mara (die Mächte des Bösen) bezwingend. Hand ausgestreckt nach oben, Zeigefinger auf Daumen: vom Himmel herabsteigend. Rechter Daumen und Zeigefinger zusammengelegt, Linke (fast) geöffnet auf dem Knie: predigend. Was bleibt, ist die Unnahbarkeit des Gesichts, aber das mag ein Effekt sein, der bei jeder extremen Stilisierung eintritt. Als ich aufhöre, damit die Lebensgeschichte dieses Mannes zu verbinden, und mehr an die Idee dahinter denke, an den Gedanken der Erleuchtung mehr als an diesen einen Erleuchteten, da löst sich immerhin ein Teil des Rätsels. Gesichter, die die Idee von Abgeklärtheit, Heiligkeit, Weltabgewandtheit viel deutlicher ausdrücken als eine Person oder ein namentlich genannter König oder Heiliger, habe ich auch in romanischen Basiliken, gotischen Kathedralen gesehen. Der Rest ist Kunstgeschichte, Sehen in Stilen und Epochen. Ich sehe einen kleinen grüngoldglänzenden Bronzebuddha, dreißig Zentimeter hoch. Er steht im Chao Sam Phraya National Museum in Ayutthaya. Meine, wollen wir mal sagen, *lyrische* Beschreibung ginge in Richtung »feinsinnig, geheimnisvoll, erhaben, verstummt«. In meinen Notizen finde ich ferner etwas darüber, was diese Statue mir nach tausend Jahren zu sagen hat. Die fachwissenschaftliche Beschreibung indes hat nichts mit dem Mysterium gemein, das diese kleine Figur ausstrahlt. Da wird diese still gewordene Passionsblume nur fachlich bestimmt, so wie jede Rose, Lilie oder jeder Lotus vom Botaniker. »Buddha, Bronze, Höhe 33,5 cm. Mon-Kunst, mittelthailändischer Stil, 9. Jahrhundert, gefunden in der Gruft des Wat Rat Burana (dieser erstickende Totenkerker, in dem ich heute erst stand), Bezirk Muang, Provinz Ayutthaya. Die Figur hat ein viereckiges Gesicht und eine konische *usnisa* (Ausstülpung des Schädels, eines der Buddha-Merkmale); das Juwel, das es krönen sollte, ist verlorengegangen ...«

Während ich durch den zusammengetragenen Reichtum des Museums wandere, zwischen den steinernen, bronzenen, kupfernen, hölzernen, elfenbeinernen, gläsernen Figuren immer desselben Mannes, und mich über die Nuancen der verschiedenen Stile, nepalesisch, Mon, Sukhothai, U Thong, Lopburi, über die Bedeutung von Haltung und Gewand belehren lasse, frage ich mich, ob es Sinn hat, so zu schauen. Die Antwort lautet natürlich ja – mit einem Vorbehalt: daß das *Sehen* dabei nicht verlorengeht. Das Wesen des Bildes darf nicht verlorengehen beim Betrachten der Abbildung.

*Juni 1980*

# IN MACAU

## DAS TOR NACH CHINA

Man sollte nie denken, daß eine Halbinsel eine Insel ist, vor allem nicht, wenn man es eigentlich besser wissen müßte. Ehe man sich's versieht, spaziert man versehentlich in das größte Land der Erde. Das klingt wie ein Rätsel, und es war auch eines.

Es ist Morgen, Oktober und Tokio. Aber bevor es Morgen, Oktober und Tokio ist, weilt jemand, der bei näherer Betrachtung meinen Namen trägt, im bewußtlosen Reich des mittleren Schlafs, dem, aus dem die Seele sich weigert zurückzukehren. Doch es muß sein, da ist eine Plage, eine Macht, die beharrlich drängt, das gellende, hetzende Geräusch einer altmodischen Klingel zwischen den Steinwänden einer Zelle. Eine japanische Stimme schnarrt aus dem Bakelitapparat: Mit diesem Hörer in der Hand werde ich langsam jemand aus den dreißiger Jahren, ich weiß wieder, wo ich bin, in meinem Zimmer im Asia Center, zwei Betten breit, anderthalb Betten lang. Als ich aufstehe, ist mir, als erhöbe ich mich aus meinem eigenen Körper, der andere bleibt träge auf dem Bett liegen, ich bin bereits auf dem Flur unterwegs zum Waschraum und rasiere mich in dem durch die Witterung angeschimmelten Spiegel neben einem dunklen Mann, der lange weiße Bahnen um seinen Kopf drapiert. Es ist fünf Uhr morgens, das gelbe Taxi durch die leeren Straßen, die schweigende Fahrt, alles gehört noch zum Reich des Schlafs. Zwei Stunden, bevor wir an Bord gehen sollen, fährt der Bus vom Air Terminal zum Flugplatz ab, der hundertzwanzig Kilometer von der Stadt entfernt liegt. Unterwegs sitze ich neben einem Pakistani, der völlig begraben ist unter elektronischen Geräten, alles für daheim. Die Sonne ist aufgegangen, wie mir scheint, im Westen. Orangefarbene Streifen, ich notiere das und denke, daß dies also meine Berufung im Leben ist: ein Mädchen zu sein, das in sein Tagebuch schreibt. Tokios *Masse* liegt unter mir, wir fahren über eine dieser gnadenlosen Hochstraßen, die das Leben darunter verzwergen und verdunkeln. Alle paar Minuten ertönt dasselbe Band, kling-kling, und eine leidenschaftslose Lilienstimme sagt, daß wir uns auf dem Weg zum Flughafen befinden, wie dort alles vor sich gehen wird, und daß Japan Airlines uns alles Gute wünscht. Das möchte ich auch, alles Gute, und eine gute Reise obendrein. Sie darf es gern noch dreißigmal sagen, und das tut sie auch.

Uniformierte Schulkinder warten auf einen Bus, jemand pusselt in einem Garten herum, die Coca-Cola-Fabrik ist noch geschlossen, der Busfahrer hat weiße Strickhandschuhe an, ein kleiner Wasservogel sitzt auf einer Schlammbank in einem Fluß. Vögel, eine ausdauernde Gattung. Nahrung suchen, schlafen, sich paaren, Eier legen zwischen sechzehn Millionen Menschen und unterdessen das Fliegen nicht verlernen, all die geheimnisvollen Tricks mit Windrichtungen, Luftlöchern, Tiefergehen und Landen.

Ein Monat Japanfrust entlädt sich in einer kleinen Szene zwischen zwei Herren. Der von der Kontrolle meint, ich hätte nicht deutlich genug unterschrieben, und ich meine, *eine* Unterschrift ist genug. Ich bin bereits weitergegangen bis neben seinen Schalter, und er schickt mich wieder zurück. Der Unterschied ist ein halber Meter, aber das bedeutet, wieder nach Japan hineinzugehen, und ich will raus. Augenkampf. Der formlose Schlafkopf des Abendländers gegen die verschlossene Maske der Autorität. Ich bin mir darüber im klaren, daß er mich zurückschicken kann, festhalten kann, aber ein unangenehmer Jemand, der in mir haust, also ich, sagt voller Überzeugung: »Und ich tu's nicht, du Schlitzauge.« Was er entgegnet, gehört zweifellos in dieselbe Kategorie. Vier Stunden später ist es noch immer Morgen, doch da bin ich bereits über den Platz des Himmlischen Friedens, die Viererbande und hundert Millionen Chinesen hinweggeflogen und lande mitten in einem Gewucher von Wolkenkratzern, die wie eine Krankheit in den fahlen Hügeln liegen: Hongkong. Die gräßliche Ordnung Japans wird gegen den geliebten Schlendrian eingetauscht, es ist die Erleichterung von Mexiko nach dem makellosen Amerika, ich bin wieder zu Hause.

Ein chinesischer Offizier in englisch kurzer Hose sagt mir, wo die Fähre nach Macau abfährt, und eingewickelt in die Lappen unbändiger Hitze, die in das klapprige Taxi strömt, fahre ich zur Fisherman's Wharf. Es ist Wochenende, die Chinesen fahren zum Spielen ins Kasino von Macau, die Boote sind übervoll, aber ich schmiere und kann doch noch mit.

Wie lange ist es her, daß ich zum erstenmal Slauerhoff* las? Vielleicht dreißig Jahre, ich weiß es nicht mehr. Schon damals muß dieses Wort, Macau, in mich eingedrungen

* Jan Jacob Slauerhoff (1898-1936), niederländischer Schriftsteller, Romancier und Lyriker. Sein – auch in Deutschland, durch die Übersetzung von Albert Vigoleis Thelen, bekannt gewordenes – Buch *Das verbotene Reich* erschien im Jahre 1932.

sein. Bei Slauerhoff ist alles, was portugiesisch ist, vermischt mit Melancholie, Ohnmacht, vergangener Pracht. Das sprach mich an. Warum das so war, weiß ich heute vielleicht besser als damals, doch die Empfindung dahinter war die gleiche, und sie enthielt einen Widerspruch. Spanier waren nicht melancholisch, eher hart, aber *sie* hatten alle ihre Kolonien verloren, und die sanften, Fado singenden Portugiesen mit ihrer schwülen, raunenden Sprache in ihrer ärmlichen Ecke Europas besaßen ihr idiotisches Imperium noch immer. 1954 war ich zum erstenmal in Lissabon gewesen. Männer mit müden Augen schlenderten Arm in Arm in *weißen* Schuhen am Tejo entlang, was einen unauslöschlichen Eindruck auf mich machte. Heute tragen sogar Niederländer weiße Schuhe, aber damals hatte ich das Gefühl, ich hätte mich in eine längst vergessene Oper eines unbekannten Komponisten verirrt, und gleichzeitig wußte ich, daß man natürlich so leben müßte, ein wenig klagend und nörgelnd, wie ein müder Held im letzten Akt. Und dennoch dieser alberne Widerspruch: Dasselbe Volk hatte die halbe Welt entdeckt, und wenn man sich die Karte anschaute, dann sah man neben den großen Kolonialgebieten in Afrika auch noch diese schmalen Nadelspitzen, Enklaven, übriggebliebene Forts an der afrikanischen Westküste, in denen seine Fahne noch jeden Morgen bei Sonnenaufgang mit einem »dumpfen Kanonenschuß« gehißt wurde, und ferner das halbe Timor, das unsinnige Fleckchen Goa, das Indien noch immer nicht hatte abschütteln können, und schließlich, am allerverrücktesten, eng an das Mammutgebilde des unendlich großen Chinas gedrückt, so klein, daß es von seinem eigenen Namen auf der Karte verdeckt wird: Macau. (Port.) stand dahinter, und ich stellte mir vor, wie die letzten Portugiesen dort als Verbannte leben mußten, nicht nur aus ihrem Land, sondern auch aus der Zeit gefallen, koloniale Fossilien. Der *Unsinn* daran gefiel mir, das Irrationale, so fern von Europa eine untergegangene Illusion aufrechtzuerhalten. Es glich vielleicht noch am ehesten einer litarischen Fiktion, irgendein Schriftsteller hatte sich das ausgedacht, und jetzt mußte es denn auch gelebt werden. Daß die Portugiesen anderswo auf der Welt ihr zerfallendes Imperium nicht mit weißen Schuhen, sondern mit Maschinengewehren aufrechterhielten und daß die Chinesen Macau (und Hongkong) nur deshalb duldeten, weil es ihnen zum Vorteil gereichte (und noch immer gereicht), war mir schon klar, doch das änderte nichts an der Realität: daß es diesen komischen Fleck dort am Ende der Welt noch immer gab, daß nach fünfhundert Jahren am Rande Chinas noch immer Portugiesisch gesprochen wurde, daß der *gobernador* in einem rosa Palast residierte und daß Globetrotter und *outcasts* in den Kasinos ihr Geld verspielten – kurz: daß ich irgendwann einmal dorthin mußte.

Und jetzt war es soweit. Die Fähre hat sich zum Tragflächenboot gemausert und trägt den Namen *Flying Ibis*, ein Flugschiff, das stampfend in den braungelben Fluten des Hongkonger Hafens liegt. Über dem Kai weht die englische Fahne, das Meer ist bewegt, draußen auf der Reede liegen Slauerhoffs Schiffe, viel kann sich nicht verändert haben. Schlepper, farblose Küstenmotorschiffe, Dschunken und Sampans. Das Sonnenlicht ist grell und weiß, es schießt wie ein Webschiffchen durch die schaukelnden Wellen und macht mich fast blind. Mit Mühe entziffere ich die Namen der glänzenden oder unansehnlichen Schiffe, die darauf warten, einlaufen zu können, *New Sea*

*Pioneer, Kotan Mari, Pacific Courier, Oriental Express.* Wir fahren dicht an den Hong Kong United Dockyards entlang, das Gelände ist steil und steinig, mit kargem Grün bedeckt, die Haut eines alten Tiers. Das Schiff nimmt Fahrt auf, das braune Wasser spritzt als Schaum an die Fensterscheiben, nach einer Weile sehe ich kein Land mehr, nur noch Möwen, die schwarz ins Silber eintauchen und sich darin auflösen. Ringsum wird chinesisch gesprochen, ich lausche schläfrig den umflorten Detonationen dieser Geheimsprache, bis ich plötzlich das Wort höre, das ich erkenne, Macau. Es war natürlich nie ein portugiesisches Wort, aber das wird mir erst jetzt, durch diese Aussprache, klar.

Diese Schiffe haben kein Deck, ich kann die Insel also nicht vor mir auftauchen sehen, wie ich gehofft hatte, aber hinter den braunen Schleiern sehe ich etwas, Land, einen vagen Streifen, Bäume, Hügel, das muß es sein. Wir steigen an einem hölzernen Anlegesteg aus und trotten im Gänsemarsch zum Zoll, für mich der dritte an diesem Tag, aber diesmal sind portugiesische Formulare auszufüllen. Als ich aus dem Zollgebäude herauskomme, schlägt mir die Hitze ins Gesicht. Freunde haben mir gesagt, ich solle ins Bela Vista Hotel gehen, und das unvermeidliche alte Taxi bringt mich dorthin. Chinesische Stimmen im Radio, portugiesische Straßennamen, Avenida da Amizade, Rua da Praia Grande, Rua da Praia Bom Parto. Hügel, verfallene Paläste, Ulmen, Dschunken mit Segeln wie Drachenflossen, alles ist, wie es sein muß. Auch das Hotel ist verfallen, angemalt wie eine betagte Schauspielerin. Die Eingangshalle hat die Ausmaße großer Gebäude in den Tropen, ein ratternder Ventilator jagt dieselbe Wärme im Kreis herum, mein Name wird mit Bleistift in ein großes

Buch eingetragen, wo er jetzt für immer stehen wird, ein schweigsamer Junge bringt mich in mein Zimmer, eine farblose Bruchbude, in der die schlechten Träume früherer Gäste noch herumlungern. Flecke, Sprünge, Risse, ein Wasserhahn, der wie ein Hund anschlägt und rostiges Wasser ausspuckt, und der gleiche Spiegel wie heute morgen in Tokio, überzogen mit braunem, verzerrendem Hautkrebs, durch den ein verstörter Fremder mich anschaut.

Vom Fenster des grauen Badezimmers aus blicke ich auf das braune Meer und die Praia Grande, und es stimmt, ich sehe

die Gärten
Wo inmitten von Blumen verfallene
Paläste ihren Prunk auf Schutthaufen

Werfen, bis dort, wo unten
Anmutig die Praia Grande
Weiß umarmt die versandete
Für immer verlassene Reede ...

Das einzige andere Zimmer auf meinem Flur hat etwas mit dem Roten Kreuz zu tun, ein Korb mit schmutzigen Laken steht davor, aus dem WC dringt drastisch der unverkennbare Geruch von Pisse, und irgendwie weiß ich, daß es so sein muß. Unsinn natürlich, aber es stimmt nun mal mit dem Bild überein, das ich im Kopf hatte. Draußen sehe ich, daß das Hotel zur Hälfte eingerüstet ist, wie ich später auch sehe, daß die Hälfte von Macau abgerissen wird: In zehn Jahren steht hier ein steriles Singapur mit Banken und zollfreien Geschäften. Auch Verfall ist vergänglich.

Aber soweit ist es noch nicht, und ich will jetzt auch nicht darüber nachdenken. Im Hotel gibt es keinen Stadtplan von Macau, ich gehe auf gut Glück eine lange bemooste Treppe hinunter, das begierige Auge erkennt die kleinen portugiesischen Kopfsteine, liest Aufschriften, sieht einen Garten mit Wahnsinnshortensien, das Ohr hört chinesische Kinderstimmen, die ein Lied singen, ich gehe an der Deutsch-Asiatischen Trading Company und dem Büro von Porfirio Azevedo Gomes, Abogado und Dr. Yhyp Bum, *médico veterinário*, vorbei und verirre mich im Labyrinth der Innenstadt. Nach dem Weg zu fragen hat keinen Sinn, ich wüßte nicht, wohin, aber dann sehe ich neben dem Teatro Diocesano (heute abend wird *Snoopy Comes Back* gespielt) die Livreria São Paulo. Ich kaufe die einzige Zeitung, die ich sehe, *O Clarion*, ein zweiwöchentlich erscheinendes katholisches Blatt, Eigentum des Bistums Macau, Für Gott Und Das Vaterland. Es muß wohl so sein, die Schlagzeile lautet: »Camões und die Natur der Dinge«, und mit dieser Version der Weltnachrichten unter dem Arm frage ich eine schneeweiße Nonne nach dem Stadtplan von Macau. Nach langer Suche kommt sie mit einem matrizenartigen Papier an, auf dem das Labyrinth mit schwarzen Linien abgebildet ist. Ich schaue mir das an, verstehe nicht, wie das Ganze zusammenhängt, weil auf dieser Karte das Meer nicht blau ist und die Parks nicht grün, und dann sehe ich es plötzlich, oben in der Mitte, wo das große Weiß anfängt: ein kleines, rot gezeichnetes Tor. Aber hinter diesem Tor kommt nichts mehr, wo führt es hin? Das Wachsbildgesicht der Nonne sieht mich leicht mißtrauisch an.

»Nach China«, sagt sie, »das ist das Tor nach China.«

Ich befinde mich also nicht auf einer Insel, sondern am

äußersten Ende einer Landzunge, und dort bin ich von Hongkong aus übers Meer hingefahren.

Die Nonnen beraten sich auf portugiesisch.

»Wollen Sie dahin?«

»Nach China?«

»Nein, das geht nicht. Zum Tor?«

Es wird ein Gespräch zwischen Tauben und Blinden. Ich denke in chinesischen Maßstäben, denke an Busreisen. Sie wissen es besser.

»Wie weit ist es denn?«

»Wenn Sie schnell gehen, können Sie in zwanzig Minuten dort sein, aber dann müssen Sie jetzt los, denn es wird rasch dunkel.«

Das stimmt. Ein aschiges Dunkel beginnt an den Häusern hinunterzurinnen, hie und da geht ein Licht an, schon bald kann ich die Buchstaben auf der primitiven Karte nicht mehr lesen und gehe auf gut Glück an abblätternden Häusern und verfallenen Villen entlang durch den schweren, tropischen Duft erloschener Blüten. Die Straßen werden schmaler, die Häuser unansehnlicher. Ich komme an einem Abendmarkt mit Karbidlampen vorbei, sehe, daß ich noch immer mehr oder weniger in die richtige Richtung gehe. Dann wird alles noch düsterer, die Häuser sind hier aus Holz, Feuer flackern, in einer Werkstatt spinnen kleine Mädchen mit der Hand, dies ist schon längst nicht mehr Portugal, hier haben wir es mit einem altertümlichen China zu tun, hupend, klingend, wuselnd, Tee trinkend unter Familienbildern. Ich komme mir selbst komisch vor, wie ich durch dieses andere Leben gehe, jemand, der am Morgen in Tokio aufgestanden ist und jetzt zum Tor nach China eilt, mit schnellen Schritten auf schon lange nicht mehr gepflasterten Wegen. Irgendwann sah Singapur auch so aus, bis der Fortschritt zuschlug und das ganze Gestrüpp kleiner Häuser abriß, die wuselnde Menschenmenge zusammenharkte und auf Steinblocks mit mehr als zehn Stockwerken verteilte.

»Müssen sie denn für dich weiter so pittoresk wohnen?« fragt die innere Stimme, die die Neue Welt, die Produktionsziffern und die Pro-Kopf-Einkommen vertritt, und gerade als die ewige andere Stimme mit menschlichem Glück und gestiegenen Selbstmordzahlen zurückschlagen will, verstummt das Gespräch, denn die Straße hat sich plötzlich geweitet, ich stehe unter hohen Bäumen, die sich in der Stille sacht bewegen. Weiter weg, in dem, was jetzt schwarze Nacht ist, sehe ich die dunkle Form eines alten Tors, massiv und breit. Davor ist alles leer, aber als ich, begierig, dorthin gehen will, tritt aus dem dunklen Nichts plötzlich ein zarter Schatten hervor, ein chinesischer Soldat in portugiesischer Uniform.

»Stay here«, sagt er auf englisch.

Ich bleibe stehen. Er sieht mich ernst, aber nicht unfreundlich an. Ganz allein bewacht er das portugiesische Imperium. Klein und schmal steht er mit seinem Gewehr vor der vom asiatischen Dunkel geschwärzten, düsteren Form dieses Tors, und ich überlege mir, daß hier also schon seit mehr als vierhundert Jahren portugiesische Soldaten Wache halten, eine lange Zeit. Irgendwo zwischen mir und dem Tor oder zwischen dem Tor und dem Unsichtbaren dahinter verläuft eine Linie, so dünn wie ein Gedanke. Genau über dieser Linie befindet sich nichts, da ist es nicht portugiesisch und nicht chinesisch, da könnte man einen hauchdünnen Schirm aufstellen, der bis in den höchsten Himmel reicht. Auf der einen Seite dieses Schirms wird die unsichtbare Luft von Lissabon regiert, auf der anderen von Peking. Es ist denkbar, daß man genau auf dieser Linie steht, daß man sich mit seinem Körper in zwei Ländern befindet.

Grenzen sind geheimnisvoll, sie sind unsichtbar und sichtbar, sie sind in Büchern beschrieben, sie existieren wirklich. Auf dieser *Idee* einer Grenze, die der schmale Mann vor mir bewacht und die ich nicht überschreiten darf, grenzt Portugal an China, der König und der Kaiser sind verschwunden, ihre Länder sind noch da. Aber hier grenzt auch der Kapitalismus an den Kommunismus, auch an diesem fest umrissenen Fleck ist die Welt zweigeteilt, und weil die Welt rund ist, habe ich das zweimal gesehen. Genauso wie ich jetzt hier stehe, stand ich vor Jahren auf einem Podest an der Berliner Mauer und dachte, von hier aus geht es weiter bis nach China, und es stimmte, ich kann es sehen und gleichzeitig nicht sehen, es geht weiter bis an die Rückseite dieses verschleierten Tors, und das sind alles Hirngespinste, und alles ist wahr.

Am nächsten Tag werde ich das Tor besser sehen, verwittert und bemoost, obenauf die grünrote Fahne mit dem goldfarbenen Wappen und in der Ferne diese andere, soviel rötere Fahne. Langes Gras sprießt aus einer der Mauern, und in zwei steinernen Medaillons sehe ich den Anker der Seefahrer und die gekreuzten Kanonenläufe der Eroberer. A PATRIA HONRAIQUE A PATRIA VOS CONTEMPLA, *das Vaterland betrachtet Euch* ist oben eingemeißelt, und blitzartig sehe ich die rosa und weiße Lethargie Lissabons am Tejo vor mir. Wie lange ist das her? Dreiundzwanzig war ich, und ich fuhr als Matrose auf der *Gran Rio* nach Surinam. Wir ankerten mitten auf dem Tejo, es war Abend geworden, ein Herbstabend, wie jetzt zweifellos auch. Ich sah die Lichter der Stadt, winkend, verlockend. Erst spät erhielten wir die Erlaubnis, an Land zu gehen. Am Kai angelangt, sonderte ich mich von den anderen ab, dies wollte ich allein erleben. Auf gut Glück streifte ich durch dunkle Straßen und Gassen und hörte irgendwo Musik und eine rauhe, heisere Männerstimme, die ein unendlich trauriges Lied sang. Das also mußte ein Fado sein, so klang das. Ich ging hinein. Der Mann stand mitten in der Taverne. In meiner Erinnerung ist es wie eine Vorkriegsszene. Der Qualm schwerer Zigaretten, gelbliches Licht. Er war klein, nachlässig gekleidet, vielleicht auch betrunken, und sang, die Hände in den Hosentaschen und die Augen auf den Boden gerichtet, schamlos von Kummer und Einsamkeit. In Ländern, in denen so gesungen wird, wird Lyrik nie ein Labor werden. Kein niederländischer Dichter hat das Wesen des Fado besser erfaßt als Slauerhoff:

Bin ich träge, weil ich trauer,
Alles nichtig find' und feil,
Hier auf Erden nur begehre
Etwas Schatten unter'm Schirm?

Oder trauer ich, weil ich träg bin,
Nie hinauszieh in die Welt,
Nur Lisboa am Tejo kenne
Und auch da für alle Luft bin.

Ich fragte den Kellner, wie der Sänger hieße. Alfredo Marceneiro. Das meiste von dem, was er sang, verstand ich nicht, nur einzelne Worte, darunter das stets wiederkehrende *saudade*, ebenso unübersetzbar wie *spleen*, eine spezielle portugiesische Provinz der Melancholie, in der ein Nordländer vor lauter Zuviel umkommen würde. Ein Klagen war es, und worüber nun eigentlich geklagt wurde, tat nichts zur Sache, die Freundin auf und davon, der Cadillac gestohlen, der Bruder umgekommen, der Reifen kaputt, die Welt krank, *eine* große Jammerklage, die das ganze Dasein umfaßte, erfüllte den kleinen Raum. In späteren Jahren habe ich alle seine Platten gekauft, durch diese Stimme fließt das wahre Wesen des Kummers, und während ich jetzt nach Macau zurückgehe, denke ich an mich selbst, wie ich damals zurückging, um mich an demselben Ort einzuschiffen, wo Slauerhoff in *Das verbotene Reich* sein Alter ego, Camões, sich einschiffen läßt, um nie wieder zurückzukehren, und dasselbe Gefühl liegt in diesem tropischen Abend mit seinen verhüllten, verschwundenen Formen, Trauer um alles, das Vergehen der Dinge, Dichter und Seefahrer, die in dem selbst immer wieder kalbenden, alles verschlingenden Schlamm der Zeit versinken.

Und dennoch – das törichte *und dennoch* der Geschichte – schien es einst anders, mächtig und beständig, ewigwährend. Man schrieb das Jahr 1513, und der erste Europäer machte im Delta von Kanton fest. Jorge Alvares. Er kam im Namen des Königs von Portugal, das damals nicht viel mehr als eine Million Einwohner zählte, und stieß auf Männer mit langen Zöpfen und seidenen Mänteln, Repräsentanten des hundert Millionen Einwohner zählenden Chinas zur Zeit der Ming-Dynastie. Weitere Schiffe folgten, eine Gesandtschaft wurde entsandt und von den Beamten des Kaisers wohlwollend empfangen, doch eine andere Gruppe Portugiesen unter Simão de Andrade führte sich schurkisch auf, und 1522 wurde allen Ausländern der Zutritt zu China untersagt. Die Portugiesen scherten sich darum wenig und versuchten, in Nordchina Fuß zu fassen. Es gelang ihnen nicht, und schließlich ließen sie sich um 1555 in Macau nieder. Sie nannten ihre Festung »Santo Nome de Deus de Macao«, aber so schnell ließ sich der Gott der Fischer, der hier bereits einen Tempel hatte (Ma Kok Miu), nun auch wieder nicht verjagen, und der Name Macau blieb. Wer *Das verbotene Reich* noch einmal liest, wird sehen, wie gnadenlos Slauerhoff die Geschichte verdreht hat, damit sein Vorhaben, die Verschmelzung des verfemten Dichters Camões, in dem er sich selbst erkannt haben muß, und eines im 20. Jahrhundert lebenden namenlosen, selbstzerstörerischen Funkers, der ebenfalls die verletzten Züge des Schriftstellers aufweist, gelingen konnte. Es ist nicht einmal sicher, ob Camões je in Macau war. Falls er da war, hat er dort wahrscheinlich ein niedriges, aber sehr dichterisch klingendes Amt bekleidet: »Kommissar für die Toten und Abwesenden in China«. Wie dem auch sei, in Slauerhoffs Buch *ist* er in Macau (und damit ist er es auch wirklich, denn die Wirklichkeit der Bücher besitzt dieselbe Gültigkeit wie die richtige Wirklichkeit), erlebt dort die schrecklichsten Dinge, stürzt sich in eine jener leidenschaftlichen, zum Scheitern verurteilten Lieben, für die der friesische Dichter selbst so berühmt war, und schreibt einen Teil seines Meisterwerks, *Die Lusiaden*, in einer Höhle.

Mochte Camões' Leben auch tragisch sein, seinen Handel treibenden Landsleuten ging es gut. 1557 erhielten die Portugiesen die Erlaubnis, Faktoreien in Macau zu errichten. Beide Seiten waren zufrieden. Die Schiffe aus dem Westen waren auf See unbesiegbar und halfen den chinesischen Behörden, die Piraterie und 1563 eine örtliche Meuterei der Küstengarnison in Kanton zu bekämpfen. 1573 wurde die Halbinsel durch eine Mauer von China abgeriegelt. Macau durfte bestehenbleiben und wurde von einem jeweils für ein Jahr ernannten Kommodore der Japanfahrt regiert, der dem Vizekönig in Indien Rechenschaft schuldig war. Während seines Aufenthalts in Macau war dieser Großmächtige der absolute Herrscher über die Kolonie. Einmal im Jahr fuhr er auf einem schwerbewaffneten Schiff mit gemischter Fracht von Goa nach Macau, wo er Silber, Gold und Porzellan kaufte. Nach einigen Monaten fuhr er weiter nach Japan. Dort wurde alles mit großem Gewinn verkauft, und auf der Rückreise legte er wieder in Macau an, um Seide zu kaufen. 1585 wurde dort ein Senat ins Leben gerufen, der Beamte und Richter einsetzen sollte, und 1586 wurde ein sogenannter Ouvidor ernannt, der Macau direkt als Kolonie verwalten konnte. Auch die Kirche ging nicht leer aus: Papst Gregor XIII. ernannte einen Bischof für »die gesamte Provinz China mitsamt den Inseln Japan, Macau und umliegenden Gebieten«, und die Jesuiten, die eine wichtige Rolle beim Austausch von Wissen zwischen Europa und Asien spielen sollten, traten auf den Plan.

Namen, Titel, Jahreszahlen, Erinnerungen. Straßennamen, die Fahne, das Haus des Gouverneurs, der Senat, dieser eine Soldat, das ist alles, was davon übrig ist. Ringsum höre ich nur Chinesisch. Der Taxichauffeur, den ich anhalte, spricht kein Englisch und kein Portugiesisch. Ich sage ihm, daß ich in ein portugiesisches Restaurant möchte, aber genausogut könnte ich ihn bitten, mich in den Himmel oder auf den Friedhof zu bringen, er lacht nur. Schließlich finde ich, was ich suche, ein dunkles Lokal, wo alte portugiesische Herren zusammenkommen und ihre Nostalgie in Form von *bacalhão a la braz*, Portwein, *vinho verde, cafezinho, aguardiente* verzehren. Nach einem Monat Amerika und einem Monat Asien vermittelt das vertraute Essen mir das Gefühl, nahe der Heimat zu sein, und der Alkohol findet mühelos den Weg in meine Füße. Sie sind heute schon viel marschiert, aber *sie* finden wie von selbst und fast schwebend den Weg ins Kasino.

Ein Saal, so groß wie eine Kathedrale, und in allen Köpfen nur ein Gedanke: Geld! Ich lausche dem Klicken und Klappern der Jetons, sehe, wie jemand mit meiner Zahl gewinnt, wo ich mein Geld noch nicht mal gewechselt habe, ein schlechtes Omen. Ich tausche meine Patacas und Hongkong-Dollar in buntes Plastik, und kurz darauf wandert auch mein Geld in das grüne Maul des großen, alles verschlingenden Drachen, weg damit! Irgendwann, früher, war ich ein richtiger Spieler, ein fanatischer Kasinogänger, aber ich habe dem Glücksspiel abgeschworen, es bringt einem nichts als Unglück. Seitdem gehe ich noch regelmäßig in Spielbanken, um rituell zu verlieren, eine kleine masochistische Séance. Danach darf ich den anderen zuschauen, und hier ist viel zu sehen. Eine Priesterin in Violett thront hoch über allem, sie kontrolliert, wenn ich richtig beobachte, die Kontrolleure, die die Croupiers kontrollieren. Ich blicke auf Hunderte von asiatischen Gesichtern, die weder Verlust noch Gewinn verraten. Chemin de fer, Roulette, Black Jack, Großväter in blauen Anzügen, Großmütter in Schwarz, Vermögen tanzen auf den Tischen hin und her, und jeder verfolgt das Geld mit den Augen, doch was denken sie? Ich weiß, daß einer, der spielt, in dem Augenblick sein persönliches Schicksal mit der jetonförmigen Materie verbindet, die sich zu ihm hin- oder von ihm wegbewegt, Stapel schrumpfen, Stapel wachsen, die Kugel fällt ins Rad, hüpft, hopst, sucht und nistet sich in der schicksalhaften Zahl ein, die tödliche Karte wird auf dem langen Buchsbaumtisch umgedreht, Hände mit Jetons zögern über Zahlen, die 23 kommt, die 5, *voisins* kommt, *carré*, oder Rot oder Schwarz, sie wissen es ganz genau, und dennoch ist es nicht so, dünne chinesische Stimmen weisen Glück und Verhängnis zu mit der Autorität des Jüngsten Gerichts, der scheintote weißhaarige Großvater verliert sein Vermögen, die perlfarbene Klaue der jungen Frau mit dem Gold und den Brillanten krallt sich um einen Stapel der größten Jetons. An einer Wand hängt ein gläsernes Schild, das erhellt werden kann: AVISÃO DE TUFÃO, *Achtung! Taifun!*, und ich stelle mir vor, daß dieses Schild plötzlich rot aufleuchtet, und wie dann alle aufspringen und sich mit ihrem Goldschatz in das tosende Dunkel flüchten, wo der Sturm die Ulmen peitscht. Dann spüre ich, wie der vom Alkohol und einem viel zu langen Tag mächtige Schlaf sich von hinten anschleicht. Ich gehe hinaus.

Im toten Neonlicht steht eine Rikscha. Der wettergegerbte Charon auf dem Sattel zeigt gebieterisch auf die leere Bank hinter sich. Seine sich hebenden und senkenden muskulösen Waden haben eine hypnotische Wirkung, zum zweitenmal an diesem Tag fahre ich über die Rua da Praia Grande bis dahin, wo der Weg zum Hotel hinaufführt und ich nicht will, daß er weiterstrampelt. Er versteht es nicht, aber das kümmert mich nicht, ich träume und höre meine eigenen Schritte:

So ist doch alles wie früher geblieben,
Der Sonnenaufgang, der Schuß, das Segelreffen,
Das im Elend unbegreifliche Streben ...
Ich höre meine Schritte im Hof.

Am nächsten Morgen werde ich von gnadenlosem Hundegeheul wach. Im Zimmer ist es hell, der Vorhang ist nicht der Rede wert. Als ich ans Fenster trete, sehe ich das Meer, die fernen Hügel des chinesischen Festlands, ein paar Dschunken, die verfallenen Häuser. In dieser Nacht habe ich, wie auf einem Altar, *Das verbotene Reich* und ein Bild meines Vaters aufgestellt, das seine letzte noch lebende Schwester mir plötzlich kurz vor meiner Abreise gab. Mein Vater kam im Krieg um, ich habe ihn kaum gekannt, ich habe nicht das Gefühl, daß ich je mit ihm *gesprochen* habe. Er war im selben Jahr geboren wie Slauerhoff, er ist nicht so alt geworden, wie ich jetzt bin, auf diesem Foto ist er, denke ich, Anfang Zwanzig. Leute, die dieses Foto gesehen haben, meinen, es sei ein Jugendfoto von mir. Es ist auf einem Postschiff auf dem Weg nach Niederländisch-Indien aufgenommen, aber noch in Europa, denn die beiden Männer darauf tragen noch keine Tropenbekleidung. Von dem anderen Mann, der aussieht wie einer aus Al Capones Bande, weiß niemand mehr, wer es ist. Mit seinem schwarzen Hut und dem Einstecktuch lehnt Mr. Chicago schwer auf der schmächtigen Gestalt meines Vaters – aber wie kann dieser junge Mann mein Vater sein? Er sieht aus wie ein Dandy, Trenchcoat, Tweedmütze, Gamaschen, Fliege, eine Zigarette in der Rechten, die Linke lässig in der Tasche, ein leichtes ironisches Lächeln, die Füße locker gespreizt, auf Reisen. Was er in Niederländisch-Indien tun wollte oder getan hat, kann mir niemand sagen. Ich stehe in diesem fahlen Zimmer und starre leicht abwesend auf das Buch und das Foto. Slauerhoff hat die feurige Spur seines unsteten Lebens für immer in die niederländische Lyrik gebrannt, mein Vater hat außer einigen amateurhaften Zeichnungen nichts hinterlassen, nicht einmal ein Grab gibt es von ihm, aber ich weiß, was ich dachte, als ich das Foto *seiner* vergangenen Passage* zum erstenmal sah und in sein spöttisches Gesicht blickte: Du bist schuld daran, daß ich wie ein Irrer in der Welt herumziehen muß, du hast den Keim dieser Unruhe in mir gelegt. Aber Fotos erwidern nichts, und er lächelt immer weiter, auf dem Weg in dasselbe Asien, wo ich jetzt bin, ein Passant, der seine vergangene Passage in Worten bewahrt, bis es auch sie vom Tisch weht.

Hier kann ich eine Woche bleiben, einen Monat, einen Tag, in diesem trägen Tempo bleibt alles, wie es ist. Verfall ist sichtbar, Verfallen nicht. Langsam ist hier alles in Jahrhunderten in sich zusammengebrochen, doch jetzt wird es schneller gehen. Überall in den niedrigen Wohnvierteln grinsen Baugruben und hängen drohende Schilder mit den immergleichen, nichtssagenden Namen von Baugesellschaften. Ich will ins Camões-Museum, aber es ist wegen Umbau geschlossen. Auf dem alten Fort flattert die grünrote Fahne, altertümliche Kanonen zeigen mit ihren nutzlos gewordenen Mündern auf die unbeirrte See. Die leere Fassade der Kathedrale steht noch, hoch über den zerbröckelten Stufen, die Kir-

* Wortschöpfung von Cees Nooteboom und Titel eines seiner (noch nicht auf deutsch vorliegenden) Reisebücher. (Anm. d. Ü.)

che dahinter ist gesprengt, weggeflogen. Sie gleicht einem steinernen Segel, diese Fassade, errichtet zwischen nichts und nichts, mit Greifen, Löwen, Fabeltieren, seltsamen Kugeln und Fensterhöhlen wie ausgestochene Augen. Vorbei, vorbei. »The Port is reached, the sails are furled« lese ich auf einem Grab auf dem protestantischen Friedhof. Ich spreche die Namen der Toten aus, und für einen Augenblick schrecken sie auf in ihrem Schattenreich:

Capleia Christian IPLAND von Apenrade
die Witwe sandt diesen Stein aus Deutschland
aus Furcht, der erste würde bald verfallen
Nun ruhen beide Christian Iplands tot
im fernen Land.

Ein chinesischer Gärtner harkt die Wege, stutzt die Sträucher, gießt die Blumen, tut, als ob er mich nicht sieht, oder sieht mich nicht.

John P. Williams, of Utica N. Y.
died 1857, old 31 years.
He assisted in setting up
the first magnetic telegraph
in Japan, 1854.

Ich notiere mir diese Namen und Jahreszahlen wie ein später Buchhalter des Todes, bis eine Glocke in der Ferne die Mittagsstunde läutet und die Wärme und der Hunger mich in den Lärm der Stadt zurücktreiben. Gegen Abend sehe ich vom kleinen Dach des *Flying Condor* aus, wie die Hügel und Türme Macaus mit der großen, endlosen Form des chinesischen Festlands verschmelzen. Dann ertrinkt auch diese Vision im Abend oder im Meer, und hinter mir ist nichts mehr zu sehen.

*Dezember 1981*

## Cees Nooteboom im Suhrkamp Verlag

Berliner Notizen. Aus dem Niederländischen von Rosemarie Still. Mit zahlreichen Abbildungen. es 1639

Der Buddha hinter dem Bretterzaun. Eine Erzählung. Aus dem Niederländischen von Helga van Beuningen. Bütten-Broschur und BS 1179

Die folgende Geschichte. Aus dem Niederländischen von Helga van Beuningen. Gebunden, BS 1141 und st 2500

Gedichte. Ausgewählt, übertragen und mit einem Nachwort versehen von Ard Posthuma. Leinen

Das Gesicht des Auges. Het gezicht van het oog. Gedichte. Zweisprachig. Übertragen und mit einem Nachwort versehen von Ard Posthuma. Leinen und BS 1223

Im Frühling der Tau. Östliche Reisen. Aus dem Niederländischen von Helga van Beuningen. Leinen

In den niederländischen Bergen. Roman. Aus dem Niederländischen von Rosemarie Stil. Gebunden und st 2253

Ein Lied von Schein und Sein. Roman. Aus dem Niederländischen von Helga van Beuningen. Gebunden, BS 1024 und st 2668

Mokusei! Eine Liebesgeschichte. Aus dem Niederländischen von Helga van Beuningen. st 2209

Das Paradies ist nebenan. Aus dem Niederländischen von Hans Herrfurth. st 1867

Der Ritter ist gestorben. Roman. Aus dem Niederländischen von Helga van Beuningen. Leinen

Rituale. Roman. Aus dem Niederländischen von Hans Herrfurth. Gebunden und st 2446

Selbstbildnis eines Anderen. Träume von der Insel und der Stadt von früher. Aus dem Niederländischen von Helga van Beuningen. Leinen

Umweg nach Santiago. Mit Fotos von Simone Sassen. Aus dem Niederländischen von Helga van Beuningen. Gebunden und st 2553

Wie wird man Europäer? Aus dem Niederländischen von Helga van Beuningen. es 1869

Der Augenmensch. Über Cees Nooteboom. Herausgegeben von Daan Carstens. st 2360

79/1/8.96

## suhrkamp taschenbücher
## Eine Auswahl

Adorno: Erziehung zur Mündigkeit. st 11
Aitmatow: Dshamilja. st 1579
Alain: Die Pflicht, glücklich zu sein. st 859
Allende: Eva Luna. st 1897
– Das Geisterhaus. st 1676
– Die Geschichten der Eva Luna. st 2193
– Von Liebe und Schatten. st 1735
The Best of H. C. Artmann. st 275
Augustin: Der amerikanische Traum. st 1840
Bachmann: Malina. st 641
Bahlow: Deutsches Namenlexikon. st 65
Ball: Hermann Hesse. st 385
Barnes: Nachtgewächs. st 2195
Barnet: Ein Kubaner in New York. st 1978
Barthes: Fragmente einer Sprache der Liebe. st 1586
Becker, Jürgen: Gedichte. st 690
Becker, Jurek: Bronsteins Kinder. st 1517
– Jakob der Lügner. st 774
Beckett: Endspiel. st 171
– Malone stirbt. st 407
– Molloy. st 229
– Warten auf Godot. st 1
– Watt. st 46
Beig: Hochzeitslose. st 1163
– Rabenkrächzen. Eine Chronik aus Oberschwaben. st 911
Benjamin: Angelus Novus. st 1512
– Illuminationen. st 345
Berkéwicz: Adam. st 1664
– Josef stirbt. st 1125
– Maria, Maria. st 1809
Bernhard: Alte Meister. st 1553
– Auslöschung. Ein Zerfall. st 1563
– Beton. st 1488
– Claus Peymann kauft sich eine Hose und geht mit mir essen. st 2222
– Gesammelte Gedichte. st 2262
– Holzfällen. st 1523
– Stücke 1-4. st 1524, 1534, 1544, 1554
– Der Untergeher. st 1497
– Verstörung. st 1480
Blackwood: Der Tanz in den Tod. st 848
Blatter: Das blaue Haus. st 2141
– Wassermann. st 1597
Brasch: Der schöne 27. September. st 903
Braun, Volker: Gedichte. st 499
– Hinze-Kunze-Roman. st 1538
Brecht: Dreigroschenroman. st 1846
– Gedichte über die Liebe. st 1001
– Geschichten vom Herrn Keuner. st 16
– Hauspostille. st 2152
Bertolt Brechts Dreigroschenbuch. st 87
Broch: Die Verzauberung. st 350
– Die Schuldlosen. st 209
Buch: Die Hochzeit von Port-au-Prince. st 1260
– Tropische Früchte. st 2231
Burger: Der Schuß auf die Kanzel. st 1823
Cabrera Infante: Drei traurige Tiger. st 1714
Capote: Die Grasharfe. st 1796

265/1/11.93

265/2/11.93

## suhrkamp taschenbücher
## Eine Auswahl

Handke: Die linkshändige Frau. st 560
– Die Stunde der wahren Empfindung. st 452
– Versuch über den geglückten Tag. st 2282
– Versuch über die Jukebox. st 2208
– Versuch über die Müdigkeit. st 2146
– Wunschloses Unglück. st 146
Hesse: Gesammelte Werke. 12 Bde. st 1600
– Demian. st 206
– Das Glasperlenspiel. st 79
– Klein und Wagner. st 116
– Klingsors letzter Sommer. st 1195
– Knulp. st 1571
– Die Morgenlandfahrt. st 750
– Narziß und Goldmund. st 274
– Die Nürnberger Reise. st 227
– Peter Camenzind. st 161
– Schön ist die Jugend. st 1380
– Siddhartha. st 182
– Der Steppenwolf. st 175
– Unterm Rad. st 52
– Der vierte Lebenslauf Josef Knechts. st 1261
Hettche: Ludwig muß sterben. st 1949
Hildesheimer: Marbot. st 1009
– Mitteilungen an Max über den Stand der Dinge. st 1276
– Tynset. st 1968
Hohl: Die Notizen. st 1000
Horváth: Gesammelte Werke. 15 Bde. st 1051-1065
– Jugend ohne Gott. st 1063
Hrabal: Ich habe den englischen König bedient. st 1754
– Das Städtchen am Wasser. st 1613-1615
– Tanzstunden für Erwachsene und Fortgeschrittene. st 2264
Hürlimann: Die Tessinerin. st 985
Inoue: Die Eiswand. st 551
– Der Stierkampf. st 944
Johnson: Das dritte Buch über Achim. st 169
– Mutmassungen über Jakob. st 147
– Eine Reise nach Klagenfurt. st 235
Jonas: Das Prinzip Verantwortung. st 1085
Joyce: Anna Livia Plurabelle. st 751
Kaminski: Flimmergeschichten. st 2164
– Kiebitz. st 1807
– Nächstes Jahr in Jerusalem. st 1519
Kaschnitz: Liebesgeschichten. st 1292
Kiefer: Über Räume und Völker. st 1805
Kirchhoff: Infanta. st 1872
– Mexikanische Novelle. st 1367
Koch: See-Leben. st 783
Koeppen: Gesammelte Werke in 6 Bänden. st 1774
– Jakob Littners Aufzeichnungen aus einem Erdloch. st 2267
– Tauben im Gras. st 601
– Der Tod in Rom. st 241
– Das Treibhaus. st 78
Konrád: Der Komplize. st 1220
– Melinda und Dragoman. st 2257
Kracauer: Die Angestellten. st 13
– Kino. st 126

265/3/11.93

265/4/11.93

265/5/11.93

265/6/11.93